厦门大学本科教材资助项目

厦门大学广告系列教材

广告文案写作进阶指南

修订版

周雨 编著

厦门大学出版社
XIAMEN UNIVERSITY PRESS
国家一级出版社
全国百佳图书出版单位

图书在版编目（CIP）数据

广告文案写作进阶指南 / 周雨编著. -- 修订版.

厦门 ：厦门大学出版社，2025.6. --（厦门大学广告系
列教材）. -- ISBN 978-7-5615-6765-4

Ⅰ. F713.8

中国国家版本馆 CIP 数据核字第 20250QB641 号

责任编辑　刘　璐

美术编辑　张雨秋

技术编辑　朱　楷

出版发行　厦门大学出版社

社　　址　厦门市软件园二期望海路 39 号

邮政编码　361008

总　　机　0592-2181111　0592-2181406(传真)

营销中心　0592-2184458　0592-2181365

网　　址　http://www.xmupress.com

邮　　箱　xmup@xmupress.com

印　　刷　厦门集大印刷有限公司

开本　720 mm×1 020 mm　1/16

印张　17.75

字数　320 千字

版次　2025 年 6 月第 1 版

印次　2025 年 6 月第 1 次印刷

定价　66.00 元

本书如有印装质量问题请直接寄承印厂调换

厦门大学出版社
微信二维码

厦门大学出版社
微博二维码

"厦门大学广告系列教材"序

1993年,我国高校第一套广告学系列教材——"21世纪广告"丛书由厦门大学出版社开始出版,这是厦大自1983年首创广告学专业以来,历经10年探索奉献出的不够成熟却具有开创性意义的教材,极大地满足了1993年以后中国高校广告教育大发展的需要,由此奠定了厦大广告教育的学科地位。

近30年后,我们要出版转型期的第二套教材——"厦门大学广告系列教材",这对我们来说压力不小。面对新旧媒体的博弈、技术的进步与消费心理的变化,广告理论一定是在变与不变的融合中进行的。基本的广告原理虽然不变,但内涵与手段还是在不断变化中。因此我们的新教材要在转型与提升中找到自己的位置。

在中国的广告学界和营销学界中,几乎所有的理论都是外来的,我们几乎没有自己的原创性理论。因为中国历来不是一个以理论思维见长的国家,我们的民族传统决定了我们的特点在于强调实用性,务实不务虚,这就使我们在理论方面往往缺乏原创性。1987年,我的第一本广告学著作《广告原理与方法》出版,这也是国内第一本借鉴国外传播学理论论述广告的著作。但事实证明,即使是外来理论在中国的传播,也不能照搬、照用,而要经过一个"普遍原理"和"具体实践"相结合的"本土化"过程,才能发挥广告理论的应有功效。

要出版转型期的第二套教材,我们首先来看看市场发生了什么变化?

30年来,中国经济快速发展进入提质增效、转型升级阶段,消费市场升级加快,移动互联及新兴技术带来的创新累积效应正在广告业中显现。以数字技术为基础的互联网推动行业变革加剧,催生出广告新生态下的场景媒体和营销策略。在供给侧改革背景下，国务院发布国家品牌计划，宣传展示知名自主品牌，讲好中国品牌故事。广告业呈积极应对态势，努力在日新月异的媒体环境中寻找最优组合，以移动互联为主导打造精众营销，发力社交媒体粉丝营销，在直播短视频等内容营销蓝海中掘金，跟上虚拟现实等技术新风口。当前进入品牌整合营销新时代，"大而全"与"小而美"的广告机构或公司更受市场追捧，传统媒体在愈加沉重的压力下需寻找破局之道。在大浪淘沙的行业变局中，行业服务的主体、流程、边界都在发生深刻变化，整个行业也透过迷雾构建新的竞争盈利能力，再谱高歌。

其次，中国广告理论研究的路径也发生了巨大的变化。

在我们的第一套广告学系列教材中，中国的广告学研究处于初期探索阶段，而今的情况已大不相同，广告学遭遇了数字传播的解构性冲击。以数字技术为基础的互联网发展不仅改变着社会传播的方式，也影响并推进了人类对传播行为的认知。原创中国广告学应该遵循其内在的学科逻辑，在推动中国广告产业从粗放型增长到集约化发展、从传统广告向数字广告的双重转型过程中，建构起具有中国特色的完整的广告学知识体系。为此，明确广告学研究的文本研究、运动研究、产业研究、广告与关联方的关系研究这四大研究范畴，聚合产学两界、广告与关联专业学者在内的学术共同体，从单一研究范式往多向度研究范式转变进而形成广告学特有的研究范式，并且从案例与比较研究切入等；这些都是未来可行的研究路径。

在中国广告进入第二个 40 年之际，技术与品牌对广告的影响力显得越来越重要。当前我们极为关注全媒体时代广告行业的创新与发展趋势，互联网的移动化变革，传统媒介的转型与改革，媒介间的竞争和融合等；关注 5G 物联时代的数字营销新态势，5G 技术的发展推动经济社会数字化、网络化、智能化水平再上新台阶，探讨行业如何顺应新的用户需求，促进技术落地和商业部署，建立全新的合作模式和行业形态；关注 AI 科技赋能智慧商业，AI 科技与创意正在实现真正融合，全面提升营销的效率；还关注品牌的开放发展、竞争与社会责任，品牌、娱乐、科技——新时代创意行业的跨界融合等。

在这样的背景下出版我们的第二套教材，我希望我们的研究团队多深入教

学与实践第一线,探讨广告行业的趋势动向、规则变化、方法创新,深刻揭示变化背后的核心逻辑。我希望看到的是:

1.30年后,广告专业课程的提升与内容变化,续写广告理论的指导作用;

2.真正把教学中积累的经验与问题作为研究对象,在教与学的互动过程中检验实际应用的效果;

3.以跨学科研究的视野与超常的厚重成果积累,为广告学术进行范式转型、走向"创新主导"提供宝贵的经验。

2018年是中国改革开放40年,2019年是中国广告业恢复40年。在中国广告进入第二个40年之际,我非常乐于看到我们厦门大学广告教学团队继续传承厦大的开创性精神,以"厦门大学广告系列教材"为标志,起航于新时代,代表30年来厦大系列教材新一轮的转型提升与水平,彰显厦大的底蕴与初心。

我以为,这是我们共同的目标。

陈培爱

厦门大学新闻传播学院教授,博导

"21世纪广告"丛书原主编

2019年5月

写在前面

　　高校的首要职责就是培养人才，即通常所说的教书育人。想教好书，一方面，要求教师要有充足的专业知识、专业技能和课外知识储备，以及不断提高教学技能，这样才能在风趣幽默、旁征博引的讲授中，有效地传授专业知识和技能，给学生释疑解惑。另一方面，要有优秀的教材，以便学生课前预读、课后复读，在大脑中建构起一门课程的整体知识框架，并掌握其中的基本原理和方法。

　　要求每一位老师都有很高的教学水平，这不容易做到。然而，要给学生提供优秀或者说比较满意的教材，还是有可能的。因此，高等教育中的教材建设极其重要。

　　三十几年前，我到厦门大学广告学专业任教，那时虽然对教材建设的重要性还没有太多思考，但对于本专业学生没有教材可用，只能靠课堂笔记这种现象，总觉得不是办法。因此，我就向广告教研室的老师们提议出版一套广告学教材，有幸得到了大家的赞同，特别是得到了时任教研室主任陈培爱老师的支持。在陈培爱老师的推动下，由他担任主编的全国第一套广告学教材"21世纪广告丛书"就此诞生，那是20世纪90年代初。这套教材包括《广告原理与方法》《如何成为杰出的广告文案撰稿人》《广告策划与策划书撰写》《印刷广告艺术》《广告调研技巧》《广告攻心术》《广告视觉语言》《企业CI战略》《商标广告策略》《广告经营管理术》，此外还有之前个别出版的《广播广告》《公共关系原理与实务》。这些教材的出版发行，不仅解决了本校广告专业的教材问题，而且为我国高等院校大量广告专业的创办创造了条件，给大量由外专业转入的教师备课、上课提供了便利，在很大程度上促进了中国广告教育的迅猛发展。

厦门大学是中国广告专业教育的开拓者,出版第一套全国广告专业教材是义不容辞的责任,然而这些教材仅仅解决了部分课程的教材从无到有问题,距离成为成熟甚至优秀教材的目标仍有很大的努力空间。此外,还有一些专业课程因为条件不成熟、准备不充分,依然没有教材。所以,在随后的二三十年的岁月里,我们一直在不断地做教材的补充、改进、完善工作,希望教材尽量覆盖广告专业的各个具体学科领域,并使每本教材尽量涵盖该学科的所有知识。

20 世纪 90 年代末,我们出版了"现代广告学教程系列",包括《市场调查概论》《广告心理学》《广告视觉设计基础》《广告管理实务》。2003 年,又对"21 世纪广告丛书"做了大幅度的修订,并将丛书名称改为"厦门大学广告学丛书",对其中一些书的书名也做了规范性的修改。此后,还陆续出版了一些新书,如《实验广告学》《品牌学概论》等,并对一些销量较大的教材及时进行修订。就本人编著的两本教材《广告调研技巧》和《广告心理学》而言,目前都已经过不下五次的修订,教材内容也由最初的十几万字、二十几万字,增加到四五十万字。虽然我们依然不敢说我们的教材是优秀的教材,但这些多次修订后的教材,其内容的系统性、全面性、科学性都有了明显的提高。

时代在发展,专业在进步。伴随着互联网特别是移动互联的崛起,广告专业的社会实践发展突飞猛进,专业中的老学科需要淘汰或补充更新,专业中的新学科也需要成长和发展。为了适应新形势,厦门大学广告学专业秉承业已形成的重视教材建设的理念,结合广告专业的教育实践和社会实践的发展要求,一方面继续完善已有的教材,另一方面推出新的教材。2019 年推出的"厦门大学广告系列教材"就是这一努力的结果,该系列教材的编写者主要由年轻一代教师担任。他们具有很高的素质,受过良好的教育,既具有坐冷板凳的精神,又置身于可以放下安静书桌的美丽校园,所以我相信青出于蓝而胜于蓝,这套教材一定会超越他们的前辈,赢得国内高校广告专业师生的信任,并最终成为优秀的教材。

黄合水

厦门大学新闻传播学院教授,博导

2021 年 10 月

继往开来

1996 年，我还是厦门大学的一名本科生，在图书馆里翻阅不同专业的书籍。在翻阅到厦门大学出版社出版的当时中国高校第一套广告学系列教材"21 世纪广告"丛书时，感觉就像给我打开了一扇窗，令我对这个学科充满了好奇和渴望。在积极备考数月后，我如愿以偿，成为厦门大学广告方向的一名研究生，师从陈培爱教授。3 年研究生生涯，从广告原理、调研，到文案撰写、CI 设计、公关、策划、经营管理等，我收获满满。之后，我去广州中山大学工作，一直讲授"广告学"这门课程，其间完成了社会心理学博士阶段的学习。2008 年年底，我回到母校任教，此时厦门大学新闻传播系已升格为院，广告也由一个专业发展成系。在回母校之前，黄合水教授让我在美访学期间多关注"客户关系管理"课程的教学，回来后给本科生讲授这门新课。此时，我已经感到广告学科在互联网的冲击下，正在发生深刻的变化。

2011 年，我担任厦门大学广告学系的系主任，从老一辈教师手中接过沉甸甸的担子。"厦大广告"四个字，多少学子引以为豪，又有多少学子梦寐以求。这都是陈培爱教授牵头的厦大第一代广告教师含辛茹苦培养浇灌的成果。2019 年，我们准备推出新一版的广告学系列教材，希望能够为当下及未来的学生们也打开"一扇窗"。当时第一代广告教师大多已经退休或接近退休年龄，我们用新的系列教材向这些老师致敬：陈培爱、朱月昌、许清茂、黄合水、纪华强、朱健强、罗萍、赵洁等，可以说没有他们，就没有厦大广告的辉煌。2023 年是厦大广告学专业创办 40 周年，40 多年间，我们经历了互联网的发展，整合营销传播、战略传播的引进，还有应用传播的提出，以及创意传播管理、发展广告学等本土新观点的生成。近年来,计算广告、人工智能蓬勃发展,广告业发生了天翻地覆的变化,厦大广告新的系列教材将不断更新内容,跟上时代变化,回答时代之问。

陈培爱教授在为我们作序时,已经提出了具体的期望,作为后辈,我们唯有不忘初心、砥砺前行、继往开来。还有几位第一代教材的编写者——罗萍老师(广告学系原系主任)和赵洁老师,依然在新版系列教材的编写群中,分享宝贵的经验,见证厦大广告的进步。广告系第二代教材的编写者们:黄合水、曾秀芹、周雨、苏文、张楠等,将在传承的基础上,紧密结合市场、技术与实践。也期待全国同行与学生们在使用的过程中多提宝贵意见,和我们共同打造精品。

林升栋

厦门大学新闻传播学院院长,教授,博导

2025 年 5 月

前　言

　　作为厦门大学新闻传播学院广告学系的教师,我一直承担广告学专业大三本科生的专业课程"广告文案写作"的教学工作,2019 年,我将十余年的教学经验和心得编著成教材《广告文案写作进阶指南》并出版。就在这一年,依托该教材的课程"广告文案写作"荣获福建省一流线下本科课程。2021 年,我所在的厦门大学广告学专业又获批国家一流本科专业。这些荣誉既是认可,又是鞭策,它意味着专业建设和教材体系建设都需保持高质量的发展势头。

　　自初版出版以来,《广告文案写作进阶指南》已在教学实践中被应用和检验了 5 年,我深感更新和补充的工作迫在眉睫。原因很简单,广告业的蓬勃发展丰富了广告文案的样式,广告学研究又为文案的效果贡献了许多新发现。相应的,学生的培养目标和职业规划对教学内容、教学方式和教学资源都提出了新要求。基于此考虑,我试图将 5 年以来的教学改进成果及时地整理出来,因此推出了《广告文案写作进阶指南:修订版》一书。

　　就全书的框架而言,我认为初版的结构是合理且依然适用的,因此 9 个步骤(step)的文案写作进阶顺序保持不变。修订版的变化主要包括以下 5 个方面:

　　第一,更新广告文案案例。全书 90％的案例均替换为近 5 年的新案例。这些优秀案例的来源主要有两个:一是广告长城奖、"大广赛"、学院奖及国际创意赛事的获奖作品;二是我指导学生持续建设的广告文案案例库,其中案例多源自社会反响大和好评多的商业与公益广告。

　　第二,吸收新的学术成果。初版教材的特色之一就是大量借鉴跨学科研究发现,诸如语言学、营销学、心理学、文学、艺术学等学科的成果来为文案写作原理提供坚实的说服力，从而避免纯粹出于经验总结的写作建议。此次修订增加了更多、更近、更相关的学术成果。

第三，增补流行文案样式写作指南。短视频广告、Vlog 广告、仿拟广告和幽默广告是近年来流行且在未来一段时间内较为主流的广告形态。修订版与时俱进地补充了相关广告文案的写作建议，并在广告文案的修辞类型中增加了对拆词手法的讲解。

第四，展望纸媒广告文案的趋势。初版有此章节内容，但 5 年之后再来看，纸媒广告文案的趋势呈现出新的特色，主要体现为文案的体验性和视觉化，修订版将结合新案例加以论述。

第五，提供更细致的文案写作训练方案。修订版为了让学习者能实现文案写作能力的进阶提升，重新拟定了每个章节后的思考题，使训练目的前后衔接。为了让学习者按图索骥、较为轻松地上手写作，归纳了多种文案创意技巧以供模仿和借鉴。比如，将广告正文的结构整理为对比、对称和递进 3 类，对广告文案的细节来源归纳出 4 种途径，总结出广告中运用数字的技巧体现为 3 种手法、修辞策略在实际运用中的数个流行技巧、文案采用流行语的 4 种方式等。

此外，修订版删除了初版中我认为过时、过于抽象或操作性差的内容，在各个章节均增补了经过验证的文案写作原理与规律，如幽默广告文案的 3 种原理机制，仿拟和双关文案的语用学评价标准，比喻修辞的效果及影响因素等，这使得修订版教材的字数较初版增加了 1/3。

初版的前言详细解释了本教材的编写立意和主要创新点，我认为依然适用于修订版，故保留此部分。

在修订版完稿之际，获悉本教材入选了福建省"十四五"普通高等教育本科规划教材建设项目，这将激励着我继续探索，编写出言之有物、言之有据的教材，让广告文案学习者愿意将其放在案头，随时翻阅。期盼读者们不吝赐教！

目　录

Step 1
我是谁：
欢迎文案君！

【开篇案例】

凡·高为何自杀？[①]

凡 · 高为何自杀

因为他是"神经病"吗？

可能是

······

但绝不是主要原因

今天我想聊聊"凡·高为何自杀"这个话题

······

图1-1　顾爷"凡·高为何自杀"

---

①　顾爷.凡·高为何自杀？［EB/OL］.（2014-12-9）［2018-10-3］.http://weibo.com/
1744653127/BA1Px24sY？type＝comment＃_rnd1471358870413.

凡·高为何自杀

因为他是"神经病"吗？

可能是

……

但绝不是主要原因

今天我想聊聊"凡·高为何自杀"这个话题

……

我曾经看过一本书，名为

《亲爱的提奥》（*Dear Theo*）

书中收录了上百封凡·高与弟弟提奥互通的信件……

这本书，使我对凡·高的印象

彻底的改观！

我原本以为他只不过是个会画画的神经病……

看完这本书，我才发现他是一个心思缜密、思路清晰的……

神经病

用一句话概括：凡·高可能是个疯子

但他绝不是一个傻子

我们先来看看凡·高在成为画家之前是干什么的？

他是一个画商

而且是一个相当成功的画商

凡·高就职于当时最 NB 的一家画廊：Goupil & Cie

一个做过画商的画家，就好像是一个做过嫖客的小姐……

至少他充分了解消费者的心理！

光一个例子就可以证明凡·高在艺术品鉴赏方面的眼光有多毒……

塞尚，他是凡·高生前最欣赏，也是最看好的一个画家。

看看塞尚的画在今天的价格……

《打牌人》（*Card Player*，1894—1895）

2 亿 7 千万美金

至今仍在"世界最贵绘画排行榜"中雄踞第一

凡·高弃商从艺，在我看来，不光是头脑发热一拍大腿，就此决定献身艺术那么简单！

其实……

他在下一盘大棋!

首先,凡·高凭着他明锐的洞察力和独到的眼光,判断出一个结论……

印象派必火!

他的理论也很简单:

"现在的人越来越喜欢那些色调明快,让人感觉舒服的作品。马奈在这方面就做得很成功……但是相比之下,印象派在这方面则做得更好。"(以上文字选自《亲爱的提奥》)

然而凡·高知道,自己现在再去玩印象派,已经有点晚了,最多只能变成一个画得很像的追随者……

于是,凡·高"开发"出了一套更NB、更大胆的画法……

这种画法使他的作品看上去比印象派还要明亮、鲜艳……

除此之外,他对市场的分析也相当准确

他认为在风景画领域,克劳德·莫奈的地位已经不太可能被颠覆了……

"既然在风景画上拼不过你,那我就主攻肖像……"

另外,凡·高在个人风格的竖立上,也做得很到位……

在当时的青年画家中,有一位名叫乔治·修拉的"密集爱好症"患者

他的画全都是由一个个小点组成的

可谓辨识度极高!

凡·高也吸取修拉的经验,研究怎样让别人一眼就能认出自己的画!

没过多久……

那些线线圈圈就诞生了

在品牌打造方面,凡·高也想的比一般人远……

他在画作上的签名之所以是文森特(Vincent)而不是凡·高(Van Gogh),就是因为他觉得大多数人都不知道他名字中的"gh"的发音……

由此可见,凡·高早已做好了一切爆红的准备

而且,他并不只是守株待兔似的,傻等天上的那块比萨饼哪天能够砸到自己脸上……

在决定成为职业画家之前,他就已经做好了安排……

他先是介绍弟弟提奥进入画商圈;

然后让提奥专攻印象派画家……

莫奈(Monet)、德加(Degas)、毕沙罗(Pissarro)

他们能够大红大紫,很大一部分原因是提奥的炒作……

"如果印象派都能被大家接受了，那我离成功还远吗？"

所以我一直认为，凡·高的画并不是卖不动（生前产品总销量为1），只不过他一直等待一个时机……

一个一炮而红的时机，

可惜……

凡·高一直没有等到那个时机……

1890年7月29日，凡·高朝自己胸口轰了一枪……（最近有个作家认为凡·高是他杀，对此我保留意见）反正不管怎么样，凡·高是真的挂了

然而在凡·高死了十年后，他的作品渐渐被人们所认识……

如果再撑个十年，他就真的能看到自己爆红的那一刻了！

那么，他究竟为何自杀？（如果真的是自杀的话）

一个对于自己的"商业模式"有着完美构想的奇才，为何会在快要熬出头时挂掉了？

除了神经病外，我能想到的唯一解释就是：

穷

穷到买张床的钱都没有……

穷到请不起模特，画来画去只能画自己

我曾经研究过凡·高的经济状况……

他的生活来源主要靠弟弟提奥的接济，提奥每个月会给凡·高的账上打200～250法郎的生活费……

200法郎在当时能干什么？

住宿1法郎/天

吃喝1法郎/天

加上购买绘画器材和一个月难得去几次风月场所……

怎么算也不会超过100法郎的开销啊！

那么问题就来了

凡·高的钱究竟上哪了？

这个问题别说我答不上来，相信就连凡·高自己也搞不清楚……

可惜，当时没有支付宝

不然滑几下手指就能轻松理财了……

最近支付宝还搞了个新功能……

根据你这几年的财务状况以及人际关系等……

预测出你十年后成为土豪的可能性……

如果真有支付宝

也许凡·高会多活几年

也许他会就此看到生命的曙光

也许……凡·高就不会自杀

凡·高在给提奥的最后一封信中这样写道：

> 我的作品是冒着生命危险画的,我的理智已经垮掉了一大半。但我始终相信,一个尽其所能勤勤恳恳努力干的人,总会成功的。
>
> 衷心地握住你的双手。

文森特

1890 年 7 月 27 日

第一节　广告文案是什么

在现代社会,人们接受信息的感官通道主要是视觉和听觉。相应地,广告的媒介通常包括视觉媒体和听觉媒体,广告的形式则有图像与声响两种。文案和声响相关,广告文案就是广告作品中的语言文字。

广告文案是"advertising copy"这一名称的译名。早期的译名有"广告拷贝""广告稿""广告文""广告文稿"等。1991 年,"现代广告学名著丛书"出版(唐忠朴主编,中国友谊出版公司出版)。该丛书共计 9 本书,台湾地区学者刘毅志翻译了其中 6 本外国著作,在其译作中,首次将"advertising copy"翻译为"广告文案",自此该译名得到普遍认同,并成为规范用语。

"文案"是中国传统词语。"文案"亦作"文按",指古代官衙中掌管档案、负责起草文书的幕友,亦指官署中的公文、书信等。"文案"的原意与"广告文案"都包含文字处理,而且除了指称文字作品之外,还指代写作者。今天,"广告文案"一词也可用于称呼广告中文案的撰写者。

大部分学者都认为"广告文案"存在广义和狭义两种理解,而且都以狭义的为重点,如表 1-1 所示的近五年广告文案定义汇总。狭义的广告文案,特指定稿并发布出来的广告作品中的语言文字部分。如果是平面广告,那就是文字;如果是广播电视、网络广告，文案就是语言和字幕，语言包括旁白、人物的独白或会话，以及配乐中的歌词。广义的广告文案，则把与广告作品相关的文字形式都囊括进来，如广告策划书、拍摄脚本，甚至产品说明书。在实际操作中，一般以狭义的广告文案为准。

表 1-1　近五年广告文案定义汇总

定　义	作　品	作　者	出版年	出版社
广告文案是广告作品中的全部语言文字部分(不包括广告作品中实物产品包装上已存在的文字)	《广告文案》(第二版)	胡晓芸	2022	浙江大学出版社
广告文案以最终呈现在广告作品中为目的,而不是广告创作中的所有文字;广告文案是广告作品中的语言文字部分而不包括图片等其他表现元素	《广告文案》(第二版)	温丽华　高升	2022	清华大学出版社
广告文案的写作通常分为两种:一是针对线上自媒体类的博客文案写作;二是针对企业或品牌的文案写作	《广告文案与创意》	秦崇伟	2021	南京大学出版社
广告文案的视角包含宏观、中观与微观。广告文案的涉及范围界定为传播信息的"广告作品",广告文案专指广告作品中的语言符号部分,广告作品是由多种要素组成的有机整体	《营销传播文案写作》	阮卫	2021	武汉大学出版社
广告文案是指广告作品中的语言文字部分。在平面广告中,广告文案是指广告作品中的文字部分。在广播电视广告中,广告文案是指人物的有声语言和字幕	《广告文案写作》(第三版)	初广志	2020	高等教育出版社
广告文案指涉广告作品中的语言文字部分。使用这一定义,不会将广告文案与广告策划书相混淆	《广告文案》	秦雪冰　蒋倩	2020	上海人民美术出版社
广告文案仅存在于广告作品中,在广告运作过程中的其他应用性文字,如广告策划书、媒体计划书等,是广告应用文,而不是广告文案;广告文案被包含在已经完成的广告作品中;广告文案是指广告作品中的"语言"或"文字"部分	《广告文案写作教程》(第四版)	郭有献	2019	中国人民大学出版社

随着营销活动的创意日益新颖丰富，目前涌现出了大量的似是而非的广告文案，这一现象值得注意。争议的焦点在于这些文字是否属于广告，如开篇案例中所介绍的《凡·高为何自杀？》一文，这是较早将广告信息隐蔽植入微博推文的案例，类似的例子还有网络和移动媒体上涌现的大量植入广告信息的"段子"。它们既是作者个人观点、情感的表达，又隐含了品牌和产品信息。

要回答这个问题，还需回到广告的基本定义。根据美国营销学会（American Marketing Association，AMA）的界定，广告是由可识别的出资者所作的，通过各种媒介对产品、服务和观念进行的非个人的说服信息传播活动（Advertising is the nonpersonal communication of information usually paid for and usually persuasive in nature about products，services or ideas by identified sponsors through the various media）。

美国学者威廉·阿伦斯（William F.Arens）及其合作者在第16版的《当代广告学与整合营销传播》教材中，提出广告的定义："广告是一种有偿的、有可识别来源的媒介化传播形式，旨在劝服接收者现在或者将来采取行动（Advertising is a paid，mediated form of communication from an identifiable source，designed to persuade the receiver to take some action，now or in the future）。"[①]

国内学者感受到广告形态的变化，通过对1622条中文教科书的广告定义进行词频和语义网络分析，发现各个媒介时期定义广告的要素虽有差异，但"讯息"和"功效"是始终贯穿的要素。因此，广告的定义可以归结为"广告是观念或商业信息的传播"，未来只要符合这个条件的形态，不管是否称之为广告，都是当今意义上的广告[②]。

以上述标准来审视当代的多样广告形式，就能发现其中有几个本质特征是不变的。第一，广告具备鲜明的说服目的和功能。即使是将品牌信息植入个人创作中的案例，也通常在结尾处将广告目的点明出来。第二，因广告的说服目的，广告能让人识别出广告主。有不少营销段子的作者虽是个人自媒体，但其中的广告信息仍能让人马上判断出广告主。第三，广告依然通过特定的媒介进行

---

① 阿伦斯，维戈尔德.当代广告学与整合营销传播：第16版[M].林升栋，顾明毅，黄玉波，等译.北京：中国人民大学出版社，2023：7.

② 黄合水，方菲.广告的演变及其本质：基于1622条教科书广告定义的语义网络分析[J].新闻与传播研究，2019(12)：84-96，128.

传播。商业笔记或营销段子一旦使用了微博、微信等公众平台来传播其文章，就与自我表达区别开来。

所以，随着社交媒介、便携终端等的普及，营销创意必然会顺势变革，广告的形式也必然不再局限于传统的类别，但这些传播工具都离不开语言文字，因此广告文案的重要性是不言而喻的。

第二节　广告文案的构成

一则完整的广告文案，包括四个要素：标题、口号、正文和随文。

一、标题（headline）

标题是一则广告的主题和核心，相当于一篇文章的中心思想或主要内容。好的标题，能让消费者在第一眼看到广告时，就能迅速捕捉和判断其内容。为了实现这一点，标题常用的技巧有：

（1）用较少的字数，一般不超过 14 个字。

（2）位于广告的显要位置，如平面广告的中心、类似"报眼"的左上版，视听广告的开头或者结尾。

（3）选用比其他文案要素更大的字号。

（4）选用和其他文案要素区别开来的字体、行距。视听广告选用更响亮的声音念出，或者通过语调、音节等区别于其他文案要素。

标题通常是一个短语或句子，有的标题是多行标题，如主题加副题（subhead），还有的是由引题（pre-catch）、主题和副题组成。这时，引题的目的是导引出主题，副题则是对主题的补充或延伸。

二、口号（slogan）

口号又称广告标语，一般大家所说的广告语就是广告口号。它和标题有相似之处，也有差别。

两者的相似处主要在于形式。口号和标题都很简短，且口号通常更为精炼，是一句短语。

两者的差异更大,体现在功能和形式上。

功能上,口号是企业为了加强受众对产品、服务、品牌或企业的良好印象,在相对稳定的时期内使用的广告语,集中体现广告阶段性的战略。"口号具有两个基本目的:保证广告活动中的一系列活动都是连续的,以及将广告讯息策略简化为一句简短、可重复、易记的定位声明。"①

因此,反映到形式上,口号使用的时间更久,标题为单则广告服务,口号则是为品牌服务。

口号与品牌紧密相关,它和品牌的标志、名称、色彩等元素一样,是品牌识别的一部分,常放在和品牌标志相近之处,有人称之为"文字商标"。

口号为了便于流传和记忆,往往在修辞上较标题更讲究技巧,这也是为什么口号又被称为"广告金句"。

三、正文(body copy)

正文是广告文案的主体,是对广告标题的解释和对广告信息的详细阐释,承担说服受众的主要职责。实际写作中,正文的字数可长可短,但一般正文的字数都比标题长,有的广告只有标题,而不写正文。

正文的逻辑结构是最讲究的。为了说服消费者,总分总、递进、反复等各种行文结构都可用到,并且能看出明显的说服思路。

形式上,正文的字体、字号等往往和标题既有呼应,又有区别。有的广告标题和正文选用一样的字体,但字号上则是标题略大。有的广告标题与正文采用不用的字体、行距来以示区别。

四、随文(supplementary items)

随文又称附文、尾文,是文案的附属性文字,一般放置在正文之后。它是对正文的补充,主要向受众传达企业名称、地址、购买商品或获得服务的方法等信息。完整的随文通常包括 6 个部分:品牌,企业名称、地址及联系方式,购买方

---

① 阿伦斯,维戈尔德.当代广告学与整合营销传播:第 16 版[M].林升栋,顾明毅,黄玉波,等译.北京:中国人民大学出版社,2023:395.

法,印章①,特殊标志,特殊说明。

随文在功能上可以起到促进说服、唤起购买动机的作用,假如消费者看到正文,想去购买的话,联系方式、搜索方式和"阅读原文"的跳转链接等就能直接帮助他。

随文的内容固定,一般每则广告都会重复使用,且字号往往是全部文案中最小的。它虽然是附属文字,但并不代表不重要。有的广告人忽视随文,将随文的字体设计得过小,几不可辨,这是不对的。可以说,一则广告可能既没有标题,也没有口号,更没有正文,但不可能没有随文。因为品牌标志、名称等信息是每则广告都需让消费者明确识别出的。

写作随文,至关重要的原则是准确。标志、品牌名称、联系方式等务必精确、统一。尤其是涉及数字的信息,更要仔细核查,不可大意。

【小　结】

广告文案是广告和营销传播中的必要部分。在实际应用中,有广义和狭义两种理解。随着营销创意日益丰富,广告文案在形式上也趋向多样化。文案通常由标题、口号、正文和随文四个部分构成。

【关键术语】

广告文案、标题、口号、正文、随文

【思考题】

1.随机挑选一份报纸或者杂志,判断其刊登的广告文案的构成要素分别是什么。

2.试列举近年来的广告新形态,并判断广告文案及其构成要素。

3.这是 2013 年 4 月发布于微博的一则"段子",作者"留几手"以毒舌点评人物而闻名。

上身僧袍,下身袈裟,捧个化缘钵,地上写"饿了,求 2 元吃饭",一路流窜到梦寐的凤凰古城,挺过大风大浪,没想到被 148 元的门票击垮,你东躲

---

①　印章(seal)是当产品或企业符合特定的、公认的、权威的组织机构制定的标准时所获得的认证标志。

西藏,差点被纠察大队抓到连夜打断狗腿。捯饬得不伦不类,文艺狗都比你有女人味。"4·19"赶紧去唯品会逛一圈,提升点品味吧。负分,骑上你的白龙马,快马加鞭地滚。

试分析该则段子的广告信息在哪里?你能否举出一个类似的做法?

【延伸阅读】

1.黄合水,方菲.广告的演变及其本质:基于1622条教科书广告定义的语义网络分析[J].新闻与传播研究,2019(12):84-96,128.

2.阿伦斯,维戈尔德.当代广告学与整合营销传播:第16版[M].林升栋,顾明毅,黄玉波,等译.北京:中国人民大学出版社,2023.

3.文案包邮."这100句文案,属实是惊艳"[EB/OL].(2024-2-23)[2024-4-2].https://mp.weixin.qq.com/s/R-Zi-J0MxW1chUfcMKeFSw.

Step 2
我从哪里来：
文案创意策略
来自市场洞察

学习指南

　　认识广告文案是广告战役中的一环,广告文案的创意策略统属于整体的广告策略。

　　了解文案撰稿人在广告调查阶段处理广告主、消费者、市场信息的基本原则。

　　通过有组织的文字表述,将产品/服务调查、消费者心理与行为调查、目标市场调查的结果总结出来。

【开篇案例】

爱慕"一本半"义乳公益计划:她的战衣

　　这是一碗用来煮粥的绿豆,这是一双干净的丝袜,这是一位乳腺癌患者15年前自创的手工义乳。

　　这是一件面料不错的衣服,这是一节医用纱线,这是一团被子里取出的棉花,这是缝线有点歪但是阿秋用起来还不错的自制义乳。

　　这是中药材决明子,这是枕头里取出的荞麦皮,这是有点年头的老吊带,这是肖玉戴了一个夏天的轻便义乳。

　　这是回形针,这是加厚保鲜袋,这是一盆水,这是一件普通女式泳衣,这是走起来水咣当响但游泳顺畅的红姨发明的水义乳。

　　乳腺癌在2020年取代肺癌,成为全球患病率最高的癌症。在中国,71%的女性乳腺癌患者能够治疗成功,但88.8%的乳腺癌患者会"失去"乳房。在经历术后身心重生,正式回归生活时,有能力主动消费、了解义乳佩戴知识的乳腺癌患者不到 30%。她们用自己的方式进行"义乳战衣"的缝制，但义乳的作用不只是填充这么简单。乳腺切除术后，人的身体失去平衡，随之而来的心理失衡，同样需要被关注。

一件科学的义乳，需要能够维持生理的平衡，需要带高缓冲性防护功能，也需要符合人体功能美学，更要满足生活场景的需要。爱慕公益基金会携手《三联生活周刊》，正式面向社会开启"一本半"义乳公益计划，提供免费申请定制义乳通道，如果您或者身边亲友有需要，可以根据流程提示前往申请。

《一本半》乳腺公益画册分为《一本》《半本》两册。《一本》为女性提供乳腺健康自检科普，《半本》从真实人物经历出发分享经验与心得，为更多抗癌患者提供身心支持，拾起重回生活的勇气。《一本半》乳腺公益电子画册现已全网免费发放。

爱自己这本书，我多读了半本，希望你只读一本就够了。粉红丝带不只是话题标签，关于认知，我们需要补全。我们希望，它是全面认知的书签，愿每种人生都有解，每个自我都值得爱慕。在一本半人生里，爱慕自己。

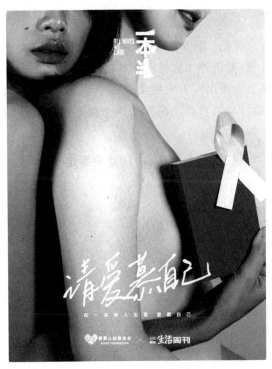

图 2-1 爱慕"一本半"义乳公益计划

第一节　广告主的卖点

　　广告由广告主出资,理应为广告主服务,因此广告从业人员必须细致地了解广告主在卖什么。从广告的定义可知,广告主可以推销产品、服务和观念。无论从业者想推广哪一种,总的原则应该是充分获取其信息,将自己变成通晓该商品/服务/观念及其所属类别的专家。获取信息的渠道包括:亲身试用、用户评论、零售店反馈、自媒体、第三方数据、新闻报道、学术研究……

　　但文案撰稿人的职责和市场调查人员、客服人员、创意总监又略有不同。有两个方面,是文案人员需特别注意的。

一、了解细节

　　假如市场调查人员把广告主方面的信息都整理出来,文案撰稿人该如何消化这些资料呢? 首先,要格外注意挑选出那些有关产品的细节,以便以后写进广告中。因为正是细节能突出广告主所卖商品的优势,仅仅含糊地说自己的产品多么好,无法真正地打动消费者。优秀的例子如下则长城葡萄酒广告的文案所示(图 2-2):

三毫米的旅程,一颗葡萄要走十年

三毫米,

瓶壁外面到里面的距离,

一颗葡萄到一瓶好酒之间的距离。

不是每颗葡萄,

都有资格踏上这三毫米的旅程。

它必是葡园中的贵族,

占据区区几平方公里的沙砾土地;

坡地的方位像为它精心计量过,

刚好能迎上远道而来的季风。

它小时候,没遇到一场霜冻和冷雨;

旺盛的青春期,碰上十几年最好的太阳;

图 2-2 长城葡萄酒广告

临近成熟，没有雨水冲淡它酝酿已久的糖分；

甚至山雀也从未打它的主意。

摘了三十五年葡萄的老工人，

耐心地等到糖分和酸度完全平衡的一刻，

才把它摘下；

酒庄里最德高望重的酿酒师，

每个环节都要亲手控制，小心翼翼。

而现在，一切光环都被隔绝在外，

黑暗、潮湿的地窖里，

葡萄要完成最后三毫米的推进。

天堂并非遥不可及，再走，

十年而已。

　　这篇广告的主题思想简单明了：该葡萄酒品质优良。但是文案撰稿人通篇没有说出这句俗套的主题，而是通过众多的细节让消费者自觉地得出此结论。这种手法比简单地一味推销要高明得多，它除了让观众心悦诚服之外，还能感受到广告主对自己商品的自信与热爱；另外丰富的细节能极大地增强文案的可读性、吸引力。这篇文案中的细节包括产地、气候、环境、工艺等。

　　再看另一篇经典广告文案中的细节（图 2-3）。

图 2-3　大众甲壳虫车广告

次品

这部甲壳虫车没有过关。

仪表板储物箱上的镀铬条有点损伤,必须换。您可能根本不会注意到它。但检验员科特·克朗诺注意到了。

我们在沃尔夫斯堡的工厂中有3389人专门负责一件工作:在每一个生产步骤中检验甲壳虫车。(我们每天生产3000部;检验员多于汽车。)

每一个避震器都必须接受测试,单用眼睛检查是不行的。

每一块挡风玻璃都要接受检查,甲壳虫车常因外表有一点肉眼看不到的小刮痕就被淘汰出局。

最后的检验绝不含糊。检验员把每一部甲壳虫车从生产线运到车辆检查台,接受189项检查,再飞快地开往自动刹车站。每50部甲壳虫车中就有一部不能过关。

对一切细节如此注意,最终使甲壳虫比其他的车子更加耐用,需要较少的保费(这也表明,甲壳虫整车的折旧率比其他的车子低。)

我们剔除了不合格的车,让您得到十全十美的车。

(注:柠檬在英文中有其暗喻:外表好看却尖酸苦涩难以食用的东西。)

Lemon

This Volkswagen missed the boat.

The chrome strip on the glove compartment is blemished and must be replaced. Chances are you wouldn't have noticed it; Inspector Kurt Kroner did.

There are 3,389 men at our Wolfsburg factory with only one job: to inspect Volkswagens at each stage of production.(3000 Volkswagens are produced daily; there are more inspectors than cars.)

Every shock absorber is tested(spot checking won't do), every windshield is scanned.VWs have been rejected for surface scratches barely visible to the eye.

Final inspection is really something! VW inspectors run each car off the line onto the Funktionsprufstand(car test stand), tote up 189 check points, gun ahead to the automatic brake stand, and say "no" to one VW out of fifty.

This preoccupation with detail means the VW lasts longer and requires less maintenance, by and large, than other cars.(It also means a used VW depreci-ates less than any other car.)

We pluck the lemons; you get the plums.

这篇广告文案能让读者信服地产生"甲壳虫车质量真好"的感受，功不可没的是其丰富的细节，它包括产地、工人数量和细致的检查流程。特别是对检查流程的详述，让人身临其境，如同实地观众一般，完整地体验了车辆的出厂过程。值得一提的是，表现细节的一个技巧是使用数字。数字越具体，越能给人留下鲜明的印象。

设想能写出这样一篇有理有据的广告文案的撰稿人，可能自己就是汽车行业的专家。

二、将事实转化成利益

文案撰稿人详尽地搜集信息，将其汇总为有关商品的事实（fact），接着，就要换位思考，将这些事实和消费者相衔接，从消费者角度总结出商品最终能带来的实惠与利益（benefit）。利益才是吸引消费者产生购买动机的刺激。这就是"人们买的不是1/4英寸的钻头，他们买的是1/4英寸的洞"所要传达的意思。

事实是中性的，可能是好事，也可能是坏事。但利益是褒义的、正面的，是对消费者有帮助的信息。只有将事实转化成利益，广告中的说服信息才以消费者为准，而不是广告主本位。

比如，大众甲壳虫车的创意者找到的商品利益和商品事实的对应，见表2-1[①]。

表 2-1　甲壳虫车的利益和事实对应

商品利益	商品事实
完全没有买到不良品的危险	严密的检查系统（具体的事实）
使用寿命长、保养费用低	精细的制造（具体的事实）
以二手车转卖时价格高	二手车价格高
车型不会过时，车主不致面上无光	车型20年来一成未变

"车型20年来一成未变"的事实，可以有双面的理解：一是故步自封，不与时俱进，满足不了消费者追求时尚的需求；二是能避免尴尬，满足消费者保持颜面

---

①　西尾忠久.如何写好广告文案？[M].黄文博,译.台北："国家出版社",1996:49.

的需求。可见，作为中性的事实，在向消费者诉求时，必须转化成积极、正面的好处。而要做到这一点，文案创作者不能靠吹嘘、粉饰和掩盖，需真正洞察消费者隐秘的心理，找到顾客心底不愿宣之于口，却又实实在在困扰自己的隐忧，从而一举攻破其心防。

来看一则经典的甲壳虫车广告（图 2-4），其标题是"它干完所有的活，可是周六晚上哪一辆车才能开去派对？"(It does all the work, but on Saturday night which one goes to the party?)在文案中，创作者将甲壳虫车称呼为"小丑虫"(an ugly little bug)，它耗油少，占地小，足以满足日常，不过在重要的场合，它不如其他更拉风的车。撰稿人坦率地承认这辆车的劣势，然后又用敏锐的洞察力将此劣势转化为优势。在文末，作者写道："慢慢地，人们发现拉风的车越来越不够漂亮，而皮实的甲壳虫车却看起来没那么丑了。"这的确领会到了人心的微妙变化，而文案撰稿人理解用户并和用户真诚地达成沟通。

图 2-4　大众甲壳虫车广告

反之,有的广告只是单向地罗列产品信息。这则移动爱家智能家居广告(图2-5),标题是"看上去很大",尽管该广告图像醒目,视觉冲击力强,但图形和文案都只是生硬地夸张家庭小物件的尺寸,没有将其转化成对消费者有利的信息。

图 2-5　移动爱家智能家居广告

第二节　消费者的需求

文案撰稿人若想将商品事实转化成对消费者有用的利益,就要找到消费者的需求(needs)。根据产品所满足的消费者特定需求,确定商品的利益点,接着在广告中表现为具体的诉求(appeals),三者的关系如图 2-6 所示。

需求 ⟹ 利益 ⟹ 诉求

图 2-6　需求、利益和诉求关系

消费者的需求多而细,大致的分类可见马斯洛(Abraham H. Maslow)的需求层次(hierarchy of needs)学说。他将人的需要分为五个层次:

(1)生理需要(physiological needs):饥、渴、暖、避免痛苦、性发泄及其他。

(2)安全需要(safety needs):住房、衣着、经济和身体安全。

(3)爱与归属需要(love needs):为社会所接受和个人的亲密关系。

(4)受尊重的需要(esteem needs):满足感、成就感、被认可、声望、社会地位。

(5)自我实现(the needs for self-actualization):具备认知意义上(cognitive needs)和审美意义上(aesthetic needs)的理解能力;自我和个人内在潜力得到最

大限度发挥的完美结合。①

人的需求包含生理需求和心理需求,但是生理需求先行于心理需求,意味着人必须先实现低层次需求,才能满足高层次的需求,"仓廪实则知礼节"(《管子·牧民》)说的正是这个道理。但是这并不意味着人在低层次需求被满足前,就绝对不会产生高层次需求,如贫病交加的音乐家依然不放弃对音乐的兴趣。此外,人还具备满足所有需求的强大欲望。

这个学说对文案撰稿人的启示意义:

(1)商品是满足人的生理需求和心理需求的一种工具,而且人的需求是交织的,因此作为文案创作者要尽可能地挖掘消费者的各种需求。

(2)生理需求较容易获得满足,心理需求较难满足而且个性化强。因此在激烈的市场竞争中,为了获得差异化的优势地位,许多广告都不停留于满足简单的、低层次的需求,而试图寻找其他高级的需求。例如,人们喝茶不光是为了解渴,还可能是寄托情感、彰显社会地位等,因此某茶叶广告的文案用"值得品"作为标题。文案撰稿人尤其要洞察消费者,挖掘消费者潜在的、深藏于心的,甚至不愿意说出来的需求。

在消费者行为学里,具体的消费需求被划分得更为细致。表 2-2 汇总了数种有代表性的分类法,在具体操作中,文案撰稿人可以据此表按图索骥,罗列出商品所能满足的消费者的需求。

---

① 马斯洛.动机与人格:第 3 版[M].许金声,等译.北京:中国人民大学出版社,2007:18-34.

表 2-2　消费者的需求

消费者需求	来源
(1)有力量、男子汉气概(精力充沛) 有力量:含糖食品和量大的早餐、滚木游戏、电力火车、马力强大的汽车、有力的工具 男子汉气概(精力充沛):咖啡、牛羊肉、笨重的鞋子、玩具枪、给女人买皮衣、用剃刀刮胡子 (2)安全 冰激凌(感觉又成为可爱的孩子)、满满一抽屉的整齐的熨过的衬衫、真正的灰泥墙(感到被保护)、家庭烘面包、医院中的护理 (3)性欲 糖果(去舔)、手套(被女人脱掉,作为脱衣的一种形式)、一个男人为一个女人点燃一支烟(创造一个达到压力顶点的紧张时刻,然后放松) (4)道德上的纯正和清白 白色的面包、棉织品(意味着纯洁)、苛刻的家用清洁剂(使家庭主妇使用后感到有道德)、洗澡、燕麦粥(牺牲、美德) (5)社会的接受 友谊:冰激凌(去分享快乐)、咖啡 爱与爱情:玩具(对孩子表达爱)、糖和蜜(表达爱的方式)、肥皂、美容产品 (6)个性 美食家的食物、外国汽车、烟嘴、伏特加酒、香水、钢笔 (7)地位 苏格兰威士忌酒、败坏的食物、心灵的抨击、消化不良(显示一个人有一个高压力、重要的工作)、地毯(显示一个人没有像父辈一样住在光秃秃的地板上) (8)女人味 蛋糕和点心、布娃娃、丝、茶、家中的珍品(一个亮的、装饰性的、重的、可触摸的部分) (9)奖赏 香烟、糖果、酒、冰激凌、点心 (10)控制环境 厨房设施、船、运动器具、打火机 (11)不疏远(期望与各种事物相联系) 家中装饰、滑雪、早间广播(感到与世界相接触) (12)不可思议的神秘 汤(有恢复健康的力量)、涂料(改变一个房间的基调)、碳酸饮料(神奇的冒泡泡的东西)、伏特加(浪漫的历史)、未包装的礼品	王晓玉.消费者行为学[M].上海:复旦大学出版社,2023. 所罗门.消费者行为学:第3版[M].张莹,傅强,等译.北京:经济科学出版社,1998.

消费者需求	来源
(1)求实:追求产品的实际使用价值,其核心功能是"实用""实惠" (2)求新:追求产品的时髦与新颖,其核心功能是"前卫""时尚""时髦""新潮" (3)求美:追求产品的美学价值和欣赏价值,其核心功能是"美观""装饰""艺术" (4)求名:追求名牌商品或企业名望,显示自己的地位和身份,其核心功能是"荣耀""纪念" (5)求廉:追求商品价格低廉,希望付出较少货币而获得较多物质利益,其核心是"便宜" (6)求便:追求商品购买和使用方便、省时、省力,其核心是"方便""快捷" (7)好胜:以争赢斗胜为主要目的。购买商品不是出于实际的需要,而是为了赶超他人,表现出"优越感""同调性" (8)嗜好:满足个人特殊嗜好 (9)炫耀:追求所购商品能显示身份、地位、威望、财富,其核心是"显名""表现" (10)模仿或从众:自觉或不自觉地模仿他人的购买行为	陆剑清.现代消费行为学[M].北京:北京大学出版社,2013. 李晴.消费者行为学[M].重庆:重庆大学出版社,2003. 符国群.消费者行为学:第2版[M].武汉:武汉大学出版社,2004.
(1)生理需要:消费者需要的最基本类型,主要是对食物和水的需求,还包括睡眠等 (2)安全与健康需要:对于健康和安全的担忧而形成的需要 (3)情感需要:对爱和伴侣的需要,产品经常用作爱和关心的象征 (4)金融资源与保险需要:对金钱以及相关的保险、金融服务的需要 (5)娱乐需要:对于乐趣和兴奋等体验的需要,即使吃喝也可能是为了提高情绪 (6)社会形象需要:一个人关心别人如何看待他的需要,社会形象部分取决于他购买和消费的产品 (7)拥有需要:对拥有财产和消费品的需要,消费者的自我概念,部分取决于其所拥有的财产 (8)给予需要:给予他人或自己东西,利他主义的需要,有时给予和社会形象相关 (9)信息需要:得到足够信息以做出合理决策的需要 (10)变化需要:改变生活的需要,变化是生活的调味品	恩格尔,等.消费者行为学[M].徐海,等译.北京:机械工业出版社,2003.

续表

消费者需求	来源
(1)成就感:运用自己的技能完成困难任务的需要(专业工具、运动器材、提供技能培训的服务) (2)独立性:独立自主的需要,有多种选择,有个性(时装、轿车、酒、烟) (3)表现欲:吸引公众注意力的需要,炫耀,得到他人关注(服装、饰品,大到豪宅,小到发型,一切可以彰显自我的产品) (4)得到承认:受他人正面关注,被尊为典范的需要(专利产品、证书服务、专业协会) (5)支配欲:有权对他人进行支配、指导和监督的需要(体现影响力的一切产品,大到别墅或轿车,小到杀虫剂) (6)归属感:与他人建立亲密关系的需要(社会团体、个人护理产品,如牙膏、薄荷糖、除臭剂) (7)抚育:照顾他人的需要,拥有并加以保护的需要(儿童用品、烹饪、园艺、家务、志愿服务、慈善工作) (8)求助:接受他人安慰、得到安慰的需要(能起关照作用的任何产品,如个人定制服务、豪华用品、咨询服务等) (9)性别魅力:确定并发挥自己的性别身份的需要,有充分的性吸引力(一切性别化的产品,如香水、饰品、娱乐活动) (10)刺激:刺激感官的需要,参加激烈活动,身心投入(运动器材、健身俱乐部、烹饪用品、泡沫浴、织物柔软剂) (11)消遣娱乐:放松的需要,玩耍、逗乐、被娱乐(度假、运动项目、视听产品、新闻节目) (12)新鲜感:改变日常生活惯例的需要,改变经历,学习新知识(旅游、教育、电影、书籍) (13)理解力:学习和理解的需要,运用智力联系(教育、电影、书籍、玩具) (14)协调性:保持井然有序和清洁卫生的需要,控制不稳定因素,避免含混不清(清洁用品、维修服务、配套产品) (15)安全感:消除恐惧的需要,获得收益,避免事故(保险、安全设备、投资理财等)	ROBERT B S, PAMELA L A. Why They Buy: American Consumers Inside and Out [M]. New York: John Wiley & Sons, 1986.

第三节　对目标市场的洞察

市场的概念有广义和狭义之分。广义的市场是包括广告主、目标消费者和竞争者的一个大系统。文案撰稿人对竞争者商品的了解,也应该依照收集广告主商品的原则,去做全面而详细的整理。狭义的市场则特指商品的目标消费者,它是由众多的细分市场(market segment)构成的。细分市场是一群具有一个或者多个相似特征的消费者的组合,而寻找适合的目标消费者的过程被称为市场细分。作为文案撰稿人,在充分了解自己和竞争者信息的基础上,确立明确的目标市场,才能实现"对谁说"的目的。

目标市场,即目标消费者群体通常按照人口统计特征和生活方式特征来分类,前者是根据消费者的自然属性来划分,包括性别、年龄、住址、收入、教育和职业、种族、国籍、信仰、婚姻状况、家庭状况等,而后者则加入了消费者心理及行为上的特征。

生活方式,又称生活形态(life style),指人们如何支配时间和收入的消费模式。图 2-7 直观地显示了生活方式的三个构成要素:人、产品和情境。生活方式研究就是描述出人在何种环境下购买和消费产品的模式。

图 2-7 生活方式构成

生活方式不能简单地理解为"人们如何生活"的意思。对于营销而言,时间和消费是紧密关联着的。人们通过消费产品或服务从而打发了时间,这个意义上的生活方式才能进入营销的视野;假如一个人只是发呆度过了一小时,却没有消费任何东西,那么营销上的价值就不大。

在实际操作中,测量消费者的生活方式的工具,常见的是 AIO 量表[①]。它将生活方式分成三个维度:活动(activity)、兴趣(interest)和意见(opinion)。活动是消费者直接显现出的外在行为,如工作、爱好、度假、社交、运动、休闲等,兴趣是消费者对待家庭、工作、娱乐、食品、媒体等的爱好和态度,意见则是消费者

---

① Wells W D,Douglas J T.Activities,Interests and Opinions[J].Journal of Advertising Research,1971,11(8):27-35.

对政治、经济、教育、文化、自我等方面的基本看法。上述三者，越靠后越触及消费者的深层心理及认知。

之所以要将活动和兴趣、意见结合起来考量，是建立在这样一个基本的认识上：人们有意或无意地通过消费行为来向社会显示出自我的身份，即"我是谁"和"我不是谁"。所以根据人们消费行为及心理的一致性，就能将相似的消费者归类到一个细分市场里，从而能有的放矢地向他们传输一致的信息。

在划分目标市场时，人口统计特征与生活方式描述这两种分类法是互为补充的。人口统计特征静态地描述了相似目标消费者的特征，生活方式描述则较为直观地、动态地描述出目标消费者的行为。正是拥有相似人口统计特征的消费者，才能体现出相似的生活方式，而从生活方式的描述中，又可反推出消费者的人口统计特征。这是对文案撰稿人最大的启示。如图 2-8[①] 所示，基于用户的行为数据，可以推导出她的兴趣和态度，进一步地可以触达其深层的观念。

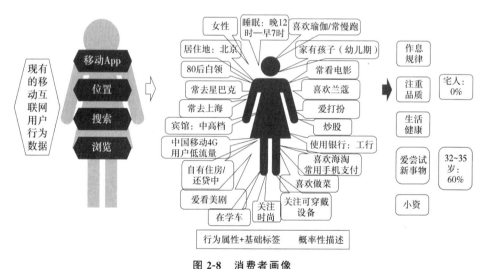

图 2-8　消费者画像

资料来源：华创证券、HCR 慧辰资讯。

文案创作者不需要直接参与用 AIO 量表测量目标消费者的生活方式，更多的时候是面对和处理已经由品牌方提供或者广告公司市场部门所搜集的目标市场数据。这时他需要将人口统计特征铺陈为直观的生活方式描述，同时又要

---

① 卢泰宏.消费者行为学 50 年：演化与颠覆[J].外国经济与管理,2017,39(6):23-38.

将生活方式还原成人口统计特征,以便为下一步的写作做准备。如开篇案例所示,爱慕"一本半"义乳公益计划的广告,用四位受众的典型生活方式作为视频的开头文案,深刻的洞察和细腻的描绘,才能让人信服地接受公益主题的陈述。

现在,依托大数据的庞大信息处理能力,消费者和用户的行为数据都能被全面而准确地归纳出来,这些信息不仅能辅助理解消费者,还能作为文案的素材,直观生动地表现消费者生活形态。比如,美团买药发布的"愿你一切安好"系列文案,针对目标人群的不同身份,直接使用平台数据来作为证据,说服力强。

> 远方的关心,也可以陪在身边。过去一年,有2839万单药品是买给远方的家人。

> 家人健康,才是头等大事。过去一年,51.5%的在线问诊是在帮家人问询。

> 是好爸爸,也是好老公。过去一年,16.5%的产后调理药是丈夫在为妻子准备。

> 长大,从照顾家人健康开始。过去一年,40.9%的高血压药是年轻人帮长辈购买。

> 陪孩子的时候,偶尔会变回小孩子。过去一年,63.5%的卡通创可贴由30岁以上的大人下单。

> 痛无法感同身受,但爱可以。过去一年,34.6%的痛经药是男性在帮女性备好。

第四节 广告诉求

在掌握了自己和对象、对手的全部信息后,广告创意人员就要确定广告诉求,它是直接通向广告策划和实施表现的步骤。广告诉求是一则广告的明确主张,是吸引消费者、打动他们并且说服他们的原因。它包含了"说什么""对谁说""怎么说"。

诉求的基本类型有理性诉求和感性诉求。前者以传递产品的质量、性能、价格、渠道、服务等信息为内容的核心,诉说产品给人带来的物质性满足,以激发目标受众的理性思考为目的。后者是以传递商品的精神属性及其所拥有的象征意义等信息为核心,以引起诉求对象的情感反应为目标,恐惧诉求、幽默诉求、性诉求、亲情爱情友情诉求等手法,都是典型的感性诉求。

许多学者都对理性诉求和感性诉求的种类及判断依据作了论述,威廉·阿伦斯(William F.Arens)以马斯洛需求层次为基础的诉求细分①,可供实际操作作为参考,如表 2-3 所示。

表 2-3　常见的广告诉求种类

需要 (needs)	精选的广告诉求 (selected advertising appeals)		
	理性 (rational)	感性 (emotional)	
自我实现 (self-actualization)	更多的休闲机会(opportunity for more leisure) 经营或使用中的成效(efficiency in operation or use)	雄心壮志(ambition) 免除体力劳动(avoidance of laborious task) 好奇(curiosity) 娱乐(entertainment)	反应的快乐(pleasure of reaction) 单纯(simplicity) 体育/游戏/体力活动(sport/play/physical activity)
尊重 (esteem)	品质可靠(dependability in quality) 性能可靠(dependability in use) 收入提高(enhancement of earnings) 选择余地(variety of selection)	个人外貌的骄傲(pride of personal appearance) 拥有某件物品的骄傲(pride of possession)	款式/漂亮/品位(style/beauty/taste)
社交 (social)	清洁卫生(cleanliness) 购买时的实惠(economy in purchase)	合作(cooperation) 对他人的忠诚(devotion to others) 内疚(guilt) 幽默(humor) 家庭舒适(home comfort)	浪漫(romance) 性吸引(sexual attraction) 社会成就(social achievement) 社会认可(social approval) 对他人的同情(sympathy for others)

① William F.Arens.当代广告学[M].丁俊杰,程坪,陈志娟,等译.北京:人民邮电出版社,2010:491-492.

续表

需要 (needs)	精选的广告诉求 (selected advertising appeals)		
	理性 (rational)	感性 (emotional)	
安全 (safety)	耐久(durability) 对他人的保护(protection of others) 安全(safety)	恐惧(fear) 健康(health)	保障(security)

对诉求类型的第二种划分是基于消费者需求及购买动机的导向。被动生成的动机(negatively originated motives)又称信息性动机(informational motives),是常见的消费动力,它是为了解决问题,甚至回避问题而生成的动机,消费者为了解决遇到的问题并回到正常状态,会主动寻找信息,从而缓解心中的不适,因此又可称之为"缓解动机"。

相反,主动生成的动机(positively originated motives)是通过购买来许诺自己某些奖励或增值体验,甚至放纵自己,它带来正向的激励而不是消除负面情形,也称为"奖励动机"。感官满足、智力刺激和社会认可是三种典型的主动生成动机,消费者希望从基本需求转换为更高层次的满足,因此该种动机又被命名为"转换性动机"(transformational motives)。表 2-4 显示了两种动机及与其相配的典型广告语。[①]

表 2-4　缓解动机和奖励动机的代表性广告诉求

动机类型	具体分类	典型广告诉求
缓解动机 (信息性动机)	问题解决	"快速消除头痛"
	问题回避	"在户外晒太阳吧——你能得到保护"
	不完全满意	"喝起来不像无糖饮料的无糖饮料"
	混合手法——回避	"无痛牙齿保健"
	正常运行代价	"20 公里内的最后一个加油站"

---

① 阿伦斯,维戈尔德.当代广告学与整合营销传播:第 16 版[M].林升栋,顾明毅,黄玉波,等译.北京:中国人民大学出版社,2023:175.

续表

动机类型	具体分类	典型广告诉求
奖励动机 （转换性动机）	感官满足	"这个耳机听起来就像在现场"
	智力刺激或掌控	"充满挑战的拼图游戏带来数小时的欢乐时光"
	社会认可	"你的伴侣会爱上你的样子"

【小　结】

广告文案写作不是随心所欲地创作，一则文案的主题，即"写什么"，归根结底由一场广告战役的整体策略决定。"知己知彼"是确立文案创意策略的前提，"己"是广告主自身，"彼"则是目标消费者和竞争者。产品/服务调查的核心是将事实转化成利益，消费者调查的核心是洞察其需求和归纳出生活方式，竞争者调查的核心是确定市场分布和掌握自己的目标市场。在这些信息的基础上，文案撰稿人才能产生合适的广告诉求。

【关键术语】

知己知彼、事实、利益、诉求、消费者需求、生活方式、细分市场、理性诉求、感性诉求、缓解动机、奖励动机

【思考题】

1.选择全国大学生广告艺术大赛（简称"大广赛"）的参赛品牌，依次完成下列练习。

（1）依据需要清单，尽可能地列出使用该品牌商品/服务/观念可以满足的需要。

（2）将该商品/服务/观念能满足的需要，按照需要层次，排列顺序。

（3）将结果写成如下的表达式，越多越好：

- ××品牌的商品/服务/观念
- 能满足我的_____需要，
- 它让我获得_____好处，
- 因为它的_____特点。

（4）通过和竞争品牌的比较，归纳出本品牌最主要的商品/品牌优势。

2.一般说来，一种商品 80％的销售量来自该商品 20％的消费者，这些消费者被称为"大用户"。许多广告针对的正是这些大用户。挑选你所选品牌的大用户，结合其消费情境和品牌集群，用生动、有感染力的语言描绘他一天的生活方式，并列举出生活方式中的 AIO 构成。

3.某些流行的文字经过被模仿和挪用，成为特定的文案风格，人们常称之为"××体"，如"舌尖体""甄嬛体""梨花体"。其中，"凡客体"是指一系列模仿服装品牌凡客诚品广告文案体例及风格的作品。凡客体的素材由对象的典型生活方式组成，如图 2-9 为凡客诚品广告文案，图 2-10 为凡客体仿作。请你结合延伸阅读材料，模仿"凡客体"的写作格式，任选对象，创作两篇作品。

爱网络,爱自由,
爱晚起,爱夜间大排档,
爱赛车,也爱29块的T-SHIRT,
我不是什么旗手,
不是谁的代言,
我是韩寒,
我只代表我自己。我和你一样,
我是凡客

图 2-9　凡客诚品文案

爱相声,爱演戏,
爱豪宅,爱得瑟,爱谁谁,
尤其爱15块一件的老头汗衫,
我不喜欢周立波,
也没指望他会喜欢上我,
我是郭德纲,
能成为鸡烦洗的代言,
我很欣慰。

图 2-10　凡客体仿作

【延伸阅读】

1.凡客体[EB/OL].(2014-7-14).[2016-9-12].https://baike.baidu.com/item/凡客体.

2.文案｜那个曾火爆网络的凡客体,你还记得吗？[EB/OL].(2017-9-30).[2025-4-27].http://www.aiyingli.com/50605.html.

Step 3
用什么口气说话：
品牌个性决定
文案基调

学习指南

认识品牌个性的概念。

理解品牌个性对于消费者的重要价值。

认清品牌个性和广告文案基调的关系。

通过拟人化的手法归纳出一个品牌的个性。

【开篇案例】

The man in the Hathaway shirt

American men are beginning to realize that it is ridiculous to buy good suits and then spoil the effect by wearing an ordinary, mass-produced shirt. Hence the growing popularity of HATHAWAY shirts, which are in a class by themselves.

Hathaway shirts wear infinitely longer—a matter of years. They make you look younger and more distinguished, because of the subtle way HATHAWAY cut collars. The whole shirt is tailored more generously, and is therefore more comfortable. The tails are longer, and stay in your trousers. The buttons are mother-of-pearl. Even the stitching has an ante-bellum elegance about it.

Above all, HATHAWAY make their own shirts of remarkable fabrics, collected from the four corners of the earth—Viyella and Aertex from England, woolen taffeta from Scotland, Sea Island cotton from the West Indies, hand-woven madras from India, broadcloth from Manchester, linen ba-

The man in the Hathaway shirt

AMERICAN MEN are beginning to realize that it is ridiculous to buy good suits and then spoil the effect by wearing an ordinary, mass-produced shirt. Hence the growing popularity of HATHAWAY shirts, which are in a class by themselves.

HATHAWAY shirts *wear* infinitely longer—*a matter of years*. They make you look younger and more distinguished, because of the subtle way HATHAWAY cut collars. The whole shirt is tailored more *generously*, and is therefore more *comfortable*. The tails are longer, and stay in your

trousers. The buttons are mother-of-pearl. Even the stitching has an ante-bellum elegance about it.

Above all, HATHAWAY make their shirts of remarkable *fabrics*, collected from the four corners of the earth—Viyella and Aertex from England, woolen taffeta from Scotland, Sea Island cotton from the West Indies, hand-woven madras from India, broadcloth from Manchester, linen batiste from Paris, hand-blocked silks from England, exclusive cottons from the best weavers in America. You will get a

great deal of quiet satisfaction out of wearing shirts which are in such impeccable taste.

HATHAWAY shirts are made by a small company of dedicated craftsmen in the little town of Waterville, Maine. They have been at it, man and boy, for one hundred and fifteen years.

At better stores everywhere, or write C. F. HATHAWAY, Waterville, Maine, for the name of your nearest store. In New York, telephone MU 9-4157. Prices from $5.50 to $25.00.

图 3-1　哈撒威衬衫广告

tiste from Paris，hand-blocked silks from England，exclusive cottons from the best weavers in America. You will get a great deal of quiet satisfaction out of wearing shirts which are in such impeccable taste.

HATHAWAY shirts are made by a small company of dedicated craftsmen in the little town of Waterville，Maine. They have been at it，man and boy，for one hundred and fifteen years.

At better stores everywhere，or write C. F. HATHAWAY，Waterville，Maine，for the name of your nearest store. In New York，telephone MU 9-4157. Prices from $5.50 to $25.00.

广告诉求和创意策略确定以后，文案撰稿人的工作就开始繁忙起来。诉求和广告主题通常用一句话来点明，这句话以后可能就成为广告的标题，正文的写作则更为复杂。但是，在着手写作文案之前，文案撰稿人不能急于动笔，需要对品牌个性有全瞻式的掌握，明确广告文案的基调，并始终围绕基调来统筹所有文字。

第一节　品牌个性

品牌个性，是对品牌作拟人化的思考后，所赋予品牌的性格及气质。这个概念的盛行，要归功于广告大师大卫·奥格威（David Ogilvy）。他的主要思想就是围绕品牌个性而建立的，以下是他对这个概念的代表性观点：

每一则广告都应该被视为对复杂符号——品牌形象的一种贡献。

现在该决定品牌需要什么样的形象。形象意味着个性。产品像人一样是有个性的，个性可以在市场上被塑造或打破。产品个性综合了许多因素——名称、包装、价格、广告风格，以及最首要的，产品的性质。每个广告都必须对品牌形象有所裨益，广告必须年复一年持续反映相同的品牌形象。

这（指改变品牌形象）可能是广告所能执行的最困难的任务，因为任何品牌的当前形象都是经过很长一段时间创造的。这是许多不同因素的结果——广告和定价、名称本身、包装、品牌赞助的电视节目类型、品牌在市场上的时间等。

绝大部分厂商不接受他们的品牌形象有一定局限性。他们希望他们的品牌对人人都适用。他们希望他们的品牌既适合男性也适合女性，既能适合上流社会也适合广大群众，结果他们的产品就什么个性都没有了，成了一种不伦不类不男不女的东西。阉鸡绝不能称雄于鸡的王国。

广告主每6个月就要你"换上新鲜东西"，在压力面前坚持统一的风格，的确很需要勇气。胡乱更改广告是极其容易的事情，但金光灿灿的奖杯却只颁给对塑造协调一致的形象有远见而且能持之以恒的广告主。①②③④

奥格威的品牌个性理论强调如下几点：

第一，广告的主要目标是维护和塑造品牌个性。这和同时代的另一位广告大师罗瑟·瑞夫斯(Rosser Reeves)提出的 USP 理论⑤形成对比。瑞夫斯强调产品本身性能、质量、工艺等方面的独特优势，并认为广告的主要目的就是让消费者接受这一点，同类产品在品牌上的差异不是关注重点。

第二，品牌个性(brand identity)和品牌形象(brand image)是一物两面。品牌个性是品牌内在的性格气质，是品牌的人格化。套用现在的流行语，品牌个性是品牌的"人设"。品牌形象则是外显的视觉表现，如开篇案例广告中穿着哈撒威衬衫的男模特。

第三，品牌个性和形象的关联通过象征手法所生成的符号来达成，即奥格威所说的"symbol"。符号从某个形象中生发出意义，如月亮象征相思，玫瑰象征浪漫。戴着眼罩的男人能激发观看者心中的多重联想意义。

第四，品牌个性的外显方式是多样的，广告是其中之一，但不是全部，这就是奥格威所说的，品牌个性的符号是"复杂的"(complex)。品牌个性由品牌名称、历史、定价、产品体验等多个方面一起塑造，因此文案也能体现出品牌个性。

第五，品牌个性是稳定且长期的，不能轻易改变。如同人的个性一旦形成，就很难改变一样，品牌的个性一旦塑造成型，就应始终忠实于它，否则品牌个性就会模糊，消费者对品牌的印象就不深刻。因此广告文案的基本调性应该符合品牌个性。

开篇案例的这篇广告，是奥格威执行品牌个性理论的经典之作。广告的图文都是围绕品牌个性来设计的。广告的主体是图像，是戴着眼罩的男子，据说拍摄之初并没有安排眼罩，是奥格威灵机一动的灵感迸发。戴上眼罩之后，模特的

① Ogilvy D.The Image of the Brand：a New Approach to Creative Operations 1955，Text of Talk Given at the American Association of Advertising Agencies[EB/OL].(2020-1-1)[2024-4-12].https://markenlexikon.com/texte/ogilvy_the_image_of_the_brand_1955.pdf.

② 奥格威.广告大师奥格威：未公诸于世的选集[M].修订版.庄淑芬,译.北京：机械工业出版社,2003:63.

③ 奥格威.一个广告人的自白[M].林桦,译.北京：中信出版社,2010:121.

④ 奥格威.奥格威谈广告[M].曾晶,译.北京：机械工业出版社,2003:14.

⑤ USP 即 Unique Selling Proposition(独特销售主张),主张广告必须向消费者提供独一无二的、实在的购买理由。

形象无疑变得更为鲜明、独特，令人过目难忘。广告的标题是"穿着哈撒威衬衫的男人"，与图像相呼应。从图像的选择、标题的配合就能看出，该则广告的基本策略是为哈撒威品牌赋予一个拟人的形象。

再来看具体的文案表达。文案的第一段总起概括哈撒威衬衫的流行和独特，是全文的中心思想。接着，从产品的剪裁、缝纫、质地和面料的产地、工艺等数个方面，详细地描述了该衬衫的优良品质，整体上烘托出品牌的形象，和图像中的人物形象非常贴切。

奥格威的品牌个性理论将广告的重点放在塑造品牌形象上，在当时取得了很多不俗的成就，并影响至今。那么，为什么这样的广告能够成功？品牌个性为何如此重要？消费者心理和行为研究表明，品牌个性和消费者的自我认知有密切关系。

一个人对于"我是谁"的认识，即自我的概念，有多个维度。其中，真实自我（actual self）、理想自我（ideal self）和社会自我（social self）是比较关键的三个维度①。真实自我是一个人如何真实地看待自我本身，理想自我是一个人希望自我能成就的最好形式，社会自我则是一个人认为社会上的其他人会如何看待自己。个人基于真实自我和理想自我形成主要的自我概念或自我形象，这个自我与社会自我有时并不匹配，而广告在社会自我概念的形成上发挥着重要作用。

在 step 2 第三节中讲到，个人消费何种产品、品牌的生活方式，是向社会表达"我是谁"和"我不是谁"的一种途径。也就是说，个人会将品牌作为符号来传达自我概念或形象。品牌个性正是品牌的符号化意义，消费者看重品牌，认牌选购，除了相信该品牌功能上的优点外，还认同该品牌的形象及个性。而社会上的其他人，即个人在形成态度、价值、行为上的参考或比较对象的参考群体（reference groups），也会主动地将一个品牌的符号意义与使用该品牌的消费者相联结，得出"这个品牌代表了这个人"的结论。因此，品牌个性是消费者表达自我，期望社会正确看待自我的重要中介，而消费者通过品牌向外界表达自我，根据产品概念和自我概念之间的相似度来选择品牌的现象，被称为"自我一致性"

---

① Sirgy M J.Self-concept in Consumer Behavior：a Critical Review[J].Journal of consumer research，1982(3)：287-300.

（self-congruity）[①]。图 3-2 表示了自我概念和产品符号的关系。[②]

第一步：个人购买一些具有符号意义的产品。

第二步：参考群体将产品与个人相联结。

第三步：参考群体将产品的符号意义加诸个人身上。

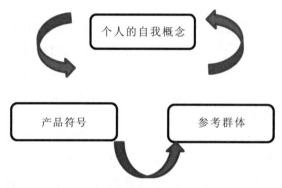

图 3-2　自我概念与产品符号的关系

品牌个性理论具有普适性，它不仅适用于奥格威所侧重的消费领域，也可以应用到人、机构等任何需要沟通的传播方。比如，"人设"一词，即"人物设定"的缩写，是个体向外在环境展示出的个人形象和风格[③]，这个概念用来形容品牌个性也十分贴切。再如广播行业有"频率气质"一词，指的是一个特定频率的电台向受众进行传播活动时所营造出的，能使该套广播频率在众多电台中独树一帜，并于各传播环节中始终保持彰显相对统一的频率调性，从而稳固受众对其广播品牌忠诚度的一种相对稳定的声音感知形象[④]。

---

①　Sirgy M J，Su C.Destination Image，Self-congruity，and Travel Behavior：Toward an Integrative Model[J].Journal of Travel Research，2000，38（4）：340-352.

②　John C M，Michael M.Consumer Behavior：a Framework[M].Upper Saddle River，New Jersey：Prentice-Hall Inc.，2001：111.

③　陈阳.人设传播：网络受众的内容生产模式新探[J].当代传播，2018（3）：96-98.

④　杨康.类型化广播主持人播音创作的"保质控量"与频率气质的适配性[J].东南传播，2015（12）：156-159.

第二节　广告文案的基调

基调（main key）的说法来自音乐，指音乐作品中主要的音调，一般用它开始或结束，后来引申成主要观点、基本思想、整体风格、主要感情等含义，广泛地应用于日常表达和艺术鉴赏中。这个概念不光应用于听觉艺术，如音乐作品，也影响到视觉艺术，这时视觉上的形式对比呼应被比拟成音乐的节奏韵律。比如摄影中的基调，指的是画面的明暗层次、虚实对比和色彩的色相等之间的基本关系，通过它们，欣赏者感受到光的流动与变化。不过基调不能直接等同于中心思想的意思，后者是明确的概念和理性判断。基调更像是欣赏者用比较感性的思维所体会出的情感倾向、基本态度，我国港台地区的创意人通常又称其为"调性"。因此，当描述某个品牌的基调或调性时，所用的词语通常是描绘感情色彩的形容词居多，如"大广赛"的参赛品牌对自身品牌调性的描述（表 3-1）。

表 3-1　"大广赛"参赛企业的品牌调性描述

品牌	品牌调性
小快克	专业、精准、关爱、守护、快乐
周六福	年轻、时尚、自信、艺术
雀巢茶萃	年轻有活力、真实可信赖、创新、时尚
七度空间	品质的、自由的、元气的、自在不设限
100 年润发	东方美学、植物、纯净、时尚
小羚羊	专业、领先、呵护、可靠
卫龙脆火火	好玩、有趣、搞怪

在广告界，基调是非常重要的概念，它框定了广告创意在表现时应遵循的基本风格，所以当广告公司向客户提供创意简报（creative brief）时，其中的必备内容就是确定广告的基调，明确将要执行的广告是积极乐观的，还是幽默搞笑的，或者伤感细腻的，等等。

广告文案的基调，指的就是从广告的语言文字中所透露出的品牌整体感情态度。这里所说的感情态度，也是将品牌比拟为人，将品牌视为一位有个性的人所传达的情感倾向。文案的基调,主要通过其结构、表达逻辑、句式、词汇等方面体现。为了体会不同文案基调之间的差异,这里再举出一篇经典广告文案(图3-3)为例,与哈撒威衬衫的文案作对比。

Avis is only No.2 in rent a cars. So why go with us?

We try damned hard.
(When you're not the biggest, you have to.)
We just can't afford dirty ash-trays. Or half-empty gas tanks. Or worn wipers. Or unwashed cars. Or low tires. Or anything less than seat-adjusters that adjust. Heaters that heat. Defrost-ers that defrost.
Obviously, the thing we try hardest for is just to be nice. To start you out right with a new car, like a lively, super-torque Ford, and a pleasant smile. To know, say, where you get a good pastrami sandwich in Duluth.
Why?
Because we can't afford to take you for granted.
Go with us next time.
The line at our counter is shorter.

图 3-3 艾维斯租车行广告

Avis is only No.2 in rent a cars. So why go with us?

We try damned hard.

(When you're not the biggest,you have to.)

We just can't afford dirty ashtrays.Or half-empty gas tanks.Or worn wipers.Or unwashed cars.Or low tires.Or anything less than seat-adjusters that adjust.Heaters that heat.Defrosters that defrost.

Obviously,the thing we try hardest for is just to be nice.To start you out right with a new car, like a lively, super-torque Ford, and a pleasant smile. To knows, say, where you get a good pastrami sandwich in Duluth.

Why?

Because we can't afford to take you for granted.

Go with us next time.

The line at our counter is shorter.

这是美国艾维斯(Avis)租车行挑战行业领军者赫兹(Herz)公司的广告,成名于20世纪60年代,被认为是应用定位(positioning)理论影响消费者态度的经典。定位理论主张积极主动地在消费者心目中树立一个位置,不管是针对自身,还是针对竞争者。定位强调说服的策略性,不是真正地去对产品做实质性的改变,而是通过富有技巧的说服,在消费者心智中找到一个空白点去确立产品或品牌的位置,或者改变消费者已然成型的认知结构。如七喜(7 Up)柠檬汽水在广告中把自身定位为"非可乐"(uncola),这是与行业领军者进行关联,又与之区别的反向定位。事实上,非可乐包括多种饮料,不仅是柠檬汽水,而且七喜的市场份额也不能与可乐相抗衡,但通过主动的定位,消费者逐渐接受了"七喜是非可乐的代表"这一认识。

艾维斯的策略有异曲同工之妙。作为刚进入市场的小公司,它被赫兹公司远远地甩在身后,但艾维斯主动将自身定位成"第二名",与第一名捆绑在一起。接着,如何与第一名相区别?艾维斯主要借助"人同此情"的心理效应,指出自己因为不是第一名,必须更努力,更要力争做得和第一名一样,由此获得顾客的同情和支持。最后,艾维斯还指出了第二名比第一名更有优势的地方:我们队伍前的排队更短一点。

理解了这篇广告的说服逻辑,再来看其文案的基调,和哈撒威衬衫就有了鲜明的区别。艾维斯对自己品牌的态度是充满自信但又谦虚的,对顾客是热情又坦率的;哈撒威对自身是自信又骄傲的,对顾客是体贴又委婉的。因此,两者的基调差异导致了两则文案遣词造句的差异。

首先,在语气方面,艾维斯广告标题用的是疑问句,正文第一句直接回答问题,直指问题中心,坦率简洁。哈撒威广告标题用陈述句,通篇没有疑问句,没有和顾客的直接互动,以自我陈述为主,态度更为含蓄矜持。

其次,在句式方面,艾维斯广告正文中的句子以短句为主,多短语。哈撒威衬衫广告正文中的句子以长句为主,多复合句。两者的阅读体验是不同的,前者口语化,后者书面化,前者随意,后者正式。

最后，在用词方面，艾维斯广告多用家常普通的词汇，如最为平常的"nice"
"big""good""pleasant"等，而哈撒威衬衫的形容词丰富多样，且用语典雅。这给
人的感受也很不同，前者亲民，后者华贵。

所以，广告文案的基调是统筹性的，是文案具体表述风格的总原则。

第三节　品牌个性与基调的关系

广告文案的基调如此重要，那么基调从何而来，又如何确定？ 显然，从上文
两则广告的对比可以看出，它直接受制于广告的诉求及策略。假如一篇广告确
定以艾维斯公司的"老二"策略来赢取顾客的同情心，它的文案肯定要传达出谦
卑而和善的态度。假如广告策略换了，文案的基调也要跟着调适。例如，艾维斯
公司另一篇挑战"老大"的广告文案(图 3-4)。

No. 2ism.
The Avis Manifesto.

We are in the rent a car business,
playing second fiddle to a giant.

Above all, we've had to learn how
to stay alive.

In the struggle, we've also learned
the basic difference between the
No.1's and No.2's of the world.

The No.1 attitude is: "Don't do the wrong thing.
Don't make mistakes and you'll be O.K."

The No.2 attitude is: "Do the right thing. Look for
new ways. Try harder."

No.2ism is the Avis doctrine. And it works.

The Avis customer rents a clean, new Opel Rekord, with
wipers wiping, ashtrays empty, gas tank full, from an
Avis girl with smile firmly in place.

And Avis itself has come out of the red into the black.

Avis didn't invent No.2ism. Anyone is free to use it.

No.2's of the world, arise!

图 3-4　艾维斯租车行广告

该广告的标题是"第二主义，艾维斯宣言"。这篇广告一反之前谦卑的态度，改用迎头而上的势头，自主归纳了行业中第一名和第二名的差别，第一名被描述成不思进取、故步自封的守旧者，而第二名被塑造成不断努力、积极进取的前进者。文末，艾维斯略带嘲讽地对"老大"宣称"第二主义"不是艾维斯发明的，任何人都可以免费使用它，并号召全世界的第二名们，都勇敢地站起来。这篇广告的语气更为大胆，态度更加自信，在句式上也很讲究，使用了对偶、对比、讽刺等修辞。

尽管这两篇广告文案的基调有变化，但是坦率而热诚的主旨仍然呼应，它是大局中的微调。这个文案的基本主旨，不以单篇广告、单次广告战役为转移，而由品牌个性来掌控。因此，广告文案的基调，归根结底，是由品牌个性决定的。

品牌个性是品牌长期稳定的性格气质，塑造和维护得好的品牌个性能让消费者在接触到品牌传播的各种信息后，将其自动汇聚在一起，共同生发出高度统一的品牌印象。反之，品牌形象则会模糊不清或者不够协调。广告文案的基调如果能始终符合品牌个性，会产生"见其文，知其人"的效果。

不同文化背景下的品牌个性具有差异。有研究比较美国、日本和西班牙三国的品牌，发现真诚（sincerity）、兴奋（excitement）和教养（sophistication）三种个性是共有的，但平和（peaceful）是日本品牌所特有，激情（passion）为西班牙品牌特有，强壮（ruggedness）则是美国品牌所特有，能力（competence）为日本与美国品牌所共有，西班牙品牌则欠缺。[1] 中国的本土品牌个性具有自身的特色，学者从中国传统文化角度将其提炼为"仁智勇乐雅"五个维度[2]。"雅"的品牌个性根植于中国古典文化，适合诗词化的文案，如东方树叶茶饮料在中秋节发布的文案：

> 秋风清，花满庭。月将圆，茶已香。东方树叶桂花乌龙，寻香回归。月圆时，宜饮茶，共婵娟。东方树叶桂花乌龙，现已上市。

该文案以诗歌体例和意象结合传统佳节的热点事件，品牌名称、文案风格和视觉形象共同呈现出优雅的品牌个性。

文案撰稿人可以用"拟人"工具来实际掌握一个品牌的品牌个性。[3] 具体而

---

[1] Aaker J L，Garolera J，Benet-Martinez V.Consumption Symbol as Carriers of Culture：a Study of Japanese and Spanish Brand Personality Constucts[J].Journal of Personality and Social Psychology，2001，81(3)：492-508.

[2] 黄胜兵，卢泰宏.品牌个性维度的本土化研究[J].南开管理评论，2003(1)：4-9.

[3] 邱顺应.广告文案：创思原则与写作实践[M].台北：智胜文化事业有限公司，2008：21.

言,先将品牌想象成一个人物,可以是名人,这时,品牌广告最常用的明星代言人就是品牌拟人化的表现,如果没有,也可泛泛而论。接着,从内在的价值观和外在的形象两个角度来细化描述该人物的特征。通过这样的方法,能在写作文案正文前,先做到对品牌个性心中有数。品牌个性描述方法见表 3-2。

表 3-2　品牌个性描述方法

一般描述	品牌的拟人化形象(代言人、吉祥物、衍生形象)
具体描述	态度/价值观/兴趣
	外观/造型
	声音/语调
	嗅觉/其他感觉/动作

【小　结】

品牌个性,是对品牌作拟人化的思考后,所赋予品牌的性格和气质。鲜明、独特、稳定的品牌个性,可以通过广告塑造出来。品牌个性对于消费者有着重要的意义,消费者的社会自我身份的表达建立在品牌个性的基础上。广告文案的基调,是从广告的语言文字中透露出的品牌整体感情态度,品牌个性决定了广告文案基调的总体风格。在写作正式的文案之前,需对品牌个性有清晰的描述。

【关键术语】

品牌个性、品牌形象、大卫·奥格威、自我、符号、基调、调性、拟人

【思考题】

1.试用品牌个性描述方法,归纳出哈撒威衬衫和艾维斯租车公司的两则广告各自所体现出的品牌个性。

2.选择"大广赛"或学院奖的一个参赛品牌,用品牌个性描述方法写出其品牌个性,并试着选择一位明星代言人作为品牌的拟人形象,说明理由。

3.厦门大学的学生们在理解高校的品牌个性时,使用品牌个性描述方法列举出表 3-3 中的拟人化形象。总体而言,学生们眼中的厦门大学的品牌个性偏向柔和的女性气质。请运用品牌个性描述方法,为你的母校选择一个拟人化形象,并描述出具体的品牌个性。

表 3-3　厦门大学品牌个性拟人化

名人	女性	花木兰、林徽因、舒婷、王菲、董卿、章子怡、刘亦菲、张子枫、楚雨荨、何雯娜、倪妮、杨超越
	男性	鲁迅、李小龙、敖丙、肖战、黄轩、易中天、邹振东
吉祥物		黑天鹅、白天鹅、凤凰花包裹着璀璨的南海明珠
虚拟形象		可以在大海中遨游又可以在陆地上走的小美人鱼；一位身着凤凰花舞裙的海边女舞者；一位文艺的年轻女摄影师；一位活泼美丽的南方姑娘；既有西方绅士的温文儒雅，又有东方侠客的侠义之气的青年男子；一位风度翩翩的长袍学士；阿南和阿蔷（止于至善的文艺男青年和自强不息的运动系女生）

4.挑选一个产品类别，找出主要的竞争品牌，比较它们各自的品牌个性，并分析不同的品牌个性如何影响广告文案的基调。

【延伸阅读】

1.奥格威.一个广告人的自白[M].北京：中信出版社，2015.

2.Rosser R.Excerpts from Reality in Advertising[EB/OL].(2014-12-12).[2024-1-15].http://muse.jhu.edu/journals/advertising_a-nd_society_revies/v015/15.2.reeves.html.

Step 4
我是怎样炼成的：
社会文化滋养
文案写作

【开篇案例】

2015—2024 年台湾地区"广告金句"①

2024 年第 31 届

十大金句：

为爱煮，更爱煮（全家便利商店）

Women 的事，美你的事（虾皮购物女神购物节）

解放玩心，禁止小心（CRASH BAGGAGE 箱包）

这样懂了爸（虾皮购物 88 免运盛典）

普度要速渡（虾皮购物中元速渡节）

专注眼前，有劲，无退（UCC BLACK 咖啡）

―――――――――

　　① 台湾广告流行语金句奖由台湾地区《动脑》杂志、动脑俱乐部主办，台北市文化局指导，1994 年开始举办。1994—2005 年主办方每年评选出金奖、银奖、铜奖和 10 句以内的佳作。2006 年开始，主办方每年固定评选出十大金句和 1～2 句永恒金句，如连续三年入选十大金句，则可晋升为永恒金句。

Anytime，Got Your Back 随时挺专业（Samsonite 商务后背包）

Ford Ranger，Range 超大（福特 Ford Ranger 越野皮卡）

和地球练爱吧（乐扣乐扣世界地球日）

开 G 快（美纳里尼赛贝达）

永恒金句：从缺

2023 年第 30 届

十大金句：

今天来聚吧（王品集团聚·日式火锅）

强力脱困（黑松企业韦恩咖啡）

人生的旅程，未玩待续（长荣航空疫后信心恢复品牌形象）

我不是机器人，我是人（公益宣传）

嘿！你美麦喔！（台湾烟酒股份黑麦汁）

有人薪传，就有人回传（104 人力银行招聘网站）

值得尊敬的不是你做什么，而是把什么做到值得尊敬（104 人力银行招聘网站）

有伴用力闪，没伴挡光害（虾皮购物）

挺～会玩的（米其林轮胎夏季促销）

今天你值得一个惊叹号！（全家便利商店 Fami！ce 全家冰激凌）

永恒金句：

年轻人不怕菜，就怕不吃菜（久津波蜜果菜汁）

2022 年第 29 届

十大金句：

年轻人不怕菜，就怕不吃菜（久津波蜜果菜汁）

敢傻就是我的本事（黑松沙士）

每一步都算树（富邦金控公益跑）

多人成家，一人一听（KKBOX 音乐网站）

后来的我们，都更好了（新北市政府）

拿金牌了啦（台湾啤酒）

秒厨一抽，烦事秒除（春风一秒抽纸巾）

爱，不着痕迹（珊诺妊娠纹霜）

把认真，做到成真（远雄人寿）

开 G 快（美纳里尼赛贝达）

永恒金句：从缺

46

2021 年第 28 届

十大金句：

人没来，至少也要喜年来（喜年来蛋卷年节）

年轻人不怕菜，就怕不吃菜（久津波蜜果菜汁）

裤爱自己，不着痕迹（苏菲超熟睡裤）

用最经济的方式，投资更好看的自己（全联经济美学）

做喜欢的事，回心中的甘（茶里王纯茶系列）

好喝到有春（黑松茶寻味）

低头，才有赚头（虾皮购物低头节）

晚餐是暧昧的起手式，早餐是恋爱的进行式（麦当劳早餐焙果堡）

纸用再生，让美好循环发生（蒲公英环保卫生纸）

付出不是牺牲，是我想过的人生（台新玫瑰 Giving 卡）

永恒金句：

先诚实再成交（永庆房屋）

2020 年第 27 届

十大金句：

一年一 DO，平安普度（家乐福中元节促销）

今天下单，明天脱单（虾皮购物）

台湾 Pay 跟台湾人最 Pay（台湾 Pay 行动支付）

先诚实再成交（永庆房屋）

有你，就没有偏乡（富邦人寿）

何必长大（大众汽车）

花在刀口，省在街口（新国际商业银行）

美时美刻每个月（佳格食品）

犹豫是对自己太客气（耐克）

腋下美白止汗，是女神就举手（妮维雅止汗剂）

永恒金句：

每一天，都要来点阳光（统一阳光豆浆）

2019 年第 26 届

十大金句：

敢傻就是我的本事（黑松沙士）

有些任性，大人才懂（礁溪老爷酒店）

做好准备,有事无恐(和泰综合产险)

因为短暂,所以不能错过的灿烂(统一 CITY CAFÉ 樱花季)

每一天,都要来点阳光(统一阳光豆浆)

年轻人不怕菜,就怕不吃菜(久津波蜜果菜汁)

碱去你生活的酸(PH9.0 碱性离子水)

给世界一脚(NISSAN KICKS)

爱+责任,人生最重要的算式(全球人寿)

要做什么之前,先不做什么(可口可乐原萃)

永恒金句:从缺

2018 年第 25 届

十大金句:

我们家不爱花钱,除了为爱花钱(全联经济美学)

旅游这条路上,最怕没人赔(和泰产险)

我们家的财神,就是每个人都有省钱精神(全联经济美学)

没有同意,就是性侵(现代妇女基金会防治性侵新观念)

先诚实再成交(永庆房屋)

从时间,偷一杯咖啡的时间(统一 CITY CAFÉ)

大旅游,不必大理由(长荣航空巴黎直飞项目)

一杯咖啡的时间,把自己交接给另一个自己(统一 CITY CAFÉ)

有新意,更有心意(家乐福中元节促销)

人们很忙,我不慌不忙(格兰利威单一麦芽苏格兰威士忌)

永恒金句:从缺

2017 年第 24 届

十大金句:

没有了偏见,留给他们的就是无限(104 人力银行招聘网站)

我们始终不满意,才能让您一直满意(Dr's Formula 头皮护理洗发精)

大旅游,不必大理由(长荣航空巴黎直飞项目)

用心联系,让爱远传(远传电信)

疼痛是身体给你的回馈,快乐也是(东发生技肌乐喷剂)

难以抗剧(KKTV)

每一天,都要来点阳光(统一阳光豆浆)

富不过三代,但来全联可以一袋一袋省下去(全联经济美学)

保胃,你的正肠生活(统一 AB 优酪乳)

省钱就像白 T 牛仔裤,永不退流行(全联经济美学)

永恒金句:从缺

2016 年第 23 届

十大金句:

小儿麻痹,其实是大人麻痹(根绝小儿麻痹服务)

不管大包小包,能帮我省钱的就是好包(全联品牌形象)

世界越快,心则慢(中华电信 4G)

用心,是生活最好的质感(五月花生活用纸)

用起家车,砌一间厝(中华菱利汽车)

有刺,更有魅力(台新银行玫瑰卡)

你有想法,我有办法(巨匠电脑课程)

为了下一代,我们决定拿起这一袋(全联品牌形象)

从知己,看见自己(ほろよい微醉低酒精饮料)

给人幸福就是幸福(国泰金融控股)

永恒金句:

不放手,直到梦想放手(黑松沙士)

开口说爱,让爱远传(远传电信)

2015 年第 22 届

十大金句:

CITY CAFÉ 在城市,探索城事(统一 CITY CAFÉ)

不放手,直到梦想到手(黑松沙士)

外食免不了,护肝不能少(白兰氏旭沛蚬精)

世界越快,心则慢(中华电信 4G)

安心每一步,探索每一处(3M 儿童安全系列)

因为有爱,每句话要好好说(远传电信)

在爱面前人人平等(伊莎贝尔法式喜饼)

找个理由多喝水(味丹多喝水矿泉水)

我俯瞰,你仰望(BMW X6)

开口说爱,让爱远传(远传电信)

永恒金句:

视而不见,也是一种霸凌(青少年发展基金会反霸凌)

像我这么重视生命的人,一定要呷菜(久津波蜜果菜汁)

广告是社会的一面"镜子"，从它身上，人们可以看出流行的风尚、占主导地位的文化价值，还能通过广告的变迁，看出社会文化的发展。这面镜子并不会忠实地映射社会，它是"扭曲的镜子"（distorted mirror）①，它自觉地挑选了社会中被主流认可的思潮，同时采用便于传播和说服的信息来推广。作为一名广告人，任何时候都应该明确认识到，广告的环境是复杂的，既离不开直接的营销环境，又得依托广博的社会环境。因此，文案撰稿人想要拥有持久的创作力，想要真正打动受众，就需要以文化储备为支撑，才能最终制胜。step 4 讨论的就是如何吸收社会文化中的关键元素，来为文案创作提供源源不断的滋养。

在广告领域，至少有三种文化形式是广告人需要密切关注的。

第一节　流行文化与广告文案

根据人类学家泰勒（Edward Burnett Tylor）的定义，文化或文明是一个复杂的整体，它包括知识、信仰、艺术、法律、伦理道德、风俗以及作为社会成员的人通过学习而获得的任何其他能力和习惯。②③ 文化通常有广义和狭义两种。广义的文化，着眼于人类与动物、人类社会与自然界的本质区别，着眼于人类卓立于自然的独特生产方式，其涵盖面非常广泛，所以又被称作"大文化"。狭义的文化，排除人类社会历史生活中关于物质创造活动及其结果的部分，专注于精神创造活动及其结果，所以又被称作"小文化"。④ 这里所说的文化，特指专注于精神文明的狭义文化。

流行文化是社会中正处于兴盛期的文化形态，是每个时期的文化主流。就语言文字的流行文化而言，自 2005 年起，教育部每年发布一本《中国语言生活状况报告》，总结一年的社会语言文化发展状况。其中年度字、年度词和年度流行语最能传递民众对现实生活的理解，折射出社会语言文化的发展变化。2023 年

---

① Pollay R W，Gallagher K. Advertising and Cultural Values：Reflections in the Distorted Mirror[J].International Journal of Advertising,1990,9(4):359-372.

② 郭莲.国外学者对文化的定义[J].理论参考,2003(3):41.

③ 王威孚,朱磊.关于"文化"定义的综述[J].江淮论坛,2006(2):190-192.

④ 张岱年,方克立.中国文化概论[M].北京:北京师范大学出版社,2004:3,5.

的年度十大新词语是"生成式人工智能""全球文明倡议""村超""新质生产力""全国生态日""消费提振年""特种兵式旅游""显眼包""百模大战""墨子巡天"。2022 年的年度国内字是"稳",年度国内词是"党的二十大",年度国际字、词分别是"战""俄乌冲突",年度中国媒体十大流行语是"党的二十大""中国式现代化""全过程人民民主""端稳中国饭碗""数字经济""太空会师""一起向未来""我的眼睛就是尺""电子榨菜""俄乌冲突"。

2021 年,"治、建党百年、疫、元宇宙"当选年度国内字词或国际字词。2021 的年度十大网络用语是"觉醒年代""YYDS""双减""破防""元宇宙""绝绝子""躺平""伤害性不高侮辱性极强""我看不懂但我大受震撼""强国有我",年度十大流行语是"建党百年""2020 东京奥运会""中国航天""双碳""疫苗接种""双减""北交所""'清朗'行动""疫苗援助""《生物多样性公约》",年度十大新词语是"七一勋章""双碳""双减""保障性租赁住房""祝融号""跨周期调节""减污降碳""动态清零""德尔塔""破防"。

再如 2020 年年度国内字、词分别是"民""脱贫攻坚",媒体高频词语有"方舱医院""密接者""白衣战士""测温仪""分餐制""复产率""精准施策""播客"等。

关注流行文化和流行语,对文案创作有诸多启示。

一、流行语折射生活方式,助力洞察受众

从上述的年度热词和流行语中,我们能鲜明地理解时代主流价值观,也能直观地感受到社会情绪和民众心态。而文案创作者正是要从流行文化中洞察消费者的心理,与受众共情且共鸣,从而写出触动人心的好文案。

在当前广告文案中所折射出的流行生活方式及心态中,较为典型的有如下几种。

一是"卷"的文化。"卷"是"内卷"一词的简称。"内卷"原是学术概念,指某种文化模式达到了最终的形态以后,既无法稳定下来,也不能转变为新的形态,而只能不断地在内部变得更加复杂的现象。该词现在多用来形容同类者竞相付出更多努力以争夺有限资源,从而导致个体收益努力比下降,陷入竞争而无效的困境。内卷现象在教育、职场和生活中普遍存在,从而激发了民众的共鸣。2023 年年末,美团为其跑腿服务频道发布了一则视频广告,广告文案如是说:

> 干跑腿特别像小时候,在桌子底下看故事会,啥人都有,啥事都有。
>
> 我在想为什么而跑,其实不光是挣钱,我们跑腿小哥群里发过这么几句

话："手里可能是别人七八年的梦想和执念、说不出口的惦记、下狠心的断舍离、很小很小的关心、悄悄咽下去的失落、细水长流的爱。每一单都是沉甸甸的，可不能出错。"

我们一直跑，是因为全中国的人也一直跑，天天嘴上喊着要躺，实际上腿根本没停过，跑着上学，跑着上班，跑着休息，多少年了，多少代人，都是跑过来的。今年，明年，每一年，都会跑着过去，这就是我们的生存方式，生活要去的方向没人知道，跟着跑就行了，只要跑起来，就有办法。

2023，我已全力跑完。

这篇以快递小哥口吻代入的文案描摹了时代洪流下个体的心态，不停地"跑"，虽然无奈，但内含于其中的是责任和拼搏，广告传达着积极的能量和正向感染力。

二是"躺平"的文化。有竞争，就有应对竞争的办法。在过于压抑的竞争氛围下，人们会通过自我调适来抵抗并纾解心理压力，因此"佛系""丧""躺平""人生不只有眼前的苟且，还有诗和远方"等一系列流行语的出现，折射出社会心态。下列发布于"双十一"大促的文案结合年轻人"烧香拜佛"的潮流，传递出放轻松的生活态度。

当一天和尚，也只撞一天钟

别响太多，别想太多

偷得闲＋1

寺里的 500 年玉兰不用劝

只要还能看见春天

自然会想开的

想得开＋1

别着急

人生在世

人生在事

人生在试

够得到＋1(淘宝服饰品牌织造司、合无、GRAF 联名)

三是积极进取的文化。无论"卷"还是"躺平"，都不是绝对的对立冲突。卷的人生是拼搏，躺平是为了暂时喘口气，最终都是为了实现人生目标。因此，总体上看，大部分广告文案的基调是积极的，这再次证明广告作为一面镜子，反映

的是主流价值观,让人想起名言"从广告可以看到一个国家的理想"。请欣赏综艺《种地吧少年》的推广文案:

> 时间是万物蓬勃最好的养料,一寸一光阴正在田埂中应验
> 爆竹炸响并未惊扰嫩芽,反而好像在为成长大声鼓劲
> 那些为了六便士努力的日子,也常常有月光落在归路上
> 渺小得像麦芒,梦却做得浩荡
> 原来新生是这样的力量
> 感动会在不经意间滴落

二、流行语引导潮流文化,生发文案创意

广告不仅反映文化,还能引导潮流文化,这是广告的重要社会功能。主动设计和生发新词、热词不仅是文案创意的一大策略,还能充分地阐释品牌主张,树立鲜明的品牌形象。

比如,用热词铺陈出流行的生活方式。京东电器在 2024 年元旦伊始发布《请从新登场》视频,盘点 2023 年度热点事件,用流行语来触达年轻人群体,并将数码产品融入短片中的生活场景,从而既传达产品信息,又沟通目标用户。

> 2023 还没有风向时,有人已经开始找生活的关键词了,有人散步,有人走水路,有人打工是标配,打坐和打卡是必备,这么多人的新点子,让 2023 更值得好好盘一盘。
> "City Walk"
> Walk 到新角度,抓到这条街上的隐藏款,多一个机位,你的生活就很出片。
> "多巴胺"
> 换个新 look(壳儿),享受多巴胺的快乐。
> "特种兵旅行"
> 日均三万五千步,多任务模式切换自如,年轻人的喜好,只有拍照和用脚投票。
> "天津跳水大爷"
> 真不是大学生太脆皮,是 baibai 太有生命力,小伙支棱起来,心率向 baibai 看齐!

"万物皆可 AI"

不离谱的时候,AI还是很靠谱的。

"佛系青年"

老板领进门,修行在个人,放得下执念,经得起敲打。

"八段锦养生"

老祖宗的功,最懂年轻人的痛,中国人有属于自己的帕梅拉。

"无声蹦迪"

但……有 E 群人的狂欢,可能过于超前。

过去经历的每一个篇章,开启了 2024 的生活序章,2023 京东 3C 数码,伴随着每一种新生活的诞生,愿更多的人,都能迈向自己的新路子,2024 请从新登场。

再如,根据流行生活方式创造出新词。这种手法不仅能赋予文案创意新的生命力,还能将解释的主动权掌握在品牌方手中,便于充分说服消费者。天猫健康超懂养生部在 2023 年岁尾发布"2023 健康年度词",基于平台大数据,用自己开发的九个健康年度词来概括一年。其中,"小心肝""小肺物""被正式确诊为三阿哥""中药奶茶"关键词因为双关、仿拟、拆词等修辞应用带来幽默风趣的效果(图 4-1),迅速流传。

小心肝:心率大起大落,夜晚辗转难眠;天猫上,"90 后"买走了 30% 的辅酶 Q10,也买走了 45% 的护肝片。其中,15% 的护肝片下单于凌晨 1～3 点。2023,心肝,真的是宝贝。

小肺物:咳嗽来的时候由痒及痛,爱情也是。2023 年,天猫上感冒咳嗽类产品销售额增加 160%。

被正式确诊为三阿哥:2023 年,在天猫,"05 后"血糖监测产品消费增长 85%,"90 后"尿酸监测产品增长 255%……三阿哥长高了,我也三高了。

中药奶茶:人参配美式,中医对茶饮。2023 年,保健品从不形单影只,养生届也开始组 CP。天猫数据显示,"中药奶茶"带火枸杞、乌梅、决明子、桂圆、党参、茯苓等"煮茶搭子",组 CP 席卷养生界。

图 4-1   天猫健康"2023 健康年度词"

三、流行语热度易褪，文案创意需保持敏锐度

流行更替速度极快，尤其是在网络平台上诞生的流行语，往往一夜之间路人皆知，但又迅速成为过眼云烟。据统计，各行各业"热词榜"是中国网络生活的一道特色风景，正式的排行榜达 100 余种，平均每 3 天就有一个；算上自媒体，排行榜则达 400 余种，平均每天都有 1.3 个"热词榜"发布。[①]

2019 年度的十大流行语和十大网络用语中，有这些词组："我太南了""柠檬精""好嗨呦""是个狼人""雨女无瓜"。仅仅不到五年，这些流行语已经很少见诸广告，说明流行的热度易退。因此，对于文案撰稿人来说，应该密切关注生活中的新词汇、新表达，巧妙地将其和营销推广计划结合起来，利用热词的舆论效应，最大限度地发挥流行文化对文案创作的贡献。

比如，2015 年河南一位教师的辞职信曾引起热议，信上只有一句话："世界那么大，我想去看看。"众多品牌以这句话作为基础，结合自身的品牌名称和广告语，在官方微博上发布广告，短时间内迅速提升了知名度。

　　世界那么大，我想去看看。同意！祝你心纯净，行至美！怡宝。（怡宝

---

① 教育部.教育部国家语委发布《中国语言生活状况报告（2016）》［EB/OL］.(2016-5-31)［2016-9-1］.http://www.moe.edu.cn/jyb_xwfb/xw_fbh/moe_2069/xwfbh_2016n/xwfb_160531/160531_sfcl/201605/t20160531_247059.html.

饮用水）

世界那么大,我想去看看。去远方游,找同学接驾,懂你的人,在人人。（人人网）

世界那么大,我想去看看。一个人太孤单,有朋友才快乐! 上贴吧,组织陪你一起去。（百度贴吧）

世界那么大,我想去看看。校长回复:去吧,记得用 PP 租车,自驾去旅行!（PP 租车）

寻人启事:顾老师:世界那么大,我陪你去看看。（携程网）

由于流行语更新速度快,品牌常常利用微博反应及时的优势,首选官方微博发布,这时速度尤为重要,也正因为各品牌都为了能抢得第一先机,在广告创意和表现上,就容易失于粗糙和仓促。上述借势跟风的广告文案,有的用语简单毫无文采,有的衔接生硬草率,这提醒文案人需精益求精。

第二节　传统文化与广告文案

广告和传统文化的关系,至少反映了营销及广告策划中的三个重要问题。

一、广告策略的全球化与本土化

大概从 20 世纪 80 年代开始,营销学者认识到,商品在全球范围内广泛流通,跨国公司日益增多,世界正在变成一个共同市场（common marketplace）[1],所有人都向往以欧美为表率的生活方式,因此运用全球统一的营销策略有诸多好处,如减少策划及执行的成本,提高效率,有利于塑造全球品牌和公司形象等[2]。但在实际运营中,人们发现各国在文化价值上面的差异,远比想象中的大。于是倡导本土营销的观念逐渐盛行,这一观点认为广告信息必须被本土化,

---

[1]　Levit T.The Globalization of Markets[J].Harvard Business Review,1983(5/6):92-102.

[2]　Rutigliano A.The Debate Goes on: Global vs. Local Advertising[J].Management Review,1986,75(6):27-31.

以便获得地区的价值观、信仰、传统和语言的认同。不同市场的人们有不同的目标、需求、使用习惯及生活方式,忽略这些差异的广告注定要失败[1][2]。

当前,大部分的企业兼用两种策略,往往是"全球策略、本土执行",由当地的广告公司采用适合本土市场习俗、价值和生活方式的主题,或者在不违背品牌定位的情况下为适应当地文化而做调整。实施本土化,广告公司认为最应予以考虑的七个要素中,广告语言、产品特色和模特占了前三项[3]。广告语言位列第一位,这就意味着不仅要将国外的广告语准确流畅优美地翻译成本国语言,更要扣紧本土传统文化,采用本国消费者理解、接受、喜爱的表达方式。

当跨国品牌进入中国市场的时候,他们结合中国传统文化和表达习惯,推出了经典的中文广告语。中文广告口号有的使用对偶句式,有的运用谐音、双关、引用修辞,例如:

> Good to the last drop 滴滴香浓,意犹未尽(麦斯威尔咖啡)
> A diamond is forever 钻石恒久远,一颗永流传(戴比尔斯钻石)
> Connecting people 科技以人为本(诺基亚手机)
> Start Ahead 成功之路,从头开始(飘柔洗发水)
> Apple think different 不同凡想(苹果电脑)
> Life Wear 服适人生(优衣库服饰)

二、目标受众的共通性和差异性

广告重视传统文化,因为这涉及目标消费群体的共通性和差异性。无论跨国公司选择全球策略还是本土策略,其基本的出发点仍然是目标市场的接受度。不同国别的消费者,一方面在消费心理上具有共通之处,如在 20 世纪七八十年代,东方国家中的日本极度渴望西方,尤其是美国商品,相应地,美国化的生活方式、广告场景和名人在广告中风行,英语名称的品牌更受青睐,较有西方特色的

---

① Mueller B.Multinational Advertising:Factors Influencing the Standardized Versus the Specialized Approach[J].International Marketing Review,1991,8(1):7-18.

② Harris G.International Advertising Standardization:What Do the Multinationals Actually Standardize? [J].Journal of International Marketing,1994,2(4):13-30.

③ Jiafei Y.International Advertising Strategies in China:a Worldwide Survey of Foreign Advertisers[J].Journal of Advertising Research,1999,39(6):25-35.

广告策略,如硬推销和比较广告也很盛行①。这一现象在 20 世纪八九十年代的中国大陆和台湾地区比比皆是。有学者调查了中国广告(1982—1995 年),发现主导广告中文化价值的关键词,如"现代""科技""品质""年轻"等都倾向于西方文化②③。台湾地区同时期的广告同样采用较多的西方化诉求④。

另一方面,根植于传统的文化心理依然深深地影响着消费者。从 20 世纪 80 年代后期开始,中西方文化的碰撞和交汇,更加频繁地反映到广告中。之前一味向西方靠拢的日本广告,逐渐回归传统,日本广告开始更多使用东方取向的软推销手段,美国的器物及场景的使用量越来越少⑤。类似地,中国广告显示出更具有集体主义色彩的价值,例如传统、技术和家庭,而同时期的美国广告仍然以享受、经济及个人主义为主导。东方和西方文化价值的大熔炉(melting pot)已然形成⑥。近年来,不仅本土品牌善用国风和国潮,就是国际品牌采用中国元素来进行广告营销,也能显著地提高消费者的购买意愿⑦。

中西方传统文化中的基本面,即文化价值(cultural value),值得文案撰稿人理解体会,广告人应有意识地结合广告策略,加入广告创意中。

中国文化中起到推动社会发展作用、成为历史发展的内在思想源泉的基本精神有天人合一、以人为本、刚健自强、以和为贵⑧。

---

① Belk R W,Pollay R W.Materialism and Status Appeals in Japanese and U.S. Print Advertising:a Historical and Cross-cultural Content Analysis[J].International Marketing Reviews,1985(2):38-47.

② Hong C.Reflections of Cultural Values:a Content Analysis of Chinese Magazine Advertisements from 1982 and 1992[J].International Journal of Advertising,1994,13(2):167-183.

③ Hong C.Toward an Understanding of Cultural Values Manifest in Advertising:a Content Analysis of Chinese Television Commercials in 1990 and 1995[J].Journalism and Mass Communication Quarterly,1997,74(4):773-796.

④ Yunying W,Jaw J J,Pinkleton B E,etc.Toward the Understanding of Advertising Appeals in Taiwanese Magazine Ads and Implications[J].Competitiveness Review,1997,7(1):46-61.

⑤ Barbara M.Standardization Vs. Specialization:an Examination of Westernization in Japanese Advertising[J].Journal of Advertising Research,1992,32(January/February):15-24.

⑥ Hong C,Schweitzer J C.Cultural Values Reflected in Chinese and U.S. Television Commercials[J].Journal of Advertising Research,1996,36(3):27-44.

⑦ 王晓珍,叶靖雅,杨拴林.国际品牌的中国元素运用对消费者购买意愿的影响路径研究[J].中央财经大学学报,2017(2):120-128.

⑧ 张岱年.中国文化的基本精神[J].齐鲁学刊,2003(5):5-8.

天人合一是肯定人与自然的统一，亦即认为人与自然界不是敌对的关系，而是不可割裂的关系。合一是对立的统一，是两方面相互依存的关系。以人为本是相对于宗教家以神为本而言的。以人为本，不是说宇宙之本，而是说人是社会生活之本。刚健自强是指发扬主体的能动性。在古代哲学中，与刚健自强有密切关系的是关于独立意志、独立人格和为坚持原则可以牺牲个人生命的思想。坚持自己的人格尊严，这是刚健自强最基本的要求。刚健自强的思想可以说是中国文化思想的主旋律。以和为贵的"和"不是不承认矛盾对立，而是认为应该解决矛盾而达到更高层次的统一。"和"的观念肯定多样性的统一，主张容纳不同的意见，于文化的发展确有积极的促进作用。

党的二十大报告首次详细地指出中华传统文化的精髓："中华优秀传统文化源远流长、博大精深，是中华文明的智慧结晶，其中蕴含的天下为公、民为邦本、为政以德、革故鼎新、任人唯贤、天人合一、自强不息、厚德载物、讲信修睦、亲仁善邻等，是中国人民在长期生产生活中积累的宇宙观、天下观、社会观、道德观的重要体现，同科学社会主义价值观主张具有高度契合性。"并且提出坚持和发展马克思主义，必须同中华优秀传统文化相结合。

中国和以美国为代表的西方文化价值观之间的差异可体现在六个方面[①]。在人与自然关系上，中国传统文化强调通过寻求人与自然的和谐来被动接受命运，而美国文化强调主动掌控；中国传统文化关注意义与感觉的内心体验，而美国文化倾向于关心外在的体验和世界；中国文化以封闭的世界观著称，以稳定及和谐而自豪，美国文化则以开放的世界观为特点，强调变化和运动；中国文化奠基于血缘纽带和传统，是历史的导向，美国文化注重理性主义，面向未来；中国文化更强调垂直、上下级的人际关系，美国文化强调水平的人际关系；中国传统文化看重个人对家庭、家族和国家的责任，美国文化则看重个人。

就集体主义和个人主义而言，美国可口可乐品牌 2009—2015 年的广告口号是"Open Happiness"，在中国的相应口号是"畅爽开怀"，共通的定位是"快乐"。但在具体的执行中，可口可乐吸纳了中国重视家庭、朋友等人际关系的文化价值，发布了围绕亲情和友情的许多广告，如春节贺岁广告等。效果显著的社会化媒体营销战役——昵称瓶、歌词瓶、台词瓶，其媒介策略都是从具有群体影响力的微博等媒体上的意见领袖出发，再通过在普通人际圈盛行的社会化媒体加以扩展。

---

① Zhongdang P，Chaffee S H，Godwin C C，etc. To See Ourselves：Comparing Traditional Chinese and American Cultural Values[M]. Boulder，CO：Westview Press，1994：24.

中国人从天道理解人道,自然与人、景与情、象与意都能互为指涉,许多自然物积淀了人伦意蕴,成为中国文化的典型符号。龙,在中西方的象征意义迥然不同,对中国人而言,龙的文化意蕴积极而且吉庆,国际传播中龙的英译名逐渐以"loong"代替"dragon",正说明中国传统文化的影响力越来越强。深谙本土文化心理的国外品牌在 2024 年农历新年到来之际,不约而同地推出龙年限定产品,并以"龙"的祥瑞之意来进行跨文化传播。以下是国外美妆品牌在元旦期间发布的微博广告。

> 兰蔻(龙年限定包装美妆产品):
> 跨年钟声即将敲响,锦绣花龙跨越山河。
> ♯兰蔻龙年限定♯ 满载中西祥瑞,予您新年美运!
> 巴黎欧莱雅(欧莱雅龙年礼盒):
> 新年想要美力进阶? 巴黎欧莱雅焕新代言人@睢晓雯 携♯欧莱雅新年礼盒♯美力呈现。臻选欧家王牌好物,击退肌肤困扰,稳住肌肤好状态,让肌肤美力如愿,一起风生水起过龙年。
> 资生堂(红色修护家族):
> 龙腾"红"运,悦享新禧! 资生堂♯红色修护家族♯为肌肤注入新年红运,即刻嫩白,整月修护,肌肤由内而外细嫩亮白,焕然一新度龙年!

从开篇案例中近十年的台湾地区广告金句的变化,能窥探出台湾本土消费心理及文化的特色和发展,如强调自我独立,尤其女性自立的精神,经济不景气环境下的节俭意识,关注人际和谐中的基本情感(亲情、友情、爱情)和公德心等。

三、广告创意的常态性和独特性

广告创意讲究新颖独特,在由广告大师威廉·伯恩巴克(William Bernbach)提出的 ROI 创意原则①中,原创性至关重要。广告人为了吸引消费者的注意力,打动消费者柔软的心底,需要在创意上推陈出新。这时,传统文化是一个可以参考的资料库。正如第 12 届时报世界华文广告奖的宣传口号所说的"一个古人就是一个创意资料库",借鉴传统文化融入创意,至少有认知和态度两方面的好处:

----

① 指优秀广告创意的三个标准:Relevance(相关性)、Originality(原创性)、Impact(震撼力)。

第一，它能通过熟悉的精神和形式来唤起受众的亲和感，在态度上赢取消费者的青睐；第二，它能选择现代人不熟悉的传统元素来唤起受众的好奇心，吸引注意力。

随着中国国力和文化在世界上的整体崛起，广告创意界在2006年正式提出了"中国元素"这一概念，旨在"捡回中国创意人的自信，建立中国的创意语言，张扬中国的文化精神"。相应地，举办"中国元素"国际创意大赛，希望为本土广告带来新的动力源泉。随后，无论业界还是学界，都对中国元素的价值及其形式划分，作了很多探讨①②③④⑤⑥。在国内和国际创意大赛中，吸取中国元素来进行传播的获奖作品屡见不鲜。

近年来"国风""国潮""新中式"等概念的流行，进一步推动了中国传统文化的活化和传承。其中，国潮是"国"与"潮"的结合。"国"代表中国品牌、国货，"潮"则是原创、个性、流行的生活方式⑦。这一概念显示出中国品牌以及传统文化在新时期的创新性。2017年，国务院将每年的5月10日设立为"中国品牌日"，旨在扩大本土品牌的知名度和影响力。为响应这一政策，天猫将国货作为切入点，以李宁2018年2月的纽约时装周首秀为起点，在全国开启了一场"国潮行动"的大型营销活动。由此，"国潮"概念得以推广。

就文案创作而言，一方面，传统文化中的句式、修辞、词汇等常常体现在广告中。这归根结底是因为现代人的语言表达并未完全与古人脱节。许多口口相传的广告口号依然沿用古汉语中的五言、七言句式，古体文学中的四字对句、对联、旧体诗歌等表达结构，也广泛地应用于现代广告语中，还有不少成语、俗语被巧妙地仿拟入现代广告。文案撰稿人可资利用的素材是相当丰富的。另一方面，文案创作对传统文化及表达习惯的传承，并不是"修旧如旧"，而要强调"潮"和"新"，结合当代的流行文化、目标用户的喜好以及表述习惯来活用古典。

例如，获得2021年中国广告长城奖平面类铜奖的广告《迎接四圣觉醒》，是

---

① 沈栩竹.从符号学视角解读国际广告中的中国元素[J].广告大观,2008(2):59-63.

② 付强,侯冠华.基于"中国元素设计热"的本土化广告创意思考[J].艺术与设计,2008(1):71-73.

③ 高峻.用中国元素助燃中国广告[J].广告人,2006(9):89.

④ 潘阳.用中国元素塑造"中国式广告"[J].广告人,2006(9):94.

⑤ 谷文通.用中国元素折射中华文明[J].广告人,2006(9):94.

⑥ 杨宇时.中国元素的精神[J].广告大观,2007(2):132.

⑦ 姚林青."国潮"热何以形成[J].人民论坛,2019(35):132-134.

"和平精英"游戏在春节期间发布新版本的预热海报（图4-2），四幅海报将现代的游戏人物和场景植入传统山水意境中，文案也是古今融合，以中国神话中的四方之神为创意素材，借鉴古诗词结构，既让潮流的游戏富有文化深度，又让古老的文化变得时髦。广告文案是：

> 朱雀至，祥云起，吉事降临传千里
> 玄武在，活水来，新春好运齐到来
> 飞瀑间，青龙现，吉祥如意来相见
> 北风紧，白虎隐，瑞雪丰年吉时近

图4-2 "和平精英"游戏新版本上市广告

第三节 视觉文化与广告文案

人们常说现在是眼球经济、注意力经济时代。要抓住受众的注意力，通常图像比文字语言效果更好，现今社会尤其重视图像的影响力，这一现象被称为视觉文化。

一、视觉文化的特点

"视觉文化与视觉性事件有关，消费者借助于视觉技术在这些事件中寻求信息、意义或快感。我所说的视觉技术,指的是用来被观看或是用来增强天然视力的任何形式的器物,包括油画、电视乃至互联网。"①

"狭义的'视觉文化'所强调的是该术语的视觉方面。它在某种程度上把人类生产和消费的二维和三维的可视物品视为文化和社会生活的组成部分。……它有可能包括艺术和设计的所有形式,同样也包括个人的或与身体有关的视觉现象。"②

视觉文化研究者并不认为所有文化载体都是视觉性的,而是强调文化中对视觉这一单一媒介的过分依赖。视觉文化具有几个特点:

第一,视觉文化使视觉成为主宰。"视觉文化并不取决于图像本身,而取决于对图像或是视觉存在的现代偏好。"③依托不断发展的技术能力,借助新颖的设备,视觉文化将许多本来非视觉性的东西也视觉化。

第二,视觉文化是后现代社会的典型表现。现代主义社会的印刷文化比较流行,而后现代文化突出体现出对视觉效果的迷恋。

第三,视觉化有追求身体快感、大众娱乐的负面效果。图像比语言文字更容易理解,对图像的全面追求被批评为过分看重较低层面的身体娱乐体验,而忽视精神层面的快乐。

在视觉文化的时代,文案的发挥的确受到限制。不少广告重视图像设计,忽略文案。例如,版面采用大海报,以图像为主要元素,文案字数极少,甚至没有。即使有标题,通常也被置于不显眼的地方,或者使用辨别不了的小字号。还有的广告故意追求图像的新奇,甚至耸人听闻,而文案的表达非常普通,毫无趣味,与图像的关系不紧密,甚至文不对题。

在这一潮流下,文案撰稿人应认识到受众面对视觉图像时的偏好,更要处理好语言与非语言信息之间的关系,推敲文案更应谨慎精练,让文案为呼应图像服务。这对文案撰稿人提出了更高的要求。

同时我们也应看到,移动媒体目前的界面和流量都受限制,还不能做非常有视觉冲击力的图像设计,微博营销、微信营销等当前盛行的广告平台,都主要依靠语言文字的传播力,即使强调视觉影响力的小红书、直播间和短视频平台,因为结合口碑传播的优势,也需增加大量的语言文字输出,这其实为文案供了良好

---

① 米尔佐夫.视觉文化导论[M].倪伟,译.南京:江苏人民出版社,2006:3.

② 巴纳德.理解视觉文化的方法[M].常宁生,译.北京:商务印书馆,2005:2.

③ 米尔佐夫.视觉文化导论[M].倪伟,译.南京:江苏人民出版社,2006:6.

的发展空间。传统媒介时代的主流是短文案，现在反而在手机新媒体营销中出现了大量的长文案。

二、文案与图像的关系

这里我们引用法国符号学家罗兰·巴尔特（Roland Barthes）关于语言学信息和图像信息关系的论述来具体说明。罗兰·巴尔特认为语言信息对于图像信息的功能有两点：停泊和中转（anchorage and relay）。

（一）停泊和中转

首先，文案能明确图像的意义，使其更为显豁。比如，一则反盗版光碟的公益广告，图像仅为一个月食的简单画面，文案则明确指出月食象征了盗版对于正版的侵蚀，呼吁保护正版版权。又如图 4-3 中，文案标题"其中一个是天窗"，指引人们看到头顶的两幅画面，其中一幅是电视机的图像，几可与真正的星空媲美，从而体现了该款电视机的逼真清晰。这幅广告图像和文案配合，电视遥控器充当视线导引，突出了文案的标题，从而让消费者迅速看到文字信息。

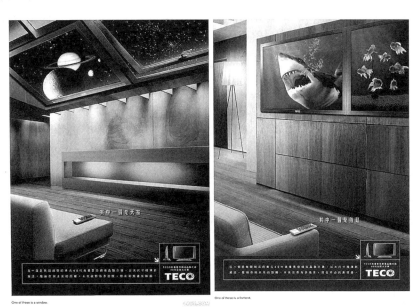

图 4-3　液晶电视机广告

其次,文案能排除图像的歧义。相对而言,图像比文字信息更为多义,理解空间大,而文字信息能帮助明确意义,避免误解,这也是罗兰·巴尔特所说的"停泊"之意。

所有的形象都是多义的:它们意指着——以其他能指为基础——所指的"漂浮链",读者可以选择其中的某一个而忽视其他的。

文本通过形象的所指直接引导着读者,使他避免某个东西而接受别的东西;借助于一个常常巧妙的迅速调遣,它遥控着读者指向某个先行选定的意义。

文本实际上是创造者(因而也是社会)审查形象的权利,停泊是一种控制,它要对讯息的运用负责——面对图像的投射力量。由于形象的所指的自由,文本因而只具有一种压抑性的价值。[①]

图 4-4 中的图像是画着眼影的兔子,它能引发的联想很多,但真正的广告目的通过文案才能明确:"Every three seconds an animal dies in pain in a laboratory.Say no to animal tested cosmetics."原来这是一则保护动物权益的公益广告,是不是与你最初的设想不一样?

图 4-4　反对动物实验化妆品的公益广告

①　巴尔特.形象的修辞[M]//巴尔特,鲍德里亚.形象的修辞:广告与当代社会理论.北京:中国人民大学出版社,2005:42-43.

最后，文案能引申图像的意义，增强效果。这是罗兰·巴尔特所说的"中转"："停泊是语言学讯息最常见的功能，是在新闻摄影和广告中共同存在的。中转则并非共有（至少就静态形象而言），特别地，可以在卡通和喜剧漫画插图中看到它。在此，文本（通常是一小段对话）和形象具有一种补充的关系，语词——和形象一样——是更一般的句段的片段，讯息的统一性是在更高层次实现的，如故事、传闻、叙事。"①

在这种情形下，图像一般比较简单普通，而文案的地位相对更为重要，主要的说服信息体现在文案里。文案能将图像丰富的联想义进行铺陈，所以多为长文案。如这则父亲节期间餐馆推出的促销广告（图4-5），文案如下：

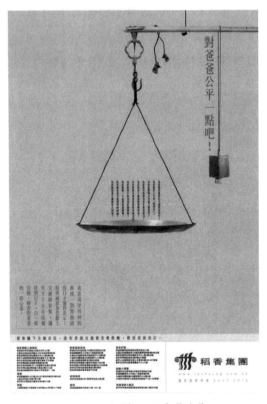

图 4-5　稻香餐厅父亲节广告

---

① 巴尔特.形象的修辞［M］//巴尔特，鲍德里亚.形象的修辞：广告与当代社会理论.北京：中国人民大学出版社，2005：44.

对爸爸公平一点吧！为什么母亲节比父亲节来得早？为什么世上只唱"妈妈好"？为什么妈妈才有康乃馨慰劳？为什么母亲节有更多庆祝节目？为什么孩子总爱跟妈妈倾诉？为什么说句爱爸爸就是肉麻老套？为什么很少和爸爸来个拥抱？为什么亲一下也要爸爸剃须？为什么爸爸不能偶尔吃吃醋？为什么爸爸不讲就没人知道？

爸爸渴望得到的重视，别要他说出口才懂得表示！稻香诚意为您献上父亲节套餐，让天下子女在这个特别日子，以一席佳肴，聊表对爸爸的一份心意。

广告图像是一杆秤，寓意"公平"，文案则在此基础上做转折递进的发挥。

再如这则发布在 2022 年圣诞节期间的限定包装广告(图 4-6)，星巴克品牌将咖啡杯包装的红色发展出丰富的意义，从而大大扩展了颜色的文化符号属性，同时这也是一则跨国品牌根植于本土文化的传播佳例。

红的是节日的红杯，红的是，在冬日遇见，红杯里的勇气与信心。给今天加点红。

如果信念有颜色，它应该是红色的，红色像是我们心底的一点小执念，无论度过了怎样的一年，我们总有办法积攒新的能量。明天会更好吗？给今天加点红，明天会慢慢好起来。

图 4-6　星巴克"给今天加点红"广告

总的来说,文案和图像是对比呼应的关系,这符合设计的一般原则。所谓对比,指文案的功能、形式和图像应有差异,图像如果一眼便知其意,则文案可简略,如果文案是主要说服工具,则图像务必平常。所谓呼应,则是文案和图像在语义上多有关联。图像的象征义在文案中需明确点出,并予以阐释;文案的意义也需找到贴切的图像作为比喻。如此,文案和图像才是广告中都必不可少的要素。

(二)文字也是图像

文案与美术设计的分工,是广告代理制发展成熟的重要标志,然而文案与美术设计还需密切合作,这不仅体现在两种职业常被安排在一个客户小组内,还意味着文案人员需要有视觉化思维方式。语言是听觉形态,但一旦落纸为字,它就成为视觉形态,因此文案本身就是一种图像。作为图像的文案,字体的字形、颜色、大小写(限拼音文字)都会影响其传播效果,已有丰富的品牌名称研究揭示出这一点[①]。

文案的视觉特征具有不同的识别度,因此影响其易读性。黑底黄字、蓝底黄字和蓝底白字所呈现的品牌名称,被识别的速度和正确率较高,而蓝色/红色背景搭配蓝绿色文本识别起来则较为困难。无衬线体比衬线体的易读性更强[②]。

文案的视觉特征会传递出不同的审美趣味,影响用户的美感体验。比如,在字形方面,纤细、常规和小字号字形能传递出精致柔和感,粗黑、宽窄对比大,以及大字号的字形具有豪放刚劲之感。在颜色方面,冷色调蕴含冷淡之感,暖色调蕴含温暖之美,高饱和度颜色传递出冲击力,低饱和度让人舒适,高明度颜色代表柔弱,低明度颜色带来强壮之感。[③]

文案的视觉特征会激发对性别角色的感知。品牌名称中的大写字母、印刷体、尖锐字形和蓝色调对应男性角色,而小写字母、手写体和粉色调则塑造女性

---

①　肖婷文,卫海英,陈斯允,等.品牌名称视听形式表征对消费者心理的影响及作用机制[J].心理科学进展,2023,31(9):1756-1774.

②　Ko Y H.The Effects of luminance Contrast,Colour Combinations,Font,and Search Time on Brand Icon Legibility[J].Applied Ergonomics,2017(65):33-40.

③　黄静,邓锦雷,刘莎,等.越饱和,越刺激? 品牌标识颜色饱和度对品牌个性感知的影响研究[J].营销科学学报,2022,2(1):52-82.

角色。① 针对男性控油去屑的洗发产品,用大写字母组成的品牌名称更能促进用户的购买意愿,而面向女性的柔顺丝滑类洗护用品,小写字母的名称更合适。②

最后,文案的视觉特征还会影响到消费者对品牌个性的感知。颜色的作用十分明显,已发现不同的色调所对应的个性感知有③:

真诚——白/黄/粉色调

刺激——红/橙/黄色调

能力——蓝/棕色调

成熟——黑/紫/粉色调

强壮——棕/绿色调

有魅力——黑白色调

字形的影响也存在。字样间距紧凑的品牌名称相比于宽松布局,更能让消费者产生安全感,从而提升对品牌的兴趣④。两个品牌如果知名度大体相似,用圆润字体的名称往往能带来更多的积极情绪和喜爱。⑤

创作者要考虑文案的图像样式,需符合构图、外形、肌理等设计原则,而且中国汉字的形音字、象形字等构词法赋予图像化的可能。更重要的是,文案的视觉化正成为新颖的创意策略趋势,本书的 step 9 将详细介绍当前文案视觉化后给受众带来的新颖体验。

---

① 丁瑛,庞隽,王妍苏.形状-性别内隐联结及其对消费者形状偏好的影响[J].心理学报,2019,51(2):216-226.

② Wen N,Lurie N H.The Case for Compatibility:Product Attitudes and Purchase Intentions for Upper Versus Lowercase Brand Names[J].Journal of Retailing,2018,94(4):393-407.

③ Bresciani S,Del Ponte P.New Brand Logo Design:Customers'Preference for Brand Name and Icon[J].Journal of Brand Management,2017,24(5):375-390.

④ Gupta T,Hagtvedt H.Safe Together,Vulnerable Apart:How Interstitial Space in Text Logos Impacts Brand Attitudes in Tight Versus Loose Cultures[J].Journal of Consumer Research,2021,48(3):474-491.

⑤ Salgado-Montejo A,Velasco C,Olier J S,etc.Love for Logos:Evaluating the Congruency Between Brand Symbols and Typefaces and Their Relation to Emotional Words[J].Journal of Brand Management,2014,21(7):635-649.

【小　结】

广告是社会文化的镜像,广告文案创作需依托广博的社会文化才能产生源源不断的灵感。社会文化中的流行文化、传统文化和视觉文化,是需要特别关注的地方。文案撰稿人应时刻学习流行语、流行热点,及时将其融入文案创作。传统文化深刻影响本土消费者的心理和行为,这也是广告创意推陈出新的新素材来源。在视觉文化时代,文案的发展既受到一定限制,又开拓了移动媒体的新空间。广告中的文案和图像是对比呼应、和谐统一的关系,应善用对方的优势来增强广告效果。

【关键术语】

流行文化、中国语言生活状况、传统文化、文化价值、视觉文化、图像、停泊、中转、对比呼应

【思考题】

1.针对台湾地区近十年的广告金句获奖口号,分析其所反映出的文化价值(如消费观、爱情观、家庭观、两性观、生死观等)。

2.搜索今天的热点或流行事件,将其与"大广赛"或学院奖参赛品牌结合,创作数条借势营销文案(又称"蹭热点"文案)。比如,厦门大学学生为刺柠吉和荔小吉品牌创作的文案:

> 你是 e 人,他是 i 人,我是 c 人——爱喝高维 c 刺柠吉的人(结合流行的心理人格测试)
>
> 我有刺柠吉,冬日不脆皮(结合流行语"脆皮大学生")
>
> 喝刺柠吉,过四六级,赐您吉(结合英语四六级考试)
>
> 天然维 C,助你唱满 E(结合五月天疑似假唱事件)
>
> 你有冬日飞雪与冻梨,我有四季常鲜荔小吉(结合北方大雪新闻)
>
> 来杯荔小吉,立即就上岸(结合考研考公时机)

3.思考"大广赛"或学院奖参赛品牌可与中国传统文化中的哪些元素进行联结,并尝试创作使用双关修辞、将理性诉求与感性诉求结合起来的广告文案。例如 2022 年蕉内和 999 感冒灵联名,推出《不感冒宣言》(图 4-7)。"不感冒"一语双关,既指免于感冒侵袭的保暖套装和 999 感冒灵,也指年轻人不喜欢的生活态度。通过双关语,广告文案将两个广告主题合二为一。

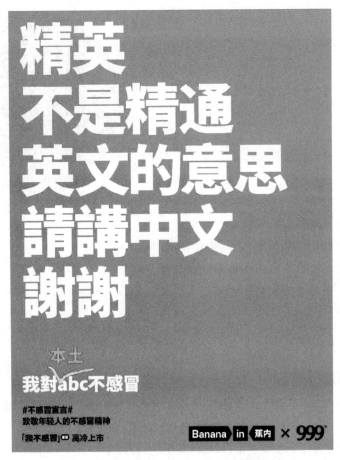

图4-7　蕉内与999联名广告《不感冒宣言》

【延伸阅读】

1.教育部语言文字信息管理司.中国语言生活状况报告(2024)[M].北京:商务印书馆,2024.

2.李欣频.从文化与消费层面分析1994—2008年台湾广告流行语金句奖[J].广告大观:理论版,2009(5):48-61.

3.周雨,杨琪.两岸广告文化价值比较:以长城奖和金像奖为例[J].现代广告学术季刊,2011(23):24-34.

4.周雨,李静环.中国传统自然观在房地产广告中的呈现[J].现代广告学术季刊,2012(21):32-39.

Step 5
人靠衣装马靠鞍：
修辞帮助文案
锦上添花

学习指南

理解广告文案善用修辞、推敲词句的重要性。

掌握广告中常用的修辞手法及其适用领域。

应用修辞手法来修改完善广告文案。

从音节、节拍、韵脚的角度推敲修改广告文案。

【开篇案例】

2018—2023 年全国大学生广告艺术大赛("大广赛")文案类金奖作品

2023 年第十五届

沃派开学季,梦想加速器(联通沃派)

5G N 次方,畅游无限 fun(联通 5G)

赤尾,为爱收尾(朗圣药业)

我有一计,即时设计(即时设计)

方寸之间,可画天地(Canva 可画)

洗得干净,赢得漂亮(雕牌)

点滴皆见效,早晚会发光(HBN 护肤)

一含一漱,微笑如初(云南白药口腔健康)

2022 年第十四届

我不会刷存在感,我只会提高幸福感(朗圣药业)

每个气泡里都有飞天的喜悦(娃哈哈非常可乐)

即使不懂设计,也能即时设计(即时设计)

可想即可画(Canva 可画)

走过路过一定被暖过(999 感冒灵暖心周边店)

哪有不完美的你,只有美不完的你(美颜相机)

告诉你一个躺赢的秘密(喜临门)

2021 年第十三届

有一辆车可以领略世界,它的名字叫义乌购物车(中国义乌)

早餐界的"充电饱"(娃哈哈营养早餐)

你听说过用脸"吃"橙子吗?(俊平护肤)

百年润发在手,一握青丝如绸(100 年润发)

要出行,更要出彩(爱华仕糖果箱)

让你熬夜的是梦想,帮你熬夜的是一叶子(一叶子面膜)

你说话的口气,我很喜欢(云南白药牙膏)

2020 年第十二届

天然水润,无需装嫩(自然堂冰肌水)

自然堂冰肌粉底液,做你青春底色(自然堂冰肌粉底液)

猫在家里逛世界(商城集团千面义乌)

奶与茶的芭蕾,黑糖是伴奏曲(娃哈哈黑糖奶茶)

先装,后浪(爱华仕箱包)

爱的公式,一套就好(杜蕾斯)

山一程,水一程,千山万水任我行!(一汽大众高尔夫)

2019 年第十一届

从一无所有,到义乌所有(商城集团义乌品牌形象)

一口茶香,半口花香(娃哈哈宜茶时茶)

火锅配凉茶,我配你(杜蕾斯)

薇风一过,婷婷玉洁(薇婷脱毛膏)

2018 年第十届

有一种薄,只有你我知道(杜蕾斯)

为爱,努力降低存在感(杜蕾斯)

我感觉到他的存在,我感觉不到它的存在(杜蕾斯)

一见钟情平均需要 8.2 秒,爱上藤椒,只需一秒。麻麻的感觉,初恋的味道
(藤娇牛肉面)

在遇见你之前,他最爱的字眼叫"居家"。有了你之后,最让他心动的是"旅

行"（爱华仕）

你说生活太难，不将就才会不凡（网易云音乐）

第一节 修辞对广告文案的作用

无论中西方文化，都非常看重语言的力量。早在古希腊时期，为了民主议事和法庭辩论而兴起的修辞术就非常重视用语言说服他人的技巧，亚里士多德写下了第一本与之相关的论著《修辞学》。在中国，西汉时期的刘向盛赞语言的地位："夫辞者乃所以尊君重身，安国全性者也，故辞不可不修，说不可不善。"（《说苑·善说》）。修辞，对应于"rhetoric"，指语言沟通的艺术，是在特定情境下为告知（inform）、说服（persuade）、促动（motivate）特定的受众而采取的手段[①]。中文所说的"修辞"一词，来自《周易》中"修辞立其诚"一句，指修饰、调整语辞[②]，目的主要有四个：一是为表达更加准确、贴切[③]；二是传情达意，传递说者的心情[④]；三是提高说服力，增强语言效果[⑤]；四是让表达更加优美，美化语言[⑥]。

广告文案为广告主题服务，修辞的这些作用都体现在其中。善用修辞，能使广告文案直接、准确地点出核心意思，能体现品牌个性，展示品牌形象，能增强说服效果，打动消费者，还能让文案朗朗上口，便于流传。因此，广告大量地使用修辞手法，特别是广告口号和标题。前者是品牌识别的一部分，需重复传播，后者是一篇广告的主旨，需深植于心，尤为看重语言的表达力和说服力。

汉语修辞的种类非常丰富，但不是所有的修辞都会被应用在广告中，这主要因为广告是大众文化，面向普罗大众，又借助大众媒介进行传播，受众的接受度和理解力决定了其应用的修辞手法多为众人熟悉、难度不高、富有趣味的几种。文案撰稿人只要了解这些典型的修辞手法，有意识地应用到创作中，就能让文案生辉不少。

[①] Corbett E P J.Classical Rhetoric for the Modern Student[M].New York：Oxford University Press，1990：1.

[②] 陈望道.修辞学发凡[M].上海：复旦大学出版社，2014：1-2.

[③] 现代汉语词典[M].北京：商务印书馆，2016：1466.

[④] 徐梗生.修辞学教程[M].上海：广益书局，1933：6.

[⑤] 高名凯.普通语言学：下册[M].上海：东方书店，1954：80.

[⑥] 王易.修辞学通诠[M].上海：神州国光社，1930：8.

第二节　广告文案常用的修辞手法

有学者认为,修辞大都是为了提高语言表达效果而对其进行加工,核心是对同义语言手段的选择①。因此,根据修辞的目的,是为了将同样的意思表达得更准确贴切,还是为了将同样的意思表达得更悦耳,由此可以将广告中的修辞分为内容上的修辞,以及形式上的修辞。这种划分不是绝对的,因为修辞的形式和内容总会互相影响,如对偶的形式优美,便于传诵,其语义也通常反复加强,在内容上进一步深化。

在本节中,文学上常见的修辞类型将被逐一介绍,但更重要的是,借助修辞相关的语言学、语用学、传播学、营销学的学术研究成果,修辞的功用得以检验,研究所发现的共性及规律可以指导文案撰稿人的具体实践。

一、内容上的修辞

广告中最常用的此类修辞共有 11 种:比喻、比拟、夸张、对比、引用、借代、反复、递进、双关、拆词、仿拟。

(一)比喻

比喻是基于心理联想,抓住和利用不同事物的相似点,用另一个事物来描绘所要表现的事物。所描绘的对象,叫作"本体",用来打比方的事物,叫作"喻体"。根据本体是否彰显,又可分为明喻、暗喻和借喻。

明喻的本体和喻体之间,常用"像""如""好比""似的""一样"等比喻词,如南唐李煜的词"问君能有几多愁,恰似一江春水向东流"(李煜《虞美人》)。暗喻多用"是""做""为""变为""等于""当作是"等连接词,如"每一树梅花都是一树诗"(杨朔《茶花赋》)。借喻则是本体不出现,用喻体直接代替本体,如"骤雨过,珍珠乱撒,打遍新荷"(元好问《骤雨打新荷》)。"珍珠"在这里直接指雨滴。

比喻在古代和现代中都是十分常见的修辞,其功能十分全面,在广告文案的

---

① 王希杰.汉语修辞学[M].北京:商务印书馆,2014:10.

创作中得到普及应用。它能将抽象、复杂的本体转化成具象、熟悉的喻体,便于理解,例如:

> 想家的心,就像月饼,一口就露馅(山姆超市)
>
> 人生的曲折,就像没泡开的泡面(台湾全联福利中心)
>
> 人生就是一届又一届世界杯(央视新闻频道)
>
> 诗是中国人最轻的行囊,背上一首吧,可抵山高水长(中国银联诗歌POS 机)
>
> 妈妈的生活不是围城,是可以自主选择的开关门(爱慕内衣)

比喻能将较为模糊的概念形象化为鲜明的意象,增强感染力,例如:

> 精神避难所精酿上线(尤里斯书店一周年)
>
> 百年润发在手,一握青丝如绸(100 年润发)
>
> 老家是头顶的白月光,蟹是心口的朱砂痣(故里蟹味)
>
> 棉布是柔软田野,纽扣是按时长大的果子(步履不停盘扣衬衫)

比喻能引发联想,进一步丰富语义,例如:

> 在一间厨房,品味山川湖海(方太燃气灶)
>
> 听故事的小孩,有自己的秘境(企鹅读书听书服务)
>
> 读过的书,走过的路,都会变成你"精神的壳"(网易蜗牛读书湖畔书吧)
>
> 止步于台阶,如同止步于高山,关爱残障碍人士,规范无跨碍道路("出行不是冒险"公益广告)

比喻能主动构建陌生关系事物的相关性,促进思索和回味,例如:

> 一本一本的书,就像一节节的脊椎,稳稳地支持着阅读的人(天下文化出版社)
>
> 满地的银杏叶,是把秋天塞进铅笔刀之后转出的碎屑(微博博主@鹤璠)
>
> 睡觉是死亡的小样,这次奢侈一把,体验一下正装(三行遗书)
>
> 太阳是个文身师,墙上、路上、屋檐上,都是它的作品(小红书博主@废话王阿姨)
>
> 家庭的不幸,不是一时的暴雨,而是伴随一生的潮湿(电影《涉过愤怒的海》台词)

比喻还能将不便直言之事、隐秘之事等委婉表之,掌握言语分寸,例如:

抚平青春小冒泡（鲁南制药晓平护肤）

两个人的事，绝不能有第三者，还好我只是空气（杜蕾斯空气套）

带盾开一局，今晚必争气（杜蕾斯赞助英雄联盟 S 赛）

少生"闷气"，多呼吸秋天的空气（自由点卫生巾）

风口不一定在远方，也可能在老地方（ubras 小凉风系列内衣）

天生自在，无需黑袋（七度空间）

　　比喻在学术研究中又常被称呼为"隐喻"，且区分为文字隐喻和图画隐喻。在多模态理论的视角下，隐喻的载体更是多达九种：图像符号、书面符号、口头符号、手势、声音、音乐、气味、味道和接触[①]。

　　学者们检验和测量了不同隐喻手法的效果差异以及影响其效果的因素[②]。这些研究发现可以指导文案创作者选择合适的隐喻手法来传达其目的。

　　相比于直接陈述式的广告，隐喻确实是有效的修辞手段，它对人们的认知和态度都有积极的影响[③]，这就是隐喻普遍地应用于广告的原因。在认知方面，隐喻能刺激受众进行精细加工，从而增加用户的卷入度，使其充分理解广告信息；在态度方面，隐喻能消除受众的紧张感和增加愉悦感，用户像猜谜一样理解本体和喻体的关系，一旦猜出，则获得解题一般的开心感受，在此基础上进一步强化说服。隐喻还会对品牌个性产生影响，但是效果优劣参半，品牌既会被认为更加复杂和富有刺激性，又会让人感觉不够真诚和可靠。因而不是所有品牌都适合频繁地使用隐喻，如公益组织。

　　针对文字和图画不同形态的隐喻研究发现两者具有差异。正如同眼球经济的吸引力，图画隐喻常常比文字隐喻更能吸引受众的注意力，激发想象力，以及提高记忆力。但这并不意味着文字隐喻毫无用处，广告人应综合考虑两者的长处来搭配使用。研究发现，实用型产品的广告里使用图画或文字隐喻都是有效的，这意味着文案可以放心地使用隐喻。而对于享乐型产品（如香水、极限运动

　　①　Forceville C.Non-verbal and Multimodal Metaphor in a Cognitivist Framework：Agendas for Research ［M］//Multimodal Metaphor.Berlin/New York：Mouton de Gruyter，2009：19-42.

　　②　禹杭，陈香兰.含蓄还是直白？：隐喻广告效果研究回顾与展望［J］.外国经济与管理，2018，40（10）：54-65.

　　③　吴水龙，洪瑞阳，蒋廉雄，等."直白"还是"含蓄"？ 基于卷入度和图文修辞方式的广告效果研究［J］.管理评论，2017，29（9）：133-142.

项目)或低卷入度产品(如快消品)而言,图画隐喻更有效①,此时文案可退居次要地位,起辅助作用更好。

当图像隐喻搭配文字的参照或解释时,受众的理解力马上提升,但好感度拉低。这是因为文案让隐喻的含义变得显豁,受众猜谜的乐趣也相应地降低。因此,更好的办法是解释性的文案与图画隐喻保持相关性,而不是直接的相似性,则用户的理解度和好感度都能提升。

无论何种隐喻手法,相关性强的隐喻,效果都是最好的。这证明了广告创意所要求的相关性原则依然适用于文案创意的生发。

广告追求创意的新颖性、原创性。文案的隐喻既要相关,也要让人耳目一新。在文学鉴赏中,传统的比喻重视喻体和本体之间基本性质或特征的相似性,而现代风格的修辞则故意让喻体和本体之间拉开距离,即所谓"远取譬",因为"彼此之间越不一致,所放射出的光芒就越强"。钱钟书认为:"两者不同处愈多愈大,则相同处愈有烘托;分得愈开,则合得愈出意外,比喻愈新奇,效果愈高。"②例如,其名著《围城》一书中描绘女性的美:"唐小姐妩媚端正的圆脸,有两个浅酒涡。天生着一般女人要花钱费时、调脂和粉来仿造的好脸色,新鲜得使人见了忘掉口渴而又觉嘴馋,仿佛是好水果。她眼睛并不顶大,可是灵活温柔,反衬得许多女人的大眼睛只像政治家讲的大话,大而无当。"用水果喻脸色是常见的近取譬;而用"政治家讲的大话"来比喻大而无当的眼睛,则是远取譬。又如张爱玲的《红玫瑰与白玫瑰》:"街上静荡荡只剩下公寓下层牛肉庄的灯光,风吹着的两片落叶踏啦踏啦仿佛没人穿的破鞋,自己走上一程子。……"落叶的比喻很多,作者独用破鞋来写,推陈出新。还如鲁迅《忆韦泰园君》:"我也还有记忆的,零落得很,我自己觉得我的记忆好像被刀刮过了的鱼鳞,有些还留在身体上,有些是掉在水里了,将水一搅,有几片还会翻腾,闪烁,然而中间混着血丝……"用"鱼鳞血丝"比喻记忆,更是如冷水浇背,陡然一惊。

在文案创作中,为了写出新意,也为了适应新生代消费者的审美趣味,可有意识地去寻找独特、富有创意的本体和喻体搭配。

下则文案是 Grind 速溶咖啡 2023 年发布在伦敦市内地铁的文案,将胶囊咖啡粉的溶解速度作了别出心裁的比喻。

---

① 张红宇,罗霄,蒋玉石,等.视觉隐喻广告对消费者注意和再认效果的影响研究[J].管理世界,2017(11):184-185.
② 钱锺书.读《拉奥孔》[J].文学评论,1962(5):62.

Our pods disappearing faster than the pics of your ex on your Instagram.

（我们的咖啡消融得比你照片墙上前任的照片还快。）

肯德基文案中"红"与"火"的比喻较为普通，但"取暖"和"看几眼"则是别致的联想。

深秋的枫树红如一团火，我喜欢每天看它几眼，就当给自己取暖了
（肯德基微博互动）

下则文案是2022年足球世界杯期间伊利所发布的文案，将运动员比喻为"诸神"，而"黄昏""初生的太阳""照亮……清晨"均为喻体，可谓语意丰富，又贴合年轻人群的兴趣。

"诸神"之所以被讨论黄昏
是因为他们曾像初升的太阳一样照亮过我们的清晨

（二）比拟

比拟是基于人与物之间相似联想而建立起联系的修辞手法，分为将人拟物（以物比人）和将物拟人（以人比物），前者是拟人，如"感时花溅泪，恨别鸟惊心"（杜甫《春望》），后者是拟物，如"双兔傍地走，安能辨我是雄雌"（《木兰辞》）。比拟的功能和比喻接近，都能通过意象思维赋予广告主题生动性、感染力。

富有新意的拟物能直观形象地揭示人的心理活动，在看似不相关的物象之间建立关系，新颖而有趣。当前年轻人中流行的"确诊式文学"正是拟物手法的应用。比如：

正式被确诊为试管：空心无脑，任人拿捏，成分简单，便宜廉价，长期躺平，偶尔有用，脆皮易碎。

广告文案借鉴了这种手法，如下列案例中的"快递""脆薯饼""轮胎"。

我站在小快递之间，假扮一个小快递，那么这个世上，是不是也有人在等我（菜鸟裹裹APP预约送货）

注意了！3个你可能是脆薯饼的证据：

1.早晨只想裹紧被子，静静躺平

2.很脆很脆，感觉自己要碎了

3.到点就下班,加不了一点(麦当劳 2023 年双十一大促)

安静、耐磨、不划水,忙起来直打转,现在的打工人,在努力扮演一个合格的轮胎(途虎养车《途虎诗集》)

而拟人则能化静为动,增强语义的生动性,在广告中应用颇多,因为品牌本身是物,拟人能赋予其人性,展示其品牌个性,塑造出和消费者沟通的积极态度。

思念嘀嘀嗒嗒,平声是妈妈,仄声是爸爸(中国银联诗歌 POS 机)

我想知道,想念到底有多重,就把自己放在秋千上称量,差不多等于,一朵桂花,离开树时的反抗(Ubras 国风金桂系列无尺码内衣)

支付宝与你一起上场(2023 年亚运会支付宝服务)

微瑕地球,一起擦亮(闲鱼与美国国家地理频道联名)

没有正式邀请,落叶就是秋天的提醒(小红书"潦草赏秋大会")

我救过你的同类,可以放过我的同类吗?(微博话题♯全民呼吁停止残忍捕杀流浪猫狗♯)

当前流行的比拟手法是深刻挖掘社会情绪,寻找微小意象,力求独辟蹊径,能挖掘出比拟双方之间不寻常的相关性,并且综合运用双关、反复、递进等修辞,有意建立"无理而妙"的相关性。试看大润发超市的如下文案:

莲藕:心不够大,装不下 800 个心眼子

香蕉:没熟的香蕉,就像项目,放一放就黄了

冬瓜:生而为瓜,苦甜没差,进自己的铁锅,让别人榨汁去吧

咸鱼:就……很……闲……

特价蔬菜:去上班吧,上身价一块五一斤的班

冰鲜鳕鱼:一坐到工位上,就感觉自己凉了

葡萄:跨出超市的门,外面就是火焰山

冰棍:我的习以为常,竟是你们的人间天堂

活鱼:没想到多活了几个月

电扇:37℃的人说抱就抱,37℃的风一吹就倒

大润发超市基于货架上丰富多样的产品,全方位地将其与社会情绪和生活方式相关联,从而炮制出一系列的"物语",所使用的修辞多为比拟,该类型文案被戏称为"大润发烟火文学"而出圈。

（三）夸张

夸张指将事物的性质、特征等故意夸大或缩小从而产生幽默效果的修辞手法。具体可分为：情节夸张，如《爱丽丝漫游仙境》中的经历；语义夸张，如流行语"好听到耳朵怀孕了"；语形夸张，如李清照《声声慢》开头大量的叠字运用。广告因为极力想向受众推广自身产品服务的优点，语词表达或多或少地都会夸张一些，以增强感染力。

修辞上的夸张不等于虚假广告，通常的判断标准是：如果夸大的对象不是产品服务本身的属性事实，而是受众使用后的主观感受，像"今年二十，明年十八"（白丽美容香皂）和"每天送你一位新太太"（太太口服液），则一般视为夸张辞；假如直接违背事实，就是虚假广告。此外，夸张修辞在词句、语形上都比较考究，能给人带来形式上的美感，让人感受到艺术化的处理方式，这也是其重要特征。

醉鹅娘葡萄酒电商与六神花露水联名推出"六神味"莫吉托每日红酒，为了衬托该酒的清凉口感，文案使用了一系列的夸张说辞。

> 常年靠咖啡续命的广告从业者郭阿康说："这酒凉到在周一早晨瞬间提神醒脑。"
> 家电行业的董女士说："这酒凉到像嘴巴里开了空调。"
> 滑翔伞培训 10 年从业经验的赵教练说："这酒凉到一秒飞起。"
> 曾用太极拳和五禽戏吓跑歹徒的朝阳群众黄大爷说："这酒凉到直接打通七窍。"
> 医学院法医专业的大同学说："这酒凉到像被打开天灵盖。"
> 一生要强的张女士说："这酒凉到像发现前女友给我织了顶绿色小帽的那晚。"
> 来自东北四省海南三亚的吴女士说："这酒凉到像哈尔滨的冬天。"
> 用冷笑话撩妹屡战屡败的母单小王说："这酒凉到让十万个冷笑话扶墙。"

厨电品牌方太则将平常的做饭场景渲染为大有乾坤的一平方米。文案节选如下：

> 我们走进厨房
> 成为搏击的拳手，你来我往
> 猎捕凶悍的猛兽

和尖锐爪牙来一场缠斗

星海茫茫,我们升起火箭

不去东西南北,直抵银河,乘风向上

在烟与火中,我们扬起手臂

从深海,掀起一阵浪涌

翻动手掌,点燃一座火山

鼓动热风,让熔岩流淌,重塑大陆的形状

30分钟,越过春夏秋冬

我们经历丛林的冒险,看过烟火的夏夜

横跨广袤草原,到达云海的边界

一顿饭的工夫,我们走过人生百种

掌握时间,不错过每个瞬间

加冕为王,让自己的国度闪闪发光

举手之间,预见未来的风向

可见,夸张手法要想达到可信和可爱的效果,需用艺术化的表述方式,综合内容和形式的多种修辞,让受众从愉悦的阅读体验中自然而然地理解广告主题,切忌"自卖自夸"的推销口吻。

(四)对比

对比又称对照,是把两个对立事物或一个事物的对立方面放在一起加以比较。对比的两者中,一方为主,一方为次,往往通过另一方的反差来映衬出主体的特性。广告中,对比经常和对偶修辞一同使用,造成内容和形式上的双重强调。比如,"今年夏天最冷的热门新闻"(西冷冰箱)、"苦苦的追求,甜甜的享受"(伊利雪糕)、"他傻瓜,你聪明"(柯尼卡)、"我俯瞰,你仰望"(BMW X6)。近年流行的对比广告文案还有:

你的生活小事,就是头条大事(2023年网易严选新闻频道)

少加班,多加薪(2024年淘宝生日礼)

不在禁欲的桎梏中苟活,在思想的狂欢里高潮(网易严选2023精神年终展)

为生活增温,为烦恼降火(王老吉)

看不见的角落,看得见的满格,网络无死角,分享不间断(中国移动5G网络)

对比能引发联想，也能满足受众天然的对比心理，因而在广告中应用得非常广泛。有学者收集了新浪微博平台上，由粉丝数排名前十的段子手所撰写的、有可识别品牌或产品名称的营销段子，用内容分析法统计出最常用的修辞手法，排名第一的就是对比[①]。例如，段子写手"天才小熊猫"为 Thinkpad 笔记本电脑写了一则主题为"电脑和人脑的区别"的段子。

> 在很多方面，电脑和人脑都有很大的区别，可以说很多人脑不能做的事儿用电脑都可以做，比如电脑可以用来盖泡面，而人脑不能用来盖泡面。在遇到水、火等外部因素时，两者的表现也是极不相同的，比如电脑进水就坏掉了，人脑进水就会去谈恋爱。在外观的选择上，电脑和人脑也有很大的不同，现在有些电脑如 Thinkpad S 已经实现了个性化定制了，用户可以直接在网上 DIY 自己的个性款，而人脑 DIY？美死你！在抗击打击能力上，电脑也有与生俱来的优势，比如用电脑砸人脑，脑袋会疼，而用人脑撞电脑，脑袋还是会疼。在忍耐力上，电脑与人脑也大不相同，比如电脑可以承受220V 的电压，而人脑，不说你也知道吧……

这则段子在传统命题中设置匪夷所思的情境对比，令受众在反常规的对比认知中不断累积矛盾感，最终因与日常情境的背离而呈现荒诞趣味，加强受众对电脑的记忆。

（五）引用

引用是为了提高表达效果，在自己的话语中插入现成话语、典故等。引用的效果很丰富。首先，引用能通过熟悉的事物来吸引用户的注意力，如"何以解忧，唯有杜康"（杜康酒）；其次，引用能利用人们已有的经验来促成对新事物的理解，如"东西南北中，好酒在张弓"（张弓酒），将新产品的市场定位揭示出来；再者，引用古诗词、成语和谚语，能塑造庄重、古雅的品牌形象，如"真金不怕火炼"（金正DVD）。此外，引用分为正引和反引，正引强化语义，反引结合对比修辞，能映衬语义，不管哪一种，引用的后半部分才是强调的主旨。为了诵读上口，引用常和对偶修辞一起使用。例如：

> 向前一步，海阔天空（OPPO Find X7 系列手机）
> 说曹操曹操到，说闲鱼闲钱到账（闲鱼）

---

① 周雨，林琳.段子营销中的幽默手法分析[J].现代广告学术季刊,2014(21):80-88.

旧的不去,新的也来(淘宝)

我有一计,即时设计(即时设计)

真的猛士,也不敢直面桌上震动的手机(厦门大学图书馆公益宣传)

吾与城北徐公都美,你穿也很美(森马服饰)

当前流行的手法是将引用和双关协同使用,这时引用不只是为了用典,更是为了古为今用,借助双关义的多层性,将语意丰富化,从而推出新的广告主题。特斯拉电动汽车品牌在 2024 年元旦临近之际,对传统的成语进行双关处理,并与产品特色结合。

除旧迎新——OTA 让你又提"新车"

无需到店更新软件、不用进店更改硬件,只需轻触屏幕,特斯拉一键"焕"新,让爱车更好开、更好玩、更智能,不断体验"喜提新车"的快感

非凡音响——如同入座新年音乐会

Model S 搭载高级音响系统,功率高达 960 瓦,包括 22 个扬声器和主动降噪功能,带来沉浸式影音效果,声音层次分明,如同入座"音乐现场"

类似的手法亦见于梅赛德斯奔驰品牌的元旦广告,引用"喜"的吉祥语,融入产品特点,创出新意。

喜上眉梢——璀璨星雨数字大灯

皆大欢喜——更大车内空间

喜从天降——全景式滑动天窗

抬头见喜——平视显示

值得注意的是,用典常涉及传统的、专业的文化知识,在化用经典时,文案创意需注意吃透原作,在深刻理解经典的含义基础之上,再来创新,否则就有可能误解经典,如奶茶品牌霸王茶姬在成立六周年之际,推出新品"伯牙绝弦"的文案:"步伐不用同频,干杯就有共鸣。"广告诉求本来准确把握了年轻人奶茶社交的消费场景,试图唤起情感共鸣,但在发布后,网友指出伯牙因"失去朋友才绝弦",不符合"不同频"语意,属于用典不当,文案效果事与愿违。

(六)借代

借代也是在两个事物之间建立起联想的表达方式,当两个事物虽无相似性但存在内在关联时,可借关系事物的名称来代替所说的事物。也就是不直接说

某人或某事物的名称,借和它密切相关的名称去代替。它和比喻的不同在于:比喻的本体和喻体之间一定有相似关系,而借代的本体和代体是相关关系,如用"红领巾"来借代少先队员。

借代的作用,一是能用细节或意象更为具体可感地表达,如"纨绔不饿死,儒冠多误身"(杜甫《奉赠韦左丞丈二十二韵》)一句里,用纨绔、儒冠代富贵子弟和文人学者。这两个词都是人身上的所属物,意象鲜明,比抽象地说人,更令人印象深刻。

二是改变通常的语言搭配方式,能增强生动性、趣味性。比如,台湾地区中兴百货的广告中的"摄氏 22 度,阳明山的杜鹃前山东绸与乔其纱交错。摄氏 25 度,牡蛎色和电光绿笼罩复兴北路",用山东绸、乔其纱的布料,牡蛎色和电光绿的颜色来代服装,读起来更有新意。还有,转转 APP 二手物品流通平台在秋季的苹果手机新品发布会之际推出文案,号召旧手机交易。文案中用苹果指代苹果手机,语言幽默风趣。

> 一到九月
> 漫山遍野的旧苹果就成熟了
> 满地都是苹果,到处都是钱
> 这正是一年一度换手机的好时候
> 你听,轰隆隆的是什么声音
> 啊,是消费被拉动了

其他广告中使用借代的例子还有:

> 可以收留不被爱时的一公斤眼泪,也能收藏被爱时的一大束玫瑰,买一个超能装的,裘真水桶包,给 2023 一个 happy ending(小红书礼物季)
> 不要让两颗心脏,在一个不安的躯体里跳动(毓婷紧急避孕药)

(七)反复

让同一词、句、段不断重复出现,目的是强调语意重点,加强语气和感情,加深对方的印象,营造一种特别的情调。这就是反复,又称重复,如"燕舞,燕舞,一片歌来一片情"(燕舞收录机)、"雪中之豹,雪中之宝,雪中送宝"(雪豹皮革行)、"出色的 iPhone 如今更出色"(iPhone 4s)。

反复的类型很多,有语音重复,如绕口令;有语法重复,如对联"坐,请坐,请上坐;茶,敬茶,敬香茶";还有情境重复,如文学作品中反复出现的场景等。反复在内容上能强调语义、突出情感，在形式上能产生回环的韵律美，是非常实用的修辞。

从广告心理角度而言，反复遵循了"纯暴露理论"，让广告信息持久曝光，在广告中的口号和标题中应用得相当普遍。早期广告文案常见单纯的反复，重复广告语或品牌名称，这尤其适用于电视广播广告，增强记忆度并且制造韵律美，然而当今盛行的反复修辞，具有两个突出的新特色。一是刻意制造反复中的变异，在反复的结尾处出现落差和悬念，从而制造幽默感，这是"预期失望"所带来的笑点，"重复之所以能构成幽默，根本原因在于它在重复的形式中表达或体现了不同"①。例如，微博段子营销写手"小野妹子学吐槽"为统一老坛酸菜面所作的段子。

> ♯正宗看得见♯1998 年马化腾开 qq，让你注册你不注册，现在一个 5 位数的 qq 几万元。2003 年马云说开淘宝不要钱你不开，10 年间淘宝造就了无数亿万富翁，2009 年曹国伟开微博你不开，如今大营销号一年净赚 1500 万。今天，统一做出了正宗的老坛酸菜，你自己斟酌吧！

该段子重复列举了一系列事实和行为的对比，这些对比不断累积，却在文末将叙事逻辑瞬间从大型互联网企业转向不上档次的泡面，巨大落差导致的失衡让重复有了失调的幽默效果。这相当于反复与对比修辞的联用。

当前，反复修辞的另一特色是通过反复传达出递进关系，这时重复的往往是一个词、一句话的部分要素，并配合适度的词句改变，从而让语意推进，传递真正的广告主题。试看以下例子：

> 就算 66 岁，在冰上也能和年轻人一起滑得 666（2024 年度天猫"冰雪节"）
>
> 让罕见被看见（海马体摄影与蔻德罕见病中心联名）
>
> 民间买手，这么会出手，年终好货在快手（快手）
>
> 这次不推荐你需要的宝贝，而是推荐需要你的宝贝（淘宝）
>
> 不是有了一切才准备好家，而是有了家才准备好一切（美团小象超市）

这些文案均在重复中深化语意，相当于进行了反复与递进修辞的联用。

---

① 李小克.幽默学原理[M].北京：首都经济贸易大学出版社,2007：155.

（八）递进

递进，也叫层递，是将语言排成从浅到深、从低到高、从小到大、从轻到重、层层递进的顺序的一种辞格。递进中，常常兼有反复，但和反复不同的是，递进在逻辑上会有层次性：有的是分和总的关系，如"小而美、小而冷、小而省"（新静王冷气），三个特点合并成总优点；有的是对比关系，如"三十岁的人，六十岁的心脏；六十岁的人，三十岁的心脏"（海王银杏叶片）；还有的是深化关系，如"这个月不会来，下个月也不会来了，以后都不会来了"（和信电讯）。

递进的作用主要体现在深化内容和语义，其次通过结合对偶、反复、对比等修辞，在形式上更齐整、匀称，富有韵律美。其他例子还有：

> 一切为用户着想，一切为用户负责。（海信电视）
>
> 天磁杯，天磁杯，你一杯，我一杯，一杯一杯又一杯（天磁杯）
>
> 新飞广告做得好，不如新飞冰箱好（新飞电冰箱）
>
> 什么都有，什么都卖，什么都不奇怪！（雅虎国际奇摩拍卖）
>
> 不过，不过，一定测不过（黑松零度畅饮）

（九）双关

如果说有一种修辞，一经使用，就能带来幽默效果，那就是双关。有意识地使用同一个词语、同一句话，在上下文中同时兼有两层（或两层以上）意思，这种修辞称为双关。"双关，是一种利用语音相同或相近的条件，或是利用词语的多义性，叙说对象在特定语境中的多解性来营构一语有表里双层语义的修辞文本模式。"①双关语总是包含表意和隐意，这使得猜得到的人能获得智力上的成就感，从而带来心理愉悦，这是幽默趣味感的重要来源。这个优势让它在广告中大行其道，是当前十分流行的修辞。有学者从汉语语系的来源角度，指出汉语是意象性语言，文字符号具有象形、会意和形声的特点，具有直觉性和形象性的特征，因此汉语广告语较多地使用双关和仿拟修辞手法，与之对比的是，英语是拼音文字，英语广告多使用押韵修辞。②

在分类上，构成双关的手法很多，有谐音双关、语义双关、语法双关。谐音双

---

① 吴礼权.现代汉语修辞学[M].上海:复旦大学,2006:48.

② 刘婷,李炎.翻译伦理观照下英语广告语的汉译[J].外语学刊,2016(2):94-97.

关指利用同音现象构成双关语,如：

> 开新超开心(iPhone15 发布)
>
> 打"爆"不平(红魔游戏手机)
>
> 周一去喜吧(喜茶)
>
> 一句侬好,一杯浓好(星巴克)
>
> 好运"楂"堆(蜜雪冰城山楂新品)
>
> 工资一千,无法无天,这个茅班上够了(瑞幸酱香拿铁)
>
> 越过龙门,悦过龙年(君乐宝)
>
> 百搭,不搭上生活,就是白搭(伊利)
>
> 真的,会卸(至本卸妆膏)
>
> 2025,爱你爱我(OLAY 玉兰油)
>
> 让感冒,不敢冒(快克药业)
>
> 大食化小,小食化了(江中消食片)
>
> 不用"薪尽",也能自然凉(宜家凉被)
>
> 小寒藏甜,也尝点甜(饿了么)
>
> 福,是休来的(饿了么)
>
> 公司不大,人情世故;公司大了,人情事故(脉脉)
>
> 厚德载"物"(淘宝)
>
> 除了你杯子里的泡腾片,职场里的其他都不值得"来气"(京东健康)

在效果上,谐音双关对记忆度起积极作用,即使受到外界干扰,也能提高受众的回忆和再认反应。不过这一功效在面对低卷入的受众时最为明显。精细加工模型理论(ELM)可以解释此现象,在低卷入的情境下,谐音通过边缘路径来起效。这意味着谐音双关的作用是积极的,但也是有限的,并且依托特定的情境①。由于目前广告信息庞杂,受众大都是多屏联动,很少专注于某一平台或广告,因此在受众普遍卷入度低的情形下,广告创意人应积极应用谐音程度高的广告语,并使用匹配的广告图片来提升图文融合度。

语义双关,利用词语和句子的语言多义现象来构成。

> 按捺不住,就快滚(微软鼠标)
>
> 你来了,我就想开了(凯迪仕智能门锁)

---

① 彭凯,李智.谐音仿拟广告受众记忆效果研究[J].东南传播,2013(3):101-104.

实力收拢,集聚红运(素肌红运聚拢型内衣)

祝你拥有稳稳底气(内外贴身打底衣)

再小的需要也需要(爱慕内衣)

初入职场,你得有一套(利郎服装)

你爱穿思加图? 幂 too(思加图皮靴)

点滴皆见效,早晚会发光(HBN 护肤)

太累的时候,别一个人消化(江中消食片)

让爱无碍(残运会支付宝公益活动)

这么折,这么折,这么折,三折叠,怎么折,都有面(华为 Mate XT)

新的一年要平平淡淡,皮肤要平,皱纹要淡(小红书礼物季)

Celebrating the Year of Shé(维多利亚的秘密)

语法双关,用语法结构的多种可能性构成。有的故意改变词性:名词活用为动词,如"悦自我,越自由"(爱国者平板电视);名词活用为副词,如"开理想,新年理想登场"(理想电动汽车);形容词活用为动词,如"2024 年,更新的世界,属于更新思考的人"(联想 ThinkPad)。有的改变固定语法搭配,如"爱戴一生"(项链)将一个固定词汇拆开成两个词,"原来生活可以更美的"(美的冰箱)将品牌名称拆开作为补语。这一手法尤其受到当前营销活动创意的青睐,因其改变了传统、稳固的意义,又借助了传统表达的熟悉度,体现了智慧和机巧,兼具娱乐性。

在当前开放而多元的时尚环境下,双关不止体现在中文圈里,还可以中英文混用,语音双关或语义双关,巧妙地运用能生发出新创意,还能为品牌形象赋予魅力。比如,语义的中英文双关:

我和你有点 beef,定 KPI 像随便下注,打绩效涨工资,能不能也这么大度?

我和你有点 beef,上号就喷像打了激素,千里送人头,谁赶得上你的速度?

我和你有点 beef,拍马屁你挺有力度,真正干活,咋没见这个技术?

这是盒马鲜生在 2023 年年末发表在线下超市和食品标签上的文案。"beef"一词指牛肉,本来是指该品牌的售卖产品,但其还有争议、诉苦之意,在说唱界专指"结下梁子",整个系列文案均用说唱押韵的方式来表达打工人一年来所忍受的不满,这个创意将产品特色与社会文化紧密结合,相关性强,英文的语义双关功不可没。

再如中英文的谐音双关。"You A.S.O Beautiful"（阿瘦皮鞋）和"Happy NEO Year!"（VIVO IQOO Neo9 系列手机）都将英文发音双关为有意义的中文词汇。类似的例子还有"冬天藏进了苹果，会和每个可爱的人 C hello"（瑞幸苹果 C 美式）。

美国服饰品牌添柏岚为其主打产品大黄靴发布过一则经典广告文案，品牌名称"Timberland"的音译与"踢不烂"形成双关，构建起广告主题。

踢不烂的你

哪有一双穿不坏的鞋啊

不管它看上去有多牢固

就像有个无话不说的人

某一天，突然就无话可说

或者有个人，想跟你一直走下去

后来她有事，先走一步

有个人跟你说了他的梦想

你信了，他醒了

唱哭你一整场青春的歌手

唱不出你新的故事

还他一张票吧，再无亏欠

追随了多年的背影

遮住了风雨，也挡住了风景

给他一个拥抱吧，无需留恋

可能所谓成长

就是有几段路，只能一个人走

走着走着，鞋就穿坏了

穿坏了，换一双新的

哪有穿不坏的鞋

只有踢不烂的你

不过，要特别注意的是，在古典文学批评看来，双关的趣味不够高雅。18 世纪的《文辞分类》将其贬斥为假聪明（false wit），19 世纪以来双关更被视为低级趣味，美国美学家桑塔耶那（George Santayana，1863—1952）认为，双关语天然地有一种低落无趣(vulgar)成分,是惹人生厌的低格调(undertone)①。这恐怕源于解读双关义的难度不高,有耍小聪明之嫌。也正因为其受众的接受度高,广告这一大众文化才会频繁地使用它,假如是严肃的公益广告主题,或者品牌个性与幽默毫不相干,则要慎重选择。

(十)拆词

中央电视台知名纪录片《如果国宝会说话》里有一句解说词:因为刻骨,所以铭心。这是在讲解甲骨文时所说的,一经推出,广受赞誉。其使用的修辞手法正是中国文学传统中源远流长的"拆词"。

拆词,顾名思义,是将固定搭配的词语拆开使用。关于其含义,各类词典列举如下数种:

"为了表达的需要故意改变词或成语内部固定的组合关系。"②

"有时由于表达的需要,可以临时把有些多音词拆开来用。"③

"把一个结构固定的词语拆开来中间插进一些词语,或者颠倒原来词语的次序,把不能独立运用的词素当做词来独立运用。"④

"把多音节的词语临时拆开来用,以增强表达效果"⑤。

拆词的目的是提升表达效果,包括突出特征、加强语义,强化感情、色彩鲜明,生动活泼、幽默风趣,协调音节、整齐和谐⑥。如果应用于广告的语境,拆词能传递广告主题,增强趣味性和幽默感,从而吸引受众注意力,还能增强形式美感和韵律感,提升广告语的传播力。

拆词的手法,大体可分为隔离、倒置和拈用。

隔离是将固定搭配的语素分开。"因为刻骨,所以铭心"采用的正是这一手法。还比如:

不负韶华,岁岁有为(华为)

零点启程,跑向 2024(零跑汽车)

① 桑塔耶那.美感[M].杨向荣,译.北京:人民出版社,2013:185.
② 郑远汉.辞格辨异[M].武汉:湖北教育出版社,1982:129.
③ 倪宝元.修辞[M].杭州:浙江人民出版社,1978:97.
④ 唐松波,黄建霖.汉语修辞格大辞典[M].北京:中国国际广播出版社,1989:463-464.
⑤ 成伟钧,唐仲扬.修辞通鉴[M].北京:中国青年出版社,1991:552.
⑥ 雷颜丽.由"秋高气爽"谈拆词[J].钦州学院学报,2011,26(1):55-58.

光是遇见，就很美好（光遇手游公司）

见好，就收（抖音收藏大赏）

大可托付于我（爱慕抱抱大码内衣）

Nobody is no body（内外内衣）

焕亮眼周，眼光独到（WIS 护肤）

没有牛的奶，法式燕麦奶（Sthubert 燕麦奶）

你的乐，我的事（乐事薯片）

养而有道，生而不息（节目《了不起的中国传承》）

红，且牛。热烈庆祝中华人民共和国成立 47 周年（红牛饮料）

家乡，是一抵达就觉得百事可乐的地方（百事可乐）

致每一个 ID，敬每一个与你相遇的 I Did（一汽大众 ID.7 系汽车）

人因为有感情，所以才有悲欢离合，而车没有感情，所以没有悲欢，只有离合（途虎养车《途虎诗集》）

倒置是故意表达与固定搭配相反的意思。如"退而不休，官而不僚""学什么习"。广告中常见的倒置是颠倒固定搭配的语序，从而生发出新的意涵。

千载不难逢（抖音非遗购物节）

荔小吉，送你小"吉荔"（荔小吉海盐荔枝饮料）

刺柠吉，集刺梨；赐您吉，吉赐您（刺柠吉饮料）

哪有不完美的你，只有美不完的你（美颜相机）

拈用，又称拈连，指甲乙两个事物连在一起叙述时，把本来只适用于甲事物的词语拈来用到乙事物上。比如很多网络段子："闭门在家养多肉，结果把自己养成了多肉。""春节前许愿财源滚滚，目前实现了四分之三——圆滚滚。""大哥你是别号'秋高'吗？我完全被你'气爽'了。"广告文案的例子有：

挂面有圆有扁，他送的礼物只有欠扁（闲鱼 520 特供挂面）

总有一些宝贝，想要一直宝贝（闲鱼）

记忆不只七秒，因为不是金鱼是金龙鱼。2024，祝龙不 lonely。（天猫 2024 年入驻品牌商）

你身上有谁的香水味？原来是六神花露水！2024，祝蚊子经过你时都会六神无主。（天猫 2024 年入驻品牌商）

你好，上海站、重庆站、贵阳站、长春站、昆明站，还有那些可能没几个人听过的，一面坡站、三把火站、六个鸡站。全国的 3285 个铁路站，你们好，我

是 B 站。(bilibili 春节特别企划)

郑重声明。有网友说："狗都不喝江小白。"我们同意，狗确实不能喝酒，猫也是。(江小白)

当代年轻人浑身都"缺点"，不是缺点这个，就是缺点那个。(天猫 2024 年健康年度词)

(十一)仿拟

仿拟(parody)，又称为戏仿、戏拟，指利用原有文本的内容和结构，填充新的内容，制造新意义，或者增加新趣味。仿拟不仅体现在文字上，绘画、音乐等各种形态的仿拟比比皆是。早期的仿拟侧重于"戏仿"的一面，"戏"有戏谑、嘲弄和讽刺的意义，是通过故意的模仿或引用某一作品的风格，进而嘲笑、讽刺原作，类似于"恶搞"做法，如达达主义(Dadaism)画家杜尚(Marcel Duchamp)故意模仿古典画作《蒙娜丽莎的微笑》，却为其安上两撇胡须，以质疑典型的艺术法则和审美标准，这在后现代文化中十分流行。

文学中的仿拟是一种修辞格：一种"仿"某现成的语言形式，"拟"出一个临时性的新"说法"的修辞方法[①]。广告中的仿拟一般没有讽刺意味，而是侧重于借用原作的结构形式，填充新的意义。受众因为熟悉，能迅速理解，不会造成认知障碍，但也因为熟悉，仿体中的任何改变都能制造出新鲜感和刺激感，让其自带一种"天生的幽默感"。比如，"可圈可点"(华为 Mate S)这句口号，虽然引用了成语"可圈可点"，但深层的含义是这款手机既可以触摸，也可以书写。其他的例子还有：

万事开头圆(奥迪 2024 元旦微博互动)

捐出一本书，让大凉山的孩子们♯翻书越岭♯吧(菜鸟驿站联名单向空间)

叫天天不印，CANON 帮你印(佳能复印机)

好的开喜就是成功的一半(开喜乌龙茶)

肝苦谁人知(白兰氏五味子锭)

三餐老是在外，人人叫我老外！(久津波蜜果菜汁)

---

① 徐国珍.二十世纪仿拟辞格研究综述:上[J].湖北师范学院学报:哲学社会科学版，2000(4):28-34.

我要天地重抖擞，天下无路不可走（蕉下轻量户外鞋）

仿拟如何运用得当才能取得积极的效果？语言学领域的研究可提供启发。"语义一致原则"（the semantic coherence principle）和"对应原则"（the correspondence principle）是好的仿拟应遵循的规律[①]。这是认知语言学从发挥语言意义功能的角度所提出的理论[②]。以"诚心诚意"及对其仿拟的果汁广告语"橙心橙意"为例：所谓语义一致，指仿拟的仿体中的"橙"和本体中的"诚"在意义上，都是修饰心和意，且都容易理解；所谓对应原则，指仿体和本体中词汇的结构和角色相对应，"橙"和"诚"都作为定语修饰心意，"诚心诚意"的对称名词短语结构，依然在"橙心橙意"中得以保留。

类似的例子还有"有备无患"及对其进行仿拟的广告语"有杯无患"（某保健杯口号）。当本体的"备"被替换为仿体的"杯"时，该短语的语义理解逻辑依然是一样的，即拥有某物从而没有风险。在结构上，"备"和"杯"都作为名词，承担宾语的职责。

为什么仿拟的仿体与本体需保持一定的同构关系？关联理论提出了解释。研究语言交际效果的语用学研究认为，人们在言语交流互动时，"听懂"的原理是说话人所传达的新信息与听话人认知语境中的原有信息（旧信息）通过三种方式的相互作用：一是新信息与旧信息的结合产生出语境含义，二是新信息加强旧信息，三是新信息排除旧信息。无论是以上哪一种，新旧信息之间的关联程度，即最佳关联原则（the principle of optimal relevance），决定了交际是否有效。如果说话者能创造一种最佳关联预期，听话者就能从交流双方互相理解的认知环境中推导出说话者的意图，寻找话语与语境之间的最佳关联，继而产生最大的交际效果[③]。

因此，仿拟中的本体作为旧信息，与仿体这一新信息的关联性越强，则越符合最佳关联原则，从而受众才能顺畅地理解仿作的意义。有学者统计了389对汉语广告成语仿拟，发现单语素和双语素仿拟成语共384对，占总数的98.7%，

[①] 杨勇飞."读者意识"操控下广告语仿拟的负偏离及对策研究[J].湖南商学院学报，2013，20（6）：96-101.

[②] Goldberg A E.Constructions：A Construction Grammar Approach to Argument Structure [M].Chicago：The University of Chicago Press，1995.

[③] 谢华.广告语的认知语境与最佳关联[J].湖南科技大学学报：社会科学版，2016，19（3）：113-119.

而多语素仿拟成语仅 5 对,占总数的 1.3%,其中四字语素全仿的例子有且仅有 1 对[①]。这就说明替换 1~2 字的仿拟最为普遍,此时仿体和本体的关联性依然强大,使用仿拟时文案对原作的改变不能过多。

二、形式上的修辞

广告文案中,形式上的修辞有两种:对偶、顶针/回环。

(一)对偶

对偶,又称对仗,是用语法结构基本相同或者近似、音节数目完全相等的一对句子,来表达一个相对立或者相对称的意思。对偶的两句话,字数对等,结构对应,富有形式美,有的还兼顾韵律,自古以来就是诗词文赋最常用的修辞。这一传统被完整地延续下来,成为白话文依然沿用的修辞。开篇案例的广告语中,应用最多的修辞之一是对偶。

对偶的直接功能是形式美,根据其上下两句话的意义关系,可以分为正对、反对和串对。正对是上下两联运用对称的即类似的事物,相互补充,相互映衬。

慈母心,豆腐心(中华豆腐)

福气多多,满意多多(福满多方便面)

红旗迎华诞,盛世铸强国(一汽红旗)

反对是上下两联运用相反的即相对的事物,形成强烈对比,这时兼用了对比的修辞。一般后一句是真正的主旨,第一句是为了衬托。

只溶在口,不溶在手(M&M 巧克力)

不在乎天长地久,只在乎曾经拥有(铁达时表)

串对是上下两联之间有顺承关系,又叫"流水对",上下联不能颠倒次序,语义中有层递关系,如"春种一粒粟,秋收万颗子"(李绅《悯农(其一)》)。

戴雷达,闯天下(雷达表)

播下幸福的种子,托起明天的太阳(种子酒)

---

① 沈志和.汉语仿拟成语的"突显—压制"阐释:一项基于封闭语料的研究[J].柳州师专学报,2011(3):35-41.

秋日万两金,稻香饮宝藏(奈雪地暖宝藏茶)

在对偶基础上,再有一种由三句或以上句子形成的对等表达,是为排比。它在古典文学中比比皆是。广告的标题和口号为追求短小精悍,即使用排比,也是呈短语排列,如"小而美、小而冷、小而省"(新静王冷气),"更薄、更轻、更快"(Sony Xperia Z3＋)。正文写作中使用排比,往往气势增强、风格统一、重复或者递进说理,具有突出的优势。

中国人的传统表达习惯钟爱对偶,郭绍虞指出"中国文辞之对偶与匀整,为中国语言文字所特有的技巧"[①]。不少学者将其背后的原因归结为中国特有的思维方式和精神取向,认为这是一种"圜道观"。圜道是指周而复始、循环往复之道,它坚持循环论,理解宇宙万物遵循着永恒的循环运动。天道的这一规律指导人道,因此著述文辞就需用对偶。文论家刘勰正是如此说明美文的特征:"造化赋形,支体必双;神理为用,事不孤立。夫心生文辞,运裁百虑,高下相须,自然成对。"(《文心雕龙·丽辞篇》)

西方学者也认为中国诗性的语言表现为一种平衡与和谐的特征,钟爱对偶、对仗等并列形式,看待事物不是非此即彼的二分法[②]。

然而,对偶的修辞效果并不纯是正面的。陈寅恪批评对偶的滥用会造成语意中断、逻辑不畅、束缚自由表达等弊端,他认为中国文学的特异之点是追求"骈词俪语与音韵平仄之配合",但是"对偶之文,往往隔为两截,中间思想脉络不能贯通。若为长篇,或非长篇,而一篇之中事理复杂者,其缺点最易显著,骈文之不及散文,最大原因即在于是。吾国昔日善属文者,常思用古文之法,作骈俪之文。但此种理想能具体实现者,端系乎其人之思想灵活,不为对偶韵律所束缚"[③]。就广告而言,对偶确实会带来一定的语意重复,而且需配合平仄押韵,力求音调谐畅,这就使得文案失之简练,语言风格过于古雅,某些具有年轻、活泼个性的品牌就不适合使用。

(二)顶针/回环

顶针是用前一句的结尾来做后一句的起头,使邻接的句子头尾蝉联而有上

---

① 郭绍虞.照隅室语言文字论集[C].上海:上海古籍出版社,1985:103.

② 卜松山.译不可译之文:研究中国文化的方法[C]//高建平,王柯平.美学与文化·东方与西方.合肥:安徽教育出版社,2006:106.

③ 陈寅恪.论《再生缘》:下[M]//朱东润.中华文史论丛:第八辑.上海:上海古籍出版社,1978:313.

递下接趣味的一种措辞法。这种修辞在古典文学中常见，以此铺陈的诗歌常被称为"回文"，对联创作也多用。广告的例子有"车到山前必有路，有路必有丰田车"（丰田汽车）。

回环则比顶针更进一步，不仅重复前一句的结尾部分作为后一句的开头部分，又回过来用前一句开头部分作为后一句结尾部分，如"万家乐，乐万家"（万家乐电器）、"多喝水没事，没事多喝水"（味丹多喝水）。

顶针和回环相比通常的对偶修辞来说，形式上的要求更高，特别是回环用之使得句子结构匀称、富有节奏美。这种独特的表达方式，如果和产品定位、品牌个性结合巧妙，会产生极佳的效果，让人过目难忘。例如：

> 出去玩，玩出趣（去哪儿旅行）
>
> 咩都包邮，包咩都有（2024 淘宝双十一）
>
> 走进自然，自然会玩（Columbia 户外运动）
>
> 治愈生活的你，也会被生活治愈（霸王茶姬）
>
> 生存，不靠口罩，靠罩口，敬畏生命，拒食野生，别让一食之快，演变一世之殇（北京市疾病预防控制中心与北京市健康教育所联名）
>
> 我们都是有点东西的人，有点懒，就有云米让我偷懒，有点偷懒，就有 Moody 的小心机，有点小心机，就踩着 7or9 飘起来，有点飘，就有永璞让我清醒，有点清醒，就有弥鹿的想象力，有点想象力，就和外星人来电，有点来电，就有 INTO YOU 般着迷，有点着迷，就会遇到一个 HXXXXS 的大问题，有点大问题，就用奶糖派让它没问题。我们有点不完美，但也有点新东西，天猫宝藏新品牌，生活有点新东西。（天猫 2021 宝藏新品牌）

如果将顶针/回环应用于视频类广告，朗朗上口的节奏感更容易让人体会到该修辞的语言效果。奥迪汽车品牌用中国特有的"成语接龙"游戏来连缀其代言人乒乓国手马龙与其新品车，该广告发布在 2023 年中秋节的微博平台上。

> 车水马龙，龙在发球，球技精湛，战斗力果然是六边形，行程挺满，满电出发，发个朋友圈，全是五仁，人海战术，熟能生巧，瞧！这就是 Tron GT，体力旺盛，声声如诗，势如游龙，龙在开车，车水马龙，龙贺佳节赏明月，月满中秋人团圆。

第三节　影响广告文案传播力的语音因素

　　广告文案，尤其是口号和标题，追求朗朗上口、反复吟咏的传播效果。中国古代诗词，是"读出来的艺术"，非常注意形式美。可见，现代广告与之追求的目标一致，因此，去吸收、借鉴古汉语中有关韵律、节奏的理论知识，将其应用到广告文案创作中，将对我们的创作大有裨益。

　　除了修辞可以增强形式美，还有数个语音因素会影响传播效果。

一、音节

　　音节是用听觉可以区分清楚的语音基本单位，表现为汉字的拼音。汉语中一个汉字的读音即为一个音节。单音节词在古代汉语中占优势，这为古代文学赋予了凝练、简洁的风格。"这种极端的单音节性造就了极为凝练的风格，在口语中很难模仿，因为那要冒不被理解的危险，但它却造就了中国文学的美。……无论是在诗歌还是在散文中，这种词语的凝练造就了最微妙的语音价值，且意味无穷。如同那些一丝不苟的诗人，中国的散文作家对每一个音节也都谨慎小心。"①

　　现代汉语中双音节词占大多数。有研究统计了 1949—2018 年《人民日报》上出现的 350 个名牌名称②，发现超过 2/3（256 个）的品牌为双音节，如三枪、红豆、海尔、小米等；三音节次之，有 69 个，如全聚德、完达山、波司登、七匹狼、五粮液等。在另一项针对十大品类 1304 个国内品牌的研究中③，超过 93 ％的电视机、自行车、鞋类和火柴的品牌名都是双音节，在其余 6 类产品中，双音节的比例也都超过 73 ％。三音节的品名同样也为消费者所接受，双音节和三音节的品名

---

　　①　林语堂.中国人[M].北京:学林出版社,1994:222-223.
　　②　刘庆华.中国知名品牌的品牌命名分析:以《人民日报》(1949—2018)中的"名牌"为对象[J].新闻战线,2019(10):55-57.
　　③　陈洁光,黄月圆,严登峰.中国的品牌命名:十类中国产品品牌名称的语言学分析[J].南开管理评论,2003(2):47-54.

合在一起占据了样本的 99%。可见中国品牌倾向于使用双音节名称，这可能是因为现代汉语本身就具有"双音化"倾向，很多单词由两个音节构成，容易上口，有利于品牌的传播，而且跟中国人喜欢寓意吉祥的"双数"有关。

此外，四字格数量多。语言学家吕叔湘曾总结道："四音节好像一直都是汉语使用者非常爱好的语音段落。"①在某些领域，比如城市形象广告语尤其青睐四音节的对偶句式。河南省下辖的 18 个市，其城市形象广告语几乎全为前后四个音节，共八个音节。②

五音节和七音节，即五言和七言是最熟悉的音节排列。对称音节如两个四音节、三音节排列也易传播。在词语排比上，多把音节少的放在前面，把音节多的放在后面。这些都是古人已经总结出来的规律。用这个规律去检验台湾地区的广告金句(见 step 4 开篇案例)和跨国企业在中国发布的品牌口号(见 step 6 开篇案例)，就会发现传统汉语的表达方式依然深深地影响着现在。

五音节的广告口号有：

> 海尔中国造(海尔电器)
>
> 味道好极了(雀巢咖啡)
>
> 上海桑塔纳，汽车新潮流(桑塔纳轿车)
>
> 聚科技群星，创电子先河(星河音响)

七音节的广告口号有：

> 我的眼里只有你(娃哈哈纯净水)
>
> 酸酸甜甜就是我(蒙牛)
>
> 我的地盘听我的(动感地带)

三音节和四音节的广告口号有：

> 万家乐，乐万家(万家乐电器)
>
> 好空调，格力造(格力空调)
>
> 羊羊羊，发羊财(恒源祥)
>
> 金光灿烂，光彩永恒(雷达表)

---

① 吕叔湘.现代汉语单双音节问题初探[M]//胡裕树.现代汉语参考资料.上海:上海教育出版社,1981:310.

② 马惠玲.城市形象广告语及其文化传播特征:以"四+四"式语言结构模式为例[J].河南大学学报:社会科学版,2019,59(6):134-139.

滴滴香浓,意犹未尽(麦斯威尔咖啡)

文案撰稿人在筹划时,应该有意识地用受众已经十分熟悉和喜爱的音节来表达。

二、节拍

节拍是由一定数量的音节构成的音律单位,一个音节是一个节拍,双音节词是两个节拍。调配节拍,是营造节奏美的一种方法。古汉语对于节拍的推敲十分考究,而广告语等现代修辞不要求严格的节拍,以流畅自然为好。最常见的几种节拍搭配方式有:

2//2,如"明星风采,纯纯关怀"(美加净);

2//2//1,如"海尔中国造"(海尔电器);

2//2//2,如"知识改变命运"(公益广告);

2//2//2//1,如"车到山前必有路"(丰田汽车)。

三、韵脚

押韵是有规则地交替使用韵母相同或相近的音节,利用相同或相近的声音,有规则地回环往复,增加语言的节奏美和音乐美,使作品和谐统一。

汉语音节分为声母和韵母。在每一句或隔一句的末尾使用韵腹相同或韵腹、韵尾相同的音节,这种音节叫韵脚。例如,下面这些广告语末尾的韵脚都是相同的:

西铁城领导钟表潮流(liú),石英技术誉满全球(qiú)

精美耐用(yòng),全球推崇(chōng)(西铁城手表)

荣声(shēng),容声(shēng),质量的保证(zhèng)(容声冰箱)

进一步说,古汉语中有关韵脚的几种措辞方式值得广告借鉴。

(一)叠音

叠音是重叠词语音节的重复。例如:

苦苦的追求,甜甜的享受(伊利雪糕)

高高兴兴上班去,平平安安回家来(公益广告)

大宝,天天见(大宝)

叠音是中国传统诗词的常用修辞,具有增加表现力、韵律感和节奏感的作用[①]。叠音广泛地应用于人名,尤其是女性名字。对 25578 个人名进行分析后发现,大约有 3% 的人使用叠音姓名,其中女性使用叠音姓名的比例远高于男性[②]。叠音应用于许多品牌名称上,如"娃哈哈""趣多多""香飘飘""货拉拉""淘点点""QQ 星""拼多多"。有学者统计了 2600 个品牌名称,发现 13.62% 的品牌名称使用叠音,而且童装品牌使用得最多[③]。大部分人都认为叠音带给人的感觉是柔和、亲切的。

近年来的研究则证实了人们的这种感觉经验。有学者通过实验法确认了与叠音品牌名相比,叠音品牌名称会让消费者觉得该品牌更像婴儿,进而感觉该品牌更加温暖,但是劣势则是让人觉得该品牌的能力与竞争力更低[④]。之所以会有这样的反应,是因为"婴儿图示"(baby schema)在起作用。人们对具有婴儿特征的刺激会形成一种特殊的心理表征,某种程度上这是一种刻板印象。像婴儿的面孔和声音容易被人注意和喜爱,而且也会激活与婴儿相关的感知,如真诚、友好和热情,但是缺乏竞争力和胜任力。

此外,研究发现产品的类型会影响消费者的偏好。对于享乐型产品,消费者更喜欢叠音品牌名称,但对于实用型产品,消费者反而偏爱非叠音品牌名称。因此,文案创作者想传递温暖的基调时,可选用叠音的手法,在服务享乐型产品时也可考虑。然而对于实用产品,以及品牌个性偏严肃冷静的品牌来说,不用叠音是明智的。

最新的研究则把叠音和婴儿的联想意义推进到危机公关领域。如果某企业面临犯错违规的情境,叠音品牌会减少人们对企业的谴责、愤怒与厌恶等情绪,因为叠音让人联想到年龄小和心智能力低,激发人们对婴儿及弱者的保护欲,容

---

① 舒志武.杜诗叠音对仗的艺术效果[J].武汉大学学报:人文科学版,2007,60(3):329-334.

② 周有斌.叠音人名的考察与分析[J].语言文字应用,2012(4):48-55.

③ 殷志平.中外企业汉语品牌命名的现状与趋势:语言学视角分析[J].营销科学学报,2011,7(2):132-147.

④ 魏华,汪涛,周宗奎,等.叠音品牌名称对消费者知觉和偏好的影响[J].心理学报,2016,48(11):1479-1488.

易获取原谅。如果品牌是某危机事件中的道德受害者时，叠音会增加消费者对受害品牌的同情、怜悯与遗憾。同样的效果还出现在以"小"字作为名称元素的品牌上。[①]

（二）双声

双声是指两个音节的声母相同的联绵词。所谓联绵词，针对单义词而言，为两个音节连缀成义而不能拆开来讲的词，如"妥帖""长城"，拆开讲两个字不能独立成义，而像"道路"一词，"道"和"路"两个字意义各自成立而且相同。

妥帖保护，伸缩自如（邦迪创可贴）

精美耐用，全球推崇（西铁城手表）

国酒茅台，相伴辉煌（茅台酒）

（三）叠韵

叠韵是两个音节的韵母或主要元音和韵尾相同的联绵词。

金光灿烂，光彩永恒（雷达表）

滴滴香浓，意犹未尽（麦斯威尔咖啡）

为人服务，为大众计时（铁达时表）

双声词和叠韵词，读起来口腔有共鸣，都富有韵律美。

（四）宽韵和窄韵

汉字中，用相同韵脚的字，有的多，有的少。那些字多的韵脚称为宽韵，它们包括 ang 韵、eng 韵、an 韵、en 韵、a 韵、ao 韵。而有的韵脚，使用它的字数较少，如 ou 韵、ei 韵、u 韵，这些韵被称为窄韵。古人作诗词时，尽量多用宽韵，因为可用的字多，选择余地大，而少用窄韵。这个道理放到广告文案创作，依然适用。

---

① 叶巍岭，徐苏，周欣悦.不同道德情境下叠音品牌名称对消费者道德反应的影响：心智知觉理论的视角[J].心理学报，2024，56(5)：650-669.

（五）韵的响亮度

押韵还要考虑到响亮度。响亮度是由发音时口腔、鼻腔共鸣大小决定的。一般来说，说话时口腔张得大的音波振动幅度大，声音也就清晰响亮明朗。如韵母 a 或者以韵母 a 为韵腹的字，嘴开得最大（也即舌位最低），音色最响。而说话时如果口腔张得最小（也即舌位最高），音波振动幅度最小，声音就不够清晰响亮，如韵母是 i、u 的字。广告口号或标题要使人印象深刻，在声音方面力求简洁洪亮，故须找响亮度大的字，读起来可起到响彻云霄、高昂铿锵之效。

汉语中有十八韵辙，对于学习文案写作的人，我们将其简化，归纳出如下这些响亮的韵：

ang、iang、uang（唐韵），ong、iong（东韵），eng、ing、ueng（庚韵），an、ian、uan、üan（寒韵），en、in、uen（un）、ün（痕韵），a、ia、ua（麻韵），ao、iao（豪韵），ai、uai（开韵），o、uo（波韵），e（歌韵），ou、iou（iu）（候韵）。

韵的响亮度还会受到声调的影响。普通话的四声中，第一声和第二声，即阴平和阳平是高声调，三声和四声，即上声和去声是低声调。有学者分析了 350 个中国名牌的名称，发现双音节品牌名称中，两个音节均为高音调的占比一半有余，如华为、白猫、中华、杉杉、燕京、维维等。而在全部名称中，第二个音节是高声调的品牌占总数的 69.7%[①]。这就说明尾音采用高声调的第一声和第二声时，发音较容易，读起来顺口、响亮。

【小　结】

修辞是为提高语言表达效果而做的努力，广告文案善用修辞，能准确传达主题、体现品牌个性、展示品牌形象，增强说服效果，让文案朗朗上口，便于流传。因此，文案撰稿人应怀有推敲词句的认真态度，自觉应用修辞手法。作为大众文化的广告，最常用的修辞手法有比喻、比拟、夸张、对比、引用、借代、反复、递进、双关、拆词、仿拟、对偶、排比、顶针。为了让文案富有韵律美，还需注意词句的音节、节拍、韵脚等对传播效果的影响。

---

① 刘庆华.中国知名品牌的品牌命名分析：以《人民日报》(1949—2018)中的"名牌"为对象[J].新闻战线，2019(10)：55-57.

【关键术语】

修辞、比喻、比拟、夸张、对比、引用、借代、反复、递进、双关、拆词、仿拟、对偶、排比、顶针/回环、音节、节拍、双声、叠韵、宽韵、窄韵、韵的响亮度

【思考题】

1.下列广告口号和标题是"大广赛"参赛品牌杜蕾斯历年来的文案类金银奖获奖作品,请你归纳这些优秀文案主要使用了哪些修辞手法,并思考修辞策略与产品品类的关系。

爱的公式,一套就好

我不在的时候,请对他说不

用零点几毫米,赴爱情万里

爱不说漏

读懂爱,不如"杜"懂爱

火锅配凉茶,我配你

戒不掉的感觉

紧贴就是体贴,刚好就是最好

紧要时刻,时刻要紧

有一种薄,只有你我知道

为爱,努力降低存在感

我感觉到他的存在,我感觉不到它的存在

套,戴不戴不一样。杜蕾斯 AiR 空气套,戴不戴,都一样

感受不到你的存在,但可以感受到爱

世间所有距离都有意义,比如我们之间的零点零一

戴它很薄,待你不薄

两个人的事,绝不能有第三者,还好我只是空气

今晚的事,你不知,她不知,只有我知

薄情话

薄到若有若无,才好套套近乎

2.双关是广告业界青睐的修辞手法。试使用双关的三种手法(谐音双关、语义双关和语法双关)修改一则广告标题。

3.拆词是广告业界青睐的修辞手法。试使用拆词的三种手法(隔离、倒置和

拈连)修改一则广告标题。

【延伸阅读】

1.陈望道.修辞学发凡[M].上海:复旦大学出版社,2014.

2.王希杰.汉语修辞学[M].北京:商务印书馆,2013.

3.莱考夫,约翰逊.我们赖以生存的隐喻[M].何文忠,译.杭州:浙江大学出版社,2015.

4.周雨,林琳.段子营销中的幽默手法分析[J].现代广告学术季刊,2014(21):80-88.

Step 6
你是我的眼：
广告标题
和口号写作

学习指南

 认识广告标题和口号的概念、功能，厘清两者的关系。

 使用标题的评价标准去评析文案的优劣。

 深刻理解本土文化对广告标题创作的影响，并从实际案例体会。

 使用口号的评价标准去评析国外口号的中译文。

 从英文口号的译文中体会本土文化对文案创作的影响。

【开篇案例】

外国品牌的中译文广告口号

Good to the Last Drop 滴滴香浓，意犹未尽（麦斯威尔咖啡）

Good Food，Good Life 优质食品，美好生活（雀巢咖啡）

This Bud's For You 百威，敬真我（百威）

For a Fresher World 一个新鲜的世界（喜力啤酒）

Follow the Sunset 随科罗娜走进日落惬意（科罗娜啤酒）

Real Magic 畅爽带劲，尽享此刻（可口可乐）

Thirsty for More 渴望就可能（百事可乐）

Live Young 活出年轻（依云）

I'm Lovin' it 我就喜欢（麦当劳）

Finger Lickin' Good 吮指的美味（肯德基）

You Got This 喜欢不为什么（阿迪达斯）

Just Do It 只管去做（耐克）

Life Wear 服适人生(优衣库)

Born in the Mountains，Lives in the City 生于山中，活在都市(Moncler)

Our Responsible Journey 我们的责任旅程(新秀丽箱包)

Make Home Happen 家因你而生(IKEA 宜家家居)

Maybe She's Born with It.Maybe It's Maybelline.也许她天生如此，也许是美宝莲(美宝莲)

Touching Lives，Improving Life 亲近生活，美化生活(宝洁)

Make Life Beautiful 生活如此美好(兰蔻)

Because You're Worth It 你值得拥有(巴黎欧莱雅)

Beauty Innovations for a Better World 美力创新让世界更好(资生堂)

Building a World of Beauty Powered by Art and Heritage 开创艺术先锋，传承无界之美(雪花秀)

Elegance is an Attitude 优雅态度,真我个性(浪琴表)

Inspired by Architecture 灵感源于建筑(美度表)

Innovation by Tradition 创新,源于传统(天梭表)

A Diamond is Forever 钻石恒久远,一颗永流传(戴比尔斯)

Sheer Driving Pleasure 纯粹驾驶乐趣(宝马)

Innovation through Technology 突破科技,启迪未来(奥迪)

Open Your Mind 把思路和格局一起打开(Smart 汽车)

Rock the Road Ahead 敢梦 敢征(一汽大众)

There is No Substitute 无可替代(保时捷)

The Power of Dreams 梦想的力量(本田)

Let's Go Places 让我们去一些地方(丰田)

Experience Amazing 领未见,探非凡(雷克萨斯)

Above & Beyond 心至无疆(路虎)

Go Further 进无止境(福特)

Innovation and You 创新为你(飞利浦)

Ingenuity for Life 智造无线生活(西门子)

Live Your Best 活出最好的自己(松下)

Delighting You Always 感动常在(佳能)

Be Moved 打动你的心(索尼)

Life's Good 美好心生活(LG)

Opening a New Era of Mobile AI 开启移动 AI 新时代（三星 Galaxy S24）

Do the Right Thing 做正确的事（谷歌）

Think Different 非同凡响（苹果）

New Camera. New Design. Newphoria. 新主摄，新设计，开新超开心（iPhone15）

Intel Inside 英特尔在内（英特尔）

Changing the World through Digital Experiences 通过数字体验改变世界（Adobe）

Fly Better 飞悦卓越（阿联酋航空）

Keep Climbing 不断超越（美国达美航空）

标题和口号都是简明的短语或短句，它们在文案创作中处在基础性的地位。标题是一则广告的主旨，大卫·奥格威说："读广告标题的人比读广告正文的人多四倍。"往往核心的广告诉求和创意，就是通过一句标题表现出来。口号则是长时间内反复被使用传诵的主题句，它是品牌识别的重要元素，通常一个品牌能让人们牢牢记住的原因就是它有一句耳熟能详的广告语。因此，文案撰稿人在这两个部分的创作中，尤其要多注心力。

第一节　广告标题和口号的异同

标题和口号在形式上比较相似，字数不多，简洁明了，都注意使用修辞增强传播效果。但两者的功能及定位有差别，这决定了它们的一系列差异。

一、广告标题和口号的关系

综合众多学者的论述，表 6-1 总结出了广告标题和广告口号的关系。

表 6-1　广告口号和广告标题的异同

比较要素	广告口号	广告标题
定位	为品牌服务	为广告服务
内容	品牌理念和企业形象的高度概括	广告信息的中心思想
传播目标	长时期传播品牌的知名度和美誉度	短时期传播广告诉求
目标群体	除了面向目标消费者,兼顾社会公众	面向目标消费者
使用范围	适用于任何媒介、任何形式的广告及营销活动	只在一则具体广告中使用,广告内容变化,标题随之变化
出现位置	多和品牌识别要素,如品牌名称、标志一起出现	广告的醒目位置,如平面广告的版心,视听广告的开头或结尾
形态	注重修辞,务求好听、好读、好记、好传	总体追求简练,但视广告创意和广告内容具体情况而定

二、广告口号是文字商标

从本质上而言,口号是品牌识别的组成部分,又被称为文字商标,因此从《商标法》《反不正当竞争法》等法律视角开展的研究可以给予文案创作者启发。

商标具有传达商品来源和商品质量的重要功能,有学者指出,口号作为一种商业标识,应该受到多种途径的法律保护。其中,最直接和最强有力的保护是通过对该口号进行商标注册,从而获得排他性的商标专用权。但是并非所有的口号都天然地具有商业标识功能,《商标法》对于商业标识的保护在于确保符号的联想价值和印象价值。因此,广告口号作为一种符号,其是否具备显著性就成为商标保护的要件,这也是文案创作者追求的方向。为了增强广告口号的显著度,创作要从视觉、声音、含义三个方面仔细斟酌[①]。广告语的词汇如果独特、独有,则识别性更强,显著性更强,更容易获得保护,广告效果也更好,这比一般描述性或暗示性词汇好。比如,农夫山泉的"大自然的搬运工"口号,不仅定位准确,而且在视觉、听觉和记忆上都具有识别度。其竞争者为了规避比较广告限制,在广告文案"不是所有大自然的水都是好水,我们搬运的不是地表水,是 3000 万年长白山原始森林深层火山矿泉"中,引用该广告语来指代对手,正是看重该广告语

---

① 杜颖.广告语的商业标识功能及其法律保护[J].法学,2018(2):59-72.

等同于"驰名商标"的作用。

在法律实践中，广告口号和商标的密切关联程度是口号能否被保护的重要考量因素，这从侧面强调了口号与标识、品牌名称共同承担着识别功能。

以"怕上火喝王老吉"这句知名广告语为例，该口号原为加多宝公司推出，后来加多宝公司因为品牌租借争议而与出借方王老吉公司产生法律纠纷，经过多轮诉讼，王老吉品牌最后被判定归属于王老吉公司，加多宝公司败诉。在"广东加多宝饮料食品有限公司与何燕、广州王老吉大健康产业有限公司不正当竞争纠纷案"中，重庆市高级人民法院认为，"怕上火喝"四字在产生之初本来不具备识别性和显著性，尽管"怕上火喝王老吉"的广告语经过加多宝公司多年的持续、频繁和大范围的使用，具有了极大的知名度，使得该广告语具有识别性和显著性，但这是因为广告语中包含了"王老吉"商标，消费者通过王老吉的商标建立起广告语与特定商品的联系。因此，法院认定"怕上火喝"四个字并未因为"怕上火喝王老吉"广告语的整体使用而产生识别性和显著性，广告语的整体也不具有独立于"王老吉"商标的标识利益，因而加多宝公司不能申请对该广告语的保护①。

而在基于同一事实、原告与被告角色互换的另一起案件中，广州市中级人民法院却认为"怕上火喝"获得了商业标识意义，但该广告语的合法利益应该属于广州王老吉公司。法院认定"怕上火"是个常见词，在南方由于水质、地缘等因素，上火现象更是常见。该广告语在产生之初虽无显著性和识别性，但经过被告加多宝公司多年的宣传使用，已具有区别于其他同类商品的能力，并且能够与其所经营的凉茶产品建立起稳定联系，属于《反不正当竞争法》的保护范畴。可是由于涉案广告语的直接受益人是"王老吉"品牌所有人，该广告语所树立的或传递的"预防上火"的产品形象，同时也是王老吉品牌形象的组成部分，因此广告语的合法权益也应该由品牌所有人享有②。两起案件的审判结果均为加多宝败诉，不过判定的依据却不一样。

涉及广告口号商标保护的案件带给文案创作者的启示：广告口号需要品牌名称来强化联系，这既能持续提高品牌的知名度，也能强化对品牌的保护。因

---

① 参见《重庆市高级人民法院民事判决书》(2014)渝高法民终字第 00068 号。

② 参见广州王老吉大健康产业有限公司与广东加多宝饮料食品有限公司、广东乐润百货有限公司不正当竞争纠纷案，《广州市中级人民法院民事判决书》(2013)穗中法知民初字第 619 号。

此,不少企业会把品牌名嵌入口号中,或者并置,或者拆解,让口号"名牌化",这是明智之举。例如:

我有一计,即时设计(即时设计)

可想即可画(可画设计)

百年润发在手,一握青丝如绸(100 年润发洗护)

光是遇见,就很美好(光遇手游)

三、广告口号的五种类型

我国的商品广告于 20 世纪 80 年代开始兴盛,许多企业的品牌建设意识逐渐树立起来,但早期口号的打造并不完全围绕品牌。综合起来,国内的广告口号,在内容上,包括五种类型。

一是描述产品或品牌在市场中的定位,即自身与竞争者相比,在整个市场中的地位。例如:

索尼(1985 年):SONY 这是你第一次见到的名字吗?

郑州亚细亚商城(1989 年):中原之行哪里去? 郑州亚细亚。

江西五十铃汽车(1990 年):要开一流车,江西五十铃。

双汇火腿肠(1994 年):省优、部优、葛优。

海尔电器(1998 年):海尔,中国造。

波导手机(2000 年):波导手机,手机中的战斗机。

二是突出产品的核心利益和带给消费者的实惠,或者能解决的问题。例如:

邦迪创可贴(1990 年):妥帖保护,伸缩自如。

娃哈哈(1991 年):喝了娃哈哈,吃饭就是香。

金嗓子喉宝(1997 年):保护嗓子,请用金嗓子喉宝。

龙牡壮骨冲剂(1997 年):补钙新概念,吸收是关键。

农夫山泉(1998 年):农夫山泉有点甜。

泻痢停(1999 年):泻痢停,泻痢停,痢疾拉肚一吃就停。

三是针对产品的目标消费者,划定自身的受众。例如:

威力洗衣机(1984 年):献给母亲的爱。

乐百氏儿童奶(1994 年):今天,你喝了没有?

太太口服液(1995 年)：做女人真好。

丽珠得乐(1996 年)：其实，男人更需要关怀。

阿尔卡特手机(1998 年)：男人应该有自己的声音。

四是渲染产品或品牌的最高价值，表明拥有产品是达到高质量生活的必经之路。例如：

南方黑芝麻糊(1991 年)：一股浓香，一缕温暖。

人头马酒(1991 年)：人头马一开，好事自然来。

南方摩托(1992 年)：有多少南方摩托，就有多少动人故事。

孔府宴酒(1994 年)：喝孔府宴酒，做天下文章。

桑塔纳轿车(1995 年)：拥有桑塔纳，走遍天下都不怕。

维维豆奶(1996 年)：维维豆奶，欢乐开怀。

汇源果汁(1997 年)：喝汇源果汁，走健康之路。

五是描述较为抽象的企业理念、企业文化或愿景。例如：

海尔(1994 年)：海尔，真诚到永远。

诺基亚(1996 年)：科技以人为本。

菲利浦(1996 年)：让我们做得更好。

严格说来，这五种类型中，只有最后两种更符合广告口号创作的原则，它针对较为长期、稳定的品牌形象，主题包容性强。针对产品利益点的口号，虽然能起到类似 USP 策略的作用，但随着竞争者崛起或自身的更新换代、产品延伸，单一的产品特色就无法包容品牌的全部内涵。而针对市场定位的口号，一时的优势非常明显，能起到定位策略的作用，缺陷则是定位有时代性，随着品牌自身的更新，有些定位就变成了成见。针对目标消费者的定位，也有类似的问题。从广告语的更迭来看，20 世纪 90 年代后的口号越来越偏向品牌形象。开篇案例中的国外知名品牌广告语，绝大多数都属于这一种类型。

品牌的口号一经确定不会轻易改变，广告语的更换，一般是跟随品牌识别的再设计和品牌形象的再塑造，或者当重大的营销战略发生改变时才随之调整，如可口可乐 2016 年新推出的全球口号是"taste the feeling"，中文口号为"这感觉，够爽"，它替换了已经使用七年的"开启快乐(open happiness)"口号。这一战略将营销重点从分享情感调整为关注口味口感，是一次重大的广告战役，其力度相当于品牌识别的重塑。整个战役贯穿全年，在全球范围内展开，有四家国际广告公司参与创意制作,并产生了数十支覆盖平面、视频、户外、互动营销、终端促销等各媒介的广告内容。其主要的电视广告《颂歌篇》被翻译成多种文字版本。可见,广告口号的提炼创作,往往牵动全身,最终确定需要高层拍板。

第二节　广告标题的创作原则

"标题在大部分的广告中,都是最重要的元素,能够决定读者到底会不会看这则广告。一般来说,读标题的人比读内文的人多出 4 倍。换句话说,你所写标题的价值将占整个广告预算的 80%。"[①]广告标题是一则广告的核心,它的好坏直接决定了广告诉求是否表达到位。

一、广告标题的功能

广告标题有四种主要功能,决定了它在广告中的核心地位。

第一是吸引读者的注意。注意之所以重要,因为它是广告效果检验的第一个环节,如果在海量信息轰炸中,消费者连看都不看广告,何谈效果?广告中的经典"爱达公式"(AIDA:attention,interest,desire,action)将注意力(attention)放在第一位,确立广告起作用,是从认知逐渐向态度和行为转化。

注意分为目标驱动的注意(有意注意)和刺激捕抓的注意(无意注意),前者针对的消费者已经有明确的购买需求,后者针对的消费者会受到不寻常的信息吸引,两者都是为了引起消费者注意。广告信息的设计应遵循如下几个原则:

一是与目标消费者利益相关,这针对的是有需要的人群;二是信息容易感知、容易理解;三是表现方式新颖,有创新性,这不是独为图像设计而设,也是广告标题创作的指导。

试看以下几个广告标题:

鉴于您无法选择您的邻座

我们采用了独立通道设计(大韩航空公司)

---

① 奥格威.一个广告人的自白[M].林桦,译.北京:中国物价出版社,2003:121.

开镰啦，柏各庄 2 万亩有机水稻等你来收割（河北肖墨农业科技有限公司）

健忘 睡不好 压力大 容颜差 操心多
安神补脑液（吉林敖东安神补脑液）

标题的第二个功能是从读者群中挑选目标消费者，只对目标人群说话。这样做的好处是辨别出真正对本广告感兴趣的人，并且能迅速吸引这部分人群的注意和兴趣。常用的做法有：

（1）直接描述出本产品的使用者或购买者。

章子怡的选择（OMEGA 欧米茄手表）

（2）用目标消费者的语气说话。

为何要成为"别人眼中的"我？
新 GS X 山本耀司 ｜ 不羁。（雷克萨斯新 GS）

（3）点出品牌名称。

科勒，让你爱上厨房（科勒厨房用品）

大卫·奥格威提倡，至少应该告诉这些浏览者，广告宣传的是什么品牌。的确，将广告主的品牌放进标题，能显著地吸引认识品牌、感兴趣的目标消费者，当然它也排除了那些与己无关的人。

标题的第三个功能是诱导读者对正文发生兴趣，让他们愿意继续看和听。标题虽然能表达主旨，但受限于字数，往往言之不尽。正文有更详细的信息，要真正说服、打动受众，促成广告效果的最后一环实现，可以用标题引导受众看完全部正文信息，使他们在广告上停留的时间尽可能长。常用的方法有：（1）在标题里制造悬念，吸引消费者往下读；（2）广告标题和正文第一句内容呼应，甚至形式呼应，让读者自然浏览下去。

一个全国人民都该知道的秘密
九阳铁釜做饭就是香（九阳电饭锅）

标题的第四个功能是可以刺激消费者做出行动。大多数广告的目的均作用于受众的心理态度层面，有的消费者看完广告，就能产生购买冲动，但这种情形较少。如果能在标题里提供有吸引力的刺激信息，往往能提供临门一脚，促成消费者出手。这类信息通常是额外的优惠，"大奖随你拿""买手机送随身 MP3"；

有限制的实惠，"最后三天，非买不可""只此一家供货"等。

二、广告标题的评价标准：KISS 和 4U

广告业界和学界，对于什么是好标题，众说纷纭。最简单又最耐人寻味的标准是"KISS"原则，意即"keep it simple and sweet"。"simple"的含义较好理解，有三层含义。

一是标题应在形式上简洁，字数不宜过多。有研究针对国内的 2676 条广告语统计其字数，共计 28653 个汉字，广告标题的平均长度为 10.7 个字[①]。二是标题应在内容上简练，语义流畅，便于理解。三是标题在逻辑上单纯，主旨单一、明确。

值得揣摩的是"sweet"一词，它兼顾内容和形式上的要求。在内容上，标题应体贴人情，洞察消费者的心理，从而投其所好。在形式上，标题应注重措辞，讲求说服的技巧。试看如下两则广告的标题，它们虽然分别投放在中国和美国地区，但都深谙文化心理，使用言尽而意无穷的语言细腻地传达出受众的微妙心理，用对话口吻描绘出丰富生动的想象画面[②]。你能否猜出两则广告是在对谁说话？

图 6-1 的广告标题：为她准备一对世界杯专用耳塞。

图 6-2 的广告标题：Honey，would you and your friends like more beer and sandwiches while you watch the game?

另有学者提出了标题的"4U"标准[③]。这"4U"分别是：

急迫感（urgent）：给予读者一个立即行动的理由。

独特性（unique）：描述新颖之处或者用新颖的方式来描述旧事物。

明确具体（ultra-specific）：提供的信息实在可感，不模糊、不抽象。

实际益处（useful）：从消费者角度提供切实的利益。

这一标准特别强调标题的内容要言之有物、实在可感。

---

① 刘佳.多模态视角下的广告语言研究[D].济南：山东大学，2013.

② 戴比尔斯是世界知名钻石品牌集团，DTC 是其下属的钻石市场推广机构，这两则广告虽然品牌方不完全一致，但采用了相似的广告主题和基调。

③ 布莱.广告文案创作完全手册[M].刘怡女，袁婧，译.北京：中信出版社，2013：27-28.

图 6-1　DTC 广告

图 6-2　De Beers 广告

三、典型广告标题的创作原则

标题的类型很多,但日常创作中使用最多的类型是新闻式标题、利益式标题、情感式标题、命令式标题和疑问式标题。

(一)新闻式标题

新闻式标题,是围绕产品新事实而作的,较为正式、直接的标题。内容上,这类标题多应用于信息型广告,诉求旨在表述产品或服务的新颖之处,如新产品的推出、旧产品的改进或新用途、产品以前未被提出的特点、新的数据等。新闻式标题的内容面向有相关需求的潜在消费者,能显著地增强受众的注意和兴趣。表达上,这类标题沿用了新闻报道的风格,多使用第三人称,不求辞藻华丽,尽量使用客观冷静的语气。

新闻式标题是被广告界十分推崇的一种。大卫·奥格威说:"具有新闻性的标题会比没有新闻性的标题多出 22% 的人记住它。"他还建议:"始终注意在标题中加进新的信息,因为消费者总是在寻找新产品或老产品的新用法,或者老产品的新改进。"

何时采用新闻式标题? 首先,这主要看针对产品服务的调查是否获得了较之以往更有说服力的信息,它对内容上的突破要求较高。其次,新闻都具有时效性,如果标题中呈现的数据或论据过了时效,那么标题也要随之尽快调整。

许多广告人都推荐在标题中使用具体直观的数字,能迅速获得关注度,而且数字信息明确,有说服力,这种手法的确在日常广告中常见。

4G 两周年感恩大回馈(中国移动 4G)

传承百年积蕴 珍藏金奖茅台
纪念巴拿马金奖一百年 百年金奖传奇茅台酒(贵州茅台酒)

恭贺五粮液国宾酒异军突起、销量过亿!
五粮液国宾酒 大促迎新年(五粮液)

桶装水联盟打造空气水质双重"净"界

一次性购买 50 箱科迪天然深泉水,赠价值 2999 元空气净化器一台(桶装水联盟)

好货 1 分钱
天猫超市 请客北京人民(天猫超市)

315 种绽放 厨房不止一样(志邦橱柜)

130 年!让驾驶成为历史(梅赛德斯-奔驰)

88 年安全传奇 再领智能互联新风潮
88 周年倾城钜献 688000 元起(沃尔沃)

—60 度严寒,孕育无比坚毅(帝舵 North Flag 腕表)

使用数字时,如果形成递进或对比关系,则更能让人印象深刻,并在结尾处鲜明地揭示主题。

床褥无尘螨 健康每一天
1 分钟 8000 次振动(LG 床褥除螨大师小家电)

人间三万秒,你的每一秒,都值得被记住 1000 年(小米 14 徕卡镜头)

丽江一天 穿越丝路千年(印象铁路丽江历史文化宣传)

蝴蝶的寿命只有几天,红杉树可以活几千年,地球已经有 45 亿年的历史,人只有一生。超越空间,留住时间(CCTV 世界地理数字电视频道)

(二)利益式标题

利益式标题,也被认为是新闻式标题的一种,不同的是,这类标题的内容不追求信息的更新,而侧重于信息满足消费者需要的程度,将产品或服务所能带给消费者的利益实惠突出表达。在语气上,这类标题也和新闻报道相似。

标题中的利益,一种是一般利益,是广告品牌所在的产品品类都具有的利益,但该广告特意强调,这时的广告主一般是行业里的翘楚,虽然它提出的利益并不是其独有,但由于其有定位上的先占优势,又凭借长期的持久广告攻势,所以被市场广泛接受,比如"怕上火就喝王老吉""喝了娃哈哈,吃饭就是香"。另一种则是独特利益,是广告品牌相比于竞争者而言所具有的独到利益,假如这个利益是其独一无二的,或者别的品牌虽然具备,但只有该品牌第一次于广告中提出,那么它就是 USP 策略的执行。

和新闻式标题类似,使用利益式标题的广告都是理性诉求,都强调内容上的特色。如果产品服务信息确有过人之处,这两类标题的说服效果会较好。在语言表述上,两种标题都"不能太可爱、太抖机灵"①。

(三)情感式标题

情感式标题,是针对消费者的心理沟通,期望引发情感共鸣的标题。它多应用感性诉求,从字里行间能明显看出品牌的沟通基调和品牌个性。内容上,情感式标题面向消费者的心理需求,带来情感、精神上的满足;形式上,多应用第一人称、第二人称的对话体,直接向目标消费者说话;语言表达相应地较为讲究,要考虑对象的接受度。

帮我们拯救它的微笑(WWF)

你的美好 我们来帮你(博世电器)

让您笑得更加自信(瑞尔齿科)

世界,万物生息共融
我们,以公益之心 向善加力(力度国际文化传媒集团)

何时使用情感式标题? 从理论上说,任何品牌都可以既使用情感式标题,也可以使用利益式、新闻式标题。因为人的左右脑是理性思维和感性思维并重,消费者对任何一个品牌的感受也是理性和感性体验兼备。所以根据每次广告目的的不同,可酌情选择哪一种标题。

---

① 阿伦斯,维戈尔德.当代广告学与整合营销传播:第 16 版[M].林升栋,顾明毅,黄玉波,等译.北京:中国人民大学出版社,2023:392.

从实际操作来说，使用情感式标题较多的情形主要有如下几种：

感性低卷入和高卷入商品，两个类型都主要为消费者提供心理满足，但一个金额较低，消费者决策时间较短，如香烟、饮料、化妆品、香水等，一个则是决策过程较长，如高级时装、定制商品等。这时广告主要诉求情感满足，故多使用情感式标题。

个性鲜明、富有情感的品牌在消费者心目中的形象较为稳定、鲜明，消费者对其态度十分明确。该品牌的广告基调能让人一眼看出其态度，所以多采用情感式标题与之配合。

与日常生活相距较远的行业，品牌为塑造企业形象所做的广告，多采用情感式标题，企业形象广告旨在表现和谐的社会关系。一些品牌个性较为严肃的行业，如石油化工、生产资料型企业在产品广告中可能采用利益式标题，但在品牌形象广告中会选择情感式标题。

同质性高的商品，短时期内无法实现较大程度更新换代的品牌，往往采用情感式标题和感性诉求来做提醒性广告。很多日常快消品如饮料、糖果、快餐食品等，它们彼此的差异不大，无法找到突出的利益或新事实来诉求，故采用情感诉求以便和竞争者相区分，也为了维护消费者的好感，选择情感式标题。

（四）命令式标题

命令式标题，是广告主使用命令式的语气来督促消费者行动的标题。从命令语气的强硬程度，可以分为公开和隐晦两种，隐晦的命令通常用的是祈使句。

从言语交际的目的而言，陈述语气和疑问语气所传递出的亲和力更强一些。已有研究证明如果单独使用祈使语气来与消费者沟通，效果并不好[①]。这是因为人们的交际需要遵守礼貌规范，陈述和疑问语气的礼貌用语更容易使请求得到响应。但是进一步的研究发现，祈使语气如果结合特定的情境来用，则会增强效果。影响的因素包括用户的感知重要性、产品类型及用户对品牌的熟悉程度。

在感知重要性方面，如果受众感知到某一主题与自己利益休戚相关，则祈使语气的说服力更强。比如受众对环保议题的重要性越认可，就越会接受采用祈使语气的环保广告语。

在产品类型方面，用户从享乐型产品中获得精神和体验方面的愉悦，祈使语气的广告语容易被消费者接受。这是因为人们在选购享乐型产品时所激发的欢

---

① Kellerman K，Shea C B.Threats，Suggestions，Hints and Promises：Gaining Compliance Efficiently and Politely[J].Communication Quarterly，1996，44(1)：145-165.

乐情绪,会降低消费者享受此类产品所带来的负罪感,从而降低消费者的言语交流门槛,使之对强势的祈使语气不那么排斥。而功能型产品更适合非祈使语气广告语。就用户对品牌的熟悉程度而言,知名品牌,无论它是功能型还是享乐型产品,用祈使句的效果都较好,但新上市品牌不能一概而论,新上市品牌的功能型产品用非祈使句效果好,享乐型产品用祈使句效果好[①]。

由此,文案创作者想要使用祈使语气,应该通过语言表述增强目标受众对广告主题的重要性感知,还应综合考虑产品类型与品牌的生命周期。

命令式标题显示了鲜明的品牌个性,传递出品牌想表达的情感,而且直接作用于消费者的行为,号召、督促、鼓动消费者立即采取行动。这类标题的好处就是情感色彩浓厚,能让人直接体会到品牌的热诚态度,富有感染力。在内容上,该标题诉诸行动,如果广告目的正在于此,使用它促销效果较好。

别笑 海量就是爽(前程无忧招聘)

驾校招生 拿照啦
冬季送温暖! 惊喜大放送(龙泉驾校)

与较为强硬的命令相比,祈使句的逼迫情绪减少,增加了提议、督促的成分,在表达上更为委婉,其结尾多用语气词"吧"。假如广告目的是促成具有亲和力的关系,或者广告主的品牌个性并非强硬,则可考虑选用祈使句标题。

(五)疑问式标题

疑问式标题,是使用疑问句型、制造悬念的标题。这类标题根据对设问的期待,可以分为设问式和反问式。

疑问式标题的优点:表达和消费者直接、面对面沟通的态度,容易唤起情感共鸣;通过设问,吸引消费者的注意力,让其产生"对我说话"的认同;通过提出问题,吸引消费者阅读正文,疑问句的答案,通常在副标题或正文里才能得到详细的解释。

看得出我只睡了2小时吗? 肌肤睡得饱 鲜活饱满有光泽 自然堂休眠霜(自然堂休眠霜)

---

① 车瑜.祈使语气广告语对购买意愿的影响机制研究[J].消费经济,2015,31(2):69-72,78.

装得累,怪我咯? 万科链家装饰 让装修更简单(万科链家装饰)

何处才能落足? 低碳生活为地球降温(为地球降温公益广告)

画幅太小? 太拥挤? 三星 Z FOLD5 大视野折叠屏,打开大场面(三星 Galaxy Z Fold5)

订了吗? 哪儿订的? 能订到吗? 能更早上手的 iPhone 14,就在京东(京东手机)

你的衣服绷不住了? 环湖绿道是 XXL 码,身材自然是 S 码(碧桂园凤凰城地产)

在使用疑问句时,应特别注意答案的取向,即消费者的回答是否会自动回归到设问者的思路上。反问句没有这个顾虑,因为其答案是不证自明,而设问句的答案,有时会有两极。比如一则微软正版软件的广告(图 6-3):"值得冒险吗? 不要让非授权许可软件损害您的业务。"第一句设问的答案,可能是值得,也可能是不值得。创作者用一句命令式标题将答案引向预设的方向,即不值得。这是十分有用的技巧,用于处理设问中可能遇到的模棱两可答案。

图 6-3　微软正版软件广告

第三节 本土文化特色对广告标题创作的影响

语言文字,是一国特有,语言文字表达,深深地受到一国文化的影响。在广告文案创作中,中西方在表达方面的差异,和消费者心理、市场环境、传播策略等内容的差异一样至关重要。目前国外的广告学、营销学理论都可以移植到国内进行应用,唯独广告文案创作的书籍,无论是案例,还是写作技巧,一经翻译过来,要么失去其原文中的特色,要么不适合本土环境的语法文法。文案撰稿人立足自身文化传统和习惯性表达方式,去体会和掌握本土环境中广告标题的创作规律,这是十分必要的。

中国传统文化具有鲜明的特征。物我合一的自然观、注重人际和谐的社会观、尊崇古典的历史观,以及高语境的表达观,这几点对语言文字表述产生强烈的影响,而且自古以来沿袭下来的写作风格也影响到今人的表达。

一、主标题和副标题虚实相间

不少国外的广告大师和文案著作都推崇好的标题应该具有这几个特点:明确具体的卖点、直接点出主题、简洁明了的表述。以下是代表性的论述:

最好的标题要么针对人们的个人利益,要么传递新闻。言之有物的长标题比空洞无物的短标题更有吸引力。

直截了当。直白的文字比隐晦的文字有利得多。不要将最大的利益点放在最后,而应该从利益点开始,这样你才有机会抓住读者。[1]

你的标题必须以电报式文体讲清你要讲的东西,文字要简洁、直截了当,不要和读者捉迷藏。

避免使用有字无实的瞎标题,就是那种读者不读后面的正文就不明其意的标题,而大多数人在遇到这种标题时是不会去读后面的正文的。[2]

假如你得在巧妙隐晦和简单直接之间作选择,我会建议你选择简单

---

[1] 博顿.广告文案写作[M].程坪,丁俊杰,等译.北京:世界知识出版社,2006:18.

[2] 奥格威.一个广告人的自白[M].林桦,译.北京:中国物价出版社,2003:123.

直接。

你应该让文案保持简洁,避免赘字或冗句、被动式的写法、没必要的形容词,或其他占用版面,却无法让文案更清晰明白的习作习惯。[①]

强调具体、直接和简练的沟通,这符合西方长期以来的表达习惯,从文化价值角度来说,这代表了低语境(low context)文化的显著特色。低语境相对高语境(high context)而言,特指沟通理解依靠上下文的语境来实现的程度。低语境文化是逻辑的和行动的,通常以清楚直接且口语化的方式来传递讯息;高语境文化则是直觉的和沉思的,常用较多暗示性、非口语化的讯息进行沟通。高语境传播依赖各种信息载体,如肢体语言、图画、符号和比喻;低语境则依靠较单一的载体,即使应用几种符号,却并不追求语义间的互相映衬或联想。大多数亚洲国家都是高语境文化,日本和中国最为典型;大多数西方文化都是低语境的,例如德国、瑞士和美国。[②]

相应地,低语境文化中的广告偏爱几种手法:直接提及竞争产品、使用比较诉求、诉求消费者对产品的实用和功能性需求、使用数字或图表。而高语境广告强调情感和情绪,使用比喻或美化的表达,将产品和生活方式联系,诉求产品非实体的、主观的、感情上的印象[③]。

这样的倾向就使得高语境广告表现出虚实相间的审美特色。虚实相间是中国哲学、美学观的核心价值之一。"以虚带实,以实带虚,虚中有实,实中有虚,虚实结合,这是中国美学思想中的核心问题。艺术的虚实生发于绘画领域,实是画出的线条、形状,虚是画面中的空白,但它不是无,空白既是形象的一种,如天空和水,又能引发无穷的联想,所以'虚实相生,无画处皆成妙境'(笪重光《画筌》)。"[④]

广告文案根植于传统表述方式。虚和实的关系,以标题为例(但不局限于标题),可理解成如下几种:

————————————

①　布莱.广告文案创作完全手册[M].刘怡女,袁婧,译.北京:中信出版社,2013:32.

②　Hall E T,Hall M R.Understanding Cultural Differences[M].Intercultural Press,1990:6-10.

③　Bongjin C,Up K,James W G,etc.Cultural Values Reflected in Theme and Execution:a Comparative Study of U.S. and Korean Television Commercials[J].Journal of Advertising,1999,28(4):59-73.

④　宗白华.中国美学史中重要问题的初步探索[M]//宗白华.美学散步.上海:上海人民出版社,1981:39.

（1）标题中的实是具体细节的描绘，虚是抽象的议论感慨。

（2）标题中的实是广告中的景物形象，虚是心理和想象中的形象。

（3）标题中的实是客观有形的事物，虚是主观的心理活动。

　　新美式旗舰 凯迪拉克CT6

　　风范，让世界勇敢向前（凯迪拉克CT6系列）

　　这句标题中的实是"凯迪拉克""新美式"等产品品牌信息，虚是"风范"的抽象形容。主标题是写实句，副标题是虚化句，虚实搭配，且以主标题为重。比如：

　　兰蔻菁纯"玫瑰愈颜霜"

　　玫瑰凝萃 只为您的柔美华韵（兰蔻玫瑰愈颜霜）

　　但是另有一种设计却是主标题为虚，副标题才为实。本来主标题是广告的第一句，最吸引注意力，应该将核心卖点直接点出，但实际上主标题用虚，专门起渲染、描摹、烘托作用，副标题用实，点题、明确主旨，两者互相呼应，受众需要将主副标题结合起来理解，才能完整体会意义。此时排在前面的主标题，承担的是引题的功能。如西门子燃气灶的广告：

　　精妙尺度，标注时尚

　　西门子S系列燃气灶

　　从正文可知，这款燃气灶的卖点是符合人体工程学的尺寸设计。副标题呈现了最有吸引力的元素——品牌和产品名称，但却用较小的字体放在副标题位置；而主标题的内容较为抽象，更注重修辞的美感，如果将主标题和正文联系起来阅读，才能明白尺寸这一关键概念，在主标题中用"尺度""标注"得以呼应。

　　在实践中，主标题虚化、副标题写实的搭配非常普遍，而且往往将品牌名称放在字号更小、地位更次的副标题上[①]。例如：

　　灵感之光

　　新一代梅赛德斯-奔驰CLS运动轿车 夺目问市（奔驰CLS运动轿车）

　　精雕细琢 专注只为完美

―――――――――――

　　① 2018年10月，主流杂志（《人民日报》《南方周末》《新京报》《南方都市报》《21世纪经济报道》《新周刊》《三联生活周刊》《VISTA看天下》《智族GQ》《VOGUE服饰与美容》）上共计135则广告，经过分析，主标题虚、副标题实的搭配居多，这种现象是本土表达特有的体现。

1.6T 车型，特享 50％购置税优惠政策（东风悦达起亚 K5 系列）

领·创如你
As Advanced As You Are
全新一代迈腾 创新驾临（一汽大众迈腾）

不止领先
新一代东风标致 408 问鼎而至（东风标致 408）

出彩，就现在
西门子 iQ500 系列洗衣机（西门子 iQ500 系列洗衣机）

新年从未如此温暖
SAW＋智慧新能源运营商（四季沐歌太阳能）

二、慎用催促、逼迫语气

低语境文化的相关文化价值主张行动力，沟通时倾向于直接迅速。这在文案创作中体现为重视硬推销的诉求。"如果你的广告文案直截了当地要求消费者购买，明列价格与购买地点，并出现'立刻'这种字眼，那么这种广告就是强迫推销型广告，它应该是最优先被选择的广告方式。"[1]

命令和祈使式标题用途广泛，喜爱用动词，因为动词显示了主体行动者的核心位置，又能产生鲜明的运动感。"命令式标题的第一个字应该是明确的动词，要求读者做出行动。"[2]"几乎所有文案权威都会告诉你，一般说来，最好在标题中用一个动词。还有一些人宣称，每一条标题都必须有动词，或至少要有一个带动词意味的词。"[3]

然而中国文化被认为倾向于保守被动，高语境传统喜欢用许多边缘线索来共同达成交流，这就使得本土的语言表达更为委婉含蓄。国内的广告使用硬推

---

① 布莱.广告文案创作完全手册[M].刘怡女，袁婧，译.北京：中信出版社，2013：5.
② 布莱.广告文案创作完全手册[M].刘怡女，袁婧，译.北京：中信出版社，2013：22.
③ 博顿.广告文案写作[M].程坪，丁俊杰，等译.北京：世界知识出版社，2006：85.

销、比较广告等手法较少,说服消费者的语气较有亲和力,期望受众能自然领会并接受劝服。这和中国人注重人际关系和谐的传统也有关,即尽量避免因直接、唐突的建议而导致对方心里不快。

试看这则促销广告:

格力玫瑰 为爱臻造

白眉倾城 执子不悔

新婚空调 限量专供(格力玫瑰新婚空调)

促销广告通常行动力最强,语气最急迫,号召消费者立刻采取行动。然而这则广告仍然采用白描的手法,以第三人称叙事,语言构造精巧,形式优美,"限量专供"的关键信息却隐藏其中,毫不突出。

在上述统计的 135 则广告里,仅看到一则命令式的标题。大多数都是叙述句的白描,用富有美感和情感的语言描述出产品或品牌给人的心理愉悦。即使有针对消费者的直接诉求,也以推荐、建议的口吻提出。

给他讲人生经验,不如陪他亲身经历

一样的拥有,不一样的选择(招商银行白金信用卡)

每一个中国女人 都应该有一件属于自己的旗袍(李加林织锦艺术旗袍)

花开的时候我们去旅行吧!(凯撒旅游)

长长的清单里,却没有妈妈的物品,这个母亲节,给她送个礼物吧!(中国银联 pos 机)

三、传递沟通的情感

中西方文化最基本的差异之一在于个人主义和集体主义。一般认为,个人主义指自我的取向,强调自足和自我控制,追求与集体目标可能不一致的个人目标,与群体其他成员对抗,这会获得人们的尊重。相反,集体主义强调个人利益服从集体目标,强调分享、合作和全体和谐,关注集体利益。中国文化是典型的集体主义,它依托血缘的亲亲相爱,希望每个社会成员从爱自己家人的情感,自然地推己及人,再去谋求和其他人的和谐关系。所以集体主义文化偏爱亲和、分享、合作的基调①。

有国外学者做过统计，在一本杂志上的 106 条广告中，86 条用直白式的文案，直接进行产品卖点的推销②。标题类型偏爱新闻式和利益式，这是使用频率最高的两种，它直接导致文案的基调偏重冷静、客观、平实，最忌言辞花哨和绕道而行，"赋予标题一副评论文章的面孔而不是广告的面孔"③。相应地，推出产品的新事实和罗列数字，这两种技巧也被推崇备至。

但在集体主义文化的熏陶下，如果两个人对话时，只谈事实、摆数据、讲道理，这是不太可能发生的。国人历来注重情理结合，以情传理，晓之以理，动之以情，这既是为了让说服更有效果，也致力于维护人际的和谐关系，即所谓"伸手不打笑脸人"。广告中的标题通过运用各种描绘人的感性心理的形容词、副词等，来体现品牌个性，这样的情形比比皆是。即使是传统的化工企业也不例外，例如巴斯夫化工企业的这则标题：

> 我们创造化学新作用，让珍稀耕地爱上好胃口

不过大部分标题传递的情感不是那种热烈的、充沛的感情，如疑问句、祈使句、命令句常体现的，而是温润、和善的态度，试图以富有情感色彩的词汇感染受众，引发共鸣。

四、意象烘托，托物传情

除了虚实结合、情理结合，中国艺术和文学传统中还有一个特色：物我合一、情景合一、托物传情。

追求天人合一的中国文化，从不认为自然和人无关，而是和谐共生，天道即为人道，因此自然中的一草一物，都寄托了人的情思，而不是纯粹的自然物，所谓"物色之动，心亦摇焉"（刘勰《文心雕龙·物色》）。反之，人的情感，可以不必说出，只要描绘自然景象，就能代人传情，所谓"感时花溅泪，恨别鸟惊心"（杜甫《春望》）。因此，古人将景与情融合起来，"不以虚为虚，而以实为虚，化景物为情思"

---

① Yong Z，Neelankavil J P. The Influence of Culture on Advertising Effectiveness in China and the USA：a Cross-cultural Study［J］.European Journal of Marketing，1997，31（2）：134.

② 博顿.广告文案写作［M］.程坪，丁俊杰，等译.北京：世界知识出版社，2006：97.

③ 博顿.广告文案写作［M］.程坪，丁俊杰，等译.北京：世界知识出版社，2006：89.

（范晞文《对床夜语》），虚实相间的美感也被营造出来。

在这一传统下，每一种自然形象都不再是它本身，而充满了符号象征意义，是为"意象"，人们可以全凭意象而领会到隐藏的情感。例如，元代戏曲家马致远的《天净沙·秋思》："枯藤老树昏鸦，小桥流水人家，古道西风瘦马。夕阳西下，断肠人在天涯。"前三句全是写景，却能自然地让人生发出最后一句"断肠人"的感叹。

强调直陈其事、直抒胸臆的广告，其文案通常使用以下几个技巧：语法上，采用基本句式动宾结构，"简单句从主语入手。然后这个简单句有了一个动词，然后这个简单句有了一个宾语。这个简单句以一个句号结束"①。词汇上，偏爱动词，不推荐过多地应用名词、形容词。因为动词反映了人的行为，而名词及修饰名词的形容词，都代表了静态的物，"使用生动的语言，多使用动词和副词"②。

相反，善用意象传情的文化，偏爱名词、形容词的搭配，因其能传递出动态的情感心理。比如，"Elegant is an attitude"（浪琴手表）这句口号是主谓宾结构，而其译文是"优雅态度，真我个性"，全变为名词短语。广告中的例子还有：

歌诗达，邮轮中的意大利（歌诗达邮轮）

百强家具 品质真的很德国（百强家居）

爵士人生
Live once. Live life.
华为 Ascend Mate 7（华为 Ascend Mate 7 手机）

剑胆琴心
TCL 950 内涵商务手机（TCL 950 手机）

五、重视修辞和形式美

自古以来，语言就受到政治家、哲学家和艺术家的重视。"立言""立德""立

---

① 博顿.广告文案写作[M].程坪，丁俊杰，等译.北京：世界知识出版社，2006：96.
② 阿伦斯，维戈尔德.当代广告学与整合营销传播：第 16 版[M].林升栋，顾明毅，黄玉波，等译.北京：中国人民大学出版社，2023：394.

功"同列为人生的"三不朽"。《周易》说："君子以言有物而行有恒。"《道德经》说："信言不美，美言不信。"所以，注重语言文字的修饰、调整，以更好地实现沟通，这成为文学创作的传统，也突出地反映到现代广告中。纵观大陆历年的流行广告语和台湾地区广告金句，几乎每个标题都使用一种甚至数种修辞手法，除了让语意更有效果，也大大增强了形式上的美感。视觉上的美感体现为句式齐整、匀称，听觉上的美感则是押韵、协调。

本书提出本土的标题注重修辞和形式美，并非指责西方广告的标题创作不重修辞，而是指出两者使用的技巧不同。英文的广告标题创作，比较强调用口语表达，如使用短句、简单的词汇，不使用专业术语[①]。它的好处是便于受众理解、记忆，传递亲和的品牌态度。反之，"要噱头、卖弄文句或夸张吹捧，都不是构成出色标题的要件""避免使用不相干的文字游戏、双关语、噱头或其他文案把戏"。[②]

而高语境文化的表达，比较倾向用非口语化的方式，更追求词句的推敲，修辞的重点在于美化辞章。尤其中国字以形声字居多，人们可以听音辨意，见形猜意，听觉上的协调才能让句子口口相传，因此韵律美、节奏美变得尤为重要。这一点在广告标题也有体现。

原村手工老土布广告的标题是"土布土不"（图6-4），虽然仅有四个字，却使用了谐音、重复、对比、对仗、递进、设问等多种修辞，具有极强的形式美，曾获中国广告长城奖的文案类金奖。

以日常杂志和报纸广告中的标题为例，大部分都有意识地应用修辞，从节拍、韵脚等推敲词句，理性商品和感性商品都是如此。

戴梦得彩色晶石K金饰品系列
明秀映舜华 缤纷晶彩宜绚然（戴梦得彩色晶石K金饰品）（引用）

在梦蝶庄，与蓝天聊天，抱白云做梦（大理梦蝶庄酒店）（拟人、对偶）

智在，自在！
奥迪Q7智能7座空间概念，一键让空间大有可为（奥迪Q7）（双关、对偶）

---

① 布莱.广告文案创作完全手册[M].刘怡女，袁婧，译.北京：中信出版社，2013：39-41.
② 布莱.广告文案创作完全手册[M].刘怡女，袁婧，译.北京：中信出版社，2013：30-32.

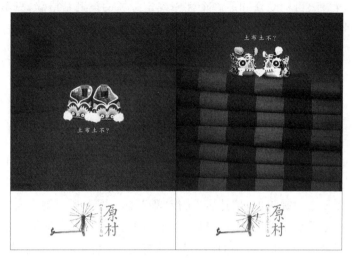

图6-4 原村手工老土布广告

四万英尺高空 邂逅动人滋味
阿联酋航空商务舱(阿联酋航空商务舱)(对偶)

畅想传输 安心存储
能者攀 至所达 三星移动固态硬盘 T3(三星移动固态硬盘 T3)(对偶)

"本"该如此 开启时尚新商务(华为 MateBook)(双关)

瞬息万变的办公场所
唯一不变的专业态度(惠普商务笔记本)(对比、对偶)

保湿润 征三体(高夫)(引用、对偶)

举杯邀明月,长乐醉金秋(长乐烧酒)(对偶、引用)

天涯寻觅,酒香比邻(亚卡纳葡萄酒)(对偶、仿拟)

　　上述五个本土广告文案创作的特色,不能作为适用于所有广告的绝对标准,它与国外广告文案创作的指导原则并没有明显的矛盾。归根结底,文案撰稿人应依据广告目标、目标受众和品牌个性来确定标题的类型及措辞，只不过不能一味地对国外的原则奉行"拿来主义"，要适应本土受众的接受心理和表达习惯。

第四节　广告口号的翻译

随着全球市场的形成，越来越多的品牌走向国际，许多跨国公司的品牌名称和口号在进入中国市场后，都需匹配合适的译文。广告语的翻译，从大原则而言，仍遵循严复先生提出的"信达雅"。但"雅"这一原则，不是追求文学艺术式的典雅，而是根据品牌个性的定位来锤炼语言的吸引力。比如雀巢咖啡的经典广告语"味道好极了"和可口可乐的新口号"这感觉，够爽"，辞藻并非华美，表达并非古雅，但与其自身的品牌个性和广告风格十分吻合。

另有学者提出"翻译即适应与选择"的理论，认为翻译要从三个维度进行考量：语言维、交际维和文化维。这也是易于操作的检验标准。[①]

语言维度分为语义的转换、语言表达形式的转换和修辞手法的转换，翻译难度逐层递加。比如，飘柔洗发水的口号"Start Ahead"，译文是"成功之路，从头开始"，这就是语义上的中英文直接转换，但又兼顾了两种文化语境下共通的双关修辞。美宝莲的"Maybe she's born with it，maybe it's Maybelline"，译文是"美来自内心，美来自美宝莲"，实现了对偶修辞的中西方转换。

交际维度要求译者关注原文中的交际意图是否在译文中得以体现，广告语所要传达的主题是否得以凸显。比如，苹果电脑的口号"Apple thinks different"的中译文"苹果电脑，不同凡想"通过中国的双关语音来强调口号的主题，比原文简单的动宾结构更具有文采，也更具有传播力。

文化维度关注源语文化和译语文化的差异，翻译适应该语言所属的整个文化系统。这就要求立足本土文化心理来将外国品牌的价值观和理念创造性转化过来。优秀的例子有斯沃琪手表"Time is what you make of it"被译为"天长地久"，爱立信手机的口号"Make yourself heard"译为"理解就是沟通"。严格说来，这两则译文与原文语音不完全一致，但都用中国成熟的文学表达包容，甚至

---

① 汤一昕.生态翻译学视角下的广告语翻译[J].东南大学学报：哲学社会科学版，2015，17(S1)：143-145.

扩展了原文含义。

具体而言，一则优秀的广告口号翻译应该符合以下几个标准：

第一，不改变原广告语的内容主题，同时传递出品牌的定位。

根据广告语是否严格遵循原文意思的程度，翻译可分为三种类型。一是词译/直译，如 Focus on life(瞄准生活)、Communication unlimited(沟通无极限)，Bigger than bigger(岂止于大)。这种方法相当于逐词翻译，对应原文的内容和结构，适用于意义明确、结构简单的广告语。

二是释译/音译，这种方法虽表达原文的实质，但变更原文的句法结构，在意义上也有细微的调整，或是明确，或是强化。如 Intel inside(给电脑一颗奔腾的"芯")，原文是名词短语，译文变成动宾结构，而且"奔腾的芯"一词将原文没有讲出的意思点明。再如 A diamond lasts forever(钻石恒久远，一颗永流传)，原文是普通的主谓结构，译文变成五言句式，"恒久远"和"永流传"双重深化了原文的意思。

三是拟译，几乎是原文的再创作，虽没有彻底否定原文，但意义有重大出入，且形式上也较少相似处，改动后的译文其可读性和深刻性都比原文强。如 Connecting people(科技以人为本)，这类翻译适用于原文意思和形式都简单平淡的情形。

实际操作时采用哪一种翻译方式，需要看原文的基础条件，如果原广告语的含义明确，贴合品牌个性，也较为新颖，则直译或稍加形式修饰的意译，已然足够。但假如原广告语意思较为平淡，句式简单，直译无法体现出创意性，那么结合本土文化作意译和再创造就成为必须。

从难度上而言，直译最简单，拟译最难。后者要依仗译者的翻译是否能结合本土熟悉的表达方式，以及译者的文学艺术素养，"钻石恒久远，一颗永流传"的例子就是明证。

第二，句式句法符合本土习惯，听觉效果流畅自然。

广告口号是长期使用的品牌识别要素，要便于口口流传，需符合口语传播的要求，即流畅、清新、易懂。相比广告标题而言，广告口号更不能使用难检字、术语、复杂的修辞。

第三，视觉和听觉效果富有形式美感。

口号要看起来句式匀称，读起来朗朗上口，富有韵律美。广告口号比一般的标题创作更追求形式美。但要注意，这里的形式美应该符合本土习惯。比如"车到山前必有路，有路必有丰田车"一句，从"Where there is a way, there is Toyota"翻译过来，而这句口号又是仿拟了一句俗语——Where there is a will, where there is a way。两个英文句子的结构形式相似，但后者的译文为"有志者，事竟成"，这就是根据本土熟悉的表达式而作的灵活处理。

第四，兼顾本土文化背景，避免引起争议。

由于文化差异，许多概念词汇在不同国家有截然不同的意思，混为一谈就容易起争议，甚至冲突。早期国内不少品牌打入国际市场时，犯过这样的错误，例如：金鸡牌鞋油，翻译成 Gold Cock，更合适的应是 Golden Rooster；玉兔直译为 Moon Rabbit，后改为 Jade Rabbit。同样的，广告语翻译成中文时，也要注意本土文化中的语意褒贬，切忌为了追求形式和修辞的美感，而损害内容实质。如有人将可口可乐 1927 年的口号"Pure as Sunlight"翻译成"譬如朝露"，修辞十分考究，引用古诗，妙用"Pure"和譬如的谐音，"Sunlight"和朝露也十分贴切。但这句话在中国的语境下，下接的是"去日苦多"，实际的情调和原文相差甚远。

试看以下可口可乐历年口号的译文训练，同一句口号的译文有多种表达方式，但都符合信、达、雅的标准。

Delicious and refreshing
劲爽好味道
唤醒味蕾

Refresh yourself
释放活力，唤醒自我
焕然一心

America's favorite moment
最"美"时刻
最美时刻，可口可乐
美时每刻，可口可乐
最美一刻，可口可乐

Passport to refreshment
冰爽之路，畅饮无阻
直达沁爽

Coke...after Coke...after Coke

可口可乐,戒不掉的快乐

可口不停,可乐不断

再来一瓶

杯杯享不停

停不下的可口,止不住的可乐

I'd like to buy the world a Coke

可口可乐,世界齐分享

愿世界都可乐

Enjoy

饮就爱

爽!

尽享可口,尽情可乐

　　翻译是双向的,既有外国品牌进入中国市场的广告语本土化翻译,也有中国品牌全球化的对外传播翻译,其指导原则是一致的,且需特别注意文化语境的差异,更不能造成译文语义方面的误解。比如,2012年蒙牛集团在北京发布"只为点滴幸福"的全新广告语及其译文"Little Happiness Matters",新华社记者就此采访了30余位中国人和外籍人士后,发现人们对"Little Happiness Matters"这句广告语的实际解读是"幸福并不重要"。显然,翻译者对英文不够熟稔,由此所带来的启示则是,广告语的翻译,作为商务翻译的重要内容,应该经过周密的策划和实施。有学者引用美国加州西梅协会推出其产品California Prune的中译名"美国阳光果"的过程作为案例,指出译名本土化项目应该经过科学、严格而完整的步骤,包括:明确目的、调研实施、策划提出、外部合作、差异定位、多项选择、头脑风暴、评估筛选、推荐解释、市场测试、反馈分析、译名诞生。①

【小　结】

　　广告标题和口号是广告文案的重中之重。标题是一则广告的主题,口号是一个品牌识别的要素。标题和口号在形式上都比较简练,但其功能、内容和形态

有差异。衡量广告标题好坏的标准有 KISS 和 4U 两种原则,常用的广告标题类型有新闻式、情感式、利益式、命令式和疑问式。高语境和注重人际和谐的传统文化,赋予本土广告文案标题区别于西方的特色:主副标题虚实相间,慎用催促、逼迫语气,传递沟通的情感,意象烘托、托物传情,注重修辞和形式美。广告口号的翻译要结合原文的意义和本土文化背景,顺应品牌个性,力求内容和形式均有创新。文案撰稿人对于直译、意译或拟译的方式,应综合品牌形象定位、原文的加工难度、本土表达习惯等来选择。口号的内外传播和翻译,都应该经过周密的策划和实施。

【关键术语】

标题、口号、KISS、4U、新闻式、情感式、利益式、命令式、疑问式、高语境、集体主义、虚实相间、情景合一、直译、意译、拟译、信达雅

【思考题】

1.试比较下列杂志广告的文案,分辨同一品牌的两句广告语中,哪一句是标题,哪一句则是口号。

表 6-2　广告口号与标题

品牌	广告语
格力	让世界爱上中国造
	双向换气,才是真新风
芝生堂	盛世狂欢,钜惠双十一
	东方传统文化,滋补养生智慧的结晶
国美	鉴赏,国美酒庄
	中国物色,馥郁秘香
鲁花	中国味,鲁花香
	中国高端食用油引领者
冠军瓷砖	大的刚刚好
	品质就是硬道理

续表

品牌	广告语
五粮液	和美颂国庆 举杯共前行
	中国的,世界的,五粮液
戴梦得	我的钻石,我的梦想
	锦上添花,馈赠双倍之爱
顺鑫	正宗二锅头,地道北京味
	一诺千金,源自顺鑫

2.试分析开篇案例中的广告口号译文使用了哪些修辞手法。

3.试分析下列英文口号的中译文,仿作会比原作更好吗？为什么？

原作:What a wonderful life 有华润,多美好(华润超市)

仿作:有华润,生活多滋润

华润,鲜活每一天

美好生活,尽在华润

装点年华,润色生活

原作:Zero carbon emission,our mission 保护地球,我们不碳气(欧莱雅)

仿作:0 碳排,我们来

零碳使命,我们领命

0 碳排放,当仁不让

创造美丽,无需碳气

原作:Love s in the air 爱如空气 护我所爱(Atem 车载空气净化器)

仿作:爱在呼吸间

呼吸纯粹之爱

让爱更纯净

爱在清风拂面时

原作:Link to be nice 因链接而美好(中国红十字会)

仿作:用爱链接美好

点点链接,点点爱

点击传递爱

链接美好,连接你我

【延伸阅读】

1.布莱.38个常备标题范例［M］//布莱.广告文案创作完全手册.刘怡女,袁婧,译.北京:中信出版社,2013:23-27.

2.宗白华.论文艺的空灵与充实［M］//宗白华.美学散步.上海:上海人民出版社,1981:25-28.

Step 7
相信语言的力量：广告正文写作

【开篇案例】

快手·500个家乡：柔软的铁岭

大哥："等车啊老妹？来个苹果啊？老甜了。"

李雪琴："这苹果也太好了，哎呀妈通红。"

大哥："外头好啊。"

李雪琴："铁岭也好啊，大城市。"

李雪琴：说铁岭是大城市，说明你幽默；说铁岭人彪悍，说明你了解铁岭；说铁岭人柔软，说明你真地（的）懂铁岭。我是李雪琴，来自柔软的铁岭。

搓澡大哥："诶！池边不样（让）染头嗷！"

李雪琴："铁岭人是泡在梗里长大的。"

大哥："他家挺好啊，环境好，还便宜！"

搓澡大哥："我跟你说特别热情，我给他搓得到位！"

李雪琴：幽默，是铁岭的粮食。生活要是跟我开个玩笑，我就给他讲个笑话。笑着笑着，好像生活里也就没了那么多的沟沟坎坎。铁岭的空气里没有坚硬的东西，头回见面，你就是"老妹儿"和"大兄弟"。

食客："一个人来的啊？咱桌拼过去和她一块吃得了。"

李雪琴："也行，来吧。"

李雪琴：喝上顿酒，这辈子的事儿全抖落给你。要是你来自大城市，就把你那层厚厚的盔甲脱下来吧。在铁岭，你可以把最柔软的一面袒露给陌生人。

女："你那伞干哈（啥）用的？"

女："你看看我，你看手机干啥呀，看啥呢？"

李雪琴：铁岭爱情故事总是很相像，男人们说着最硬的话。

男："你在那坐着，你坐着！"

李雪琴：干着最硬的活。

女："给我拿把花生，剥好了给我！"

男："这个任务比较重啊。"

男："不抽了，行不？"

李雪琴：但在心爱的女人面前，会变得比谁都柔软。

李雪琴：不管哪的人，只要来了铁岭早市，心里那块铁都会放下。每块招牌都朝你撒娇，怕你不信，怕你错过，怕你遗憾。在这里，吃的人嘴软，拿的人手软，卖的人心软。铁岭早市，不允许任何人孤单。世界是坚硬的，铁岭早就知道，可铁岭还是选择柔软。柔软是对陌生人也不设防的热情，是从不让谁的话掉在地上的善意，是一股脑掏心掏肺地对你，是无论什么时候都能笑着把日子过好。铁岭，我永远的底气，就算在外头摔得鼻青脸肿，回去依然被她柔软地包容。铁岭孩子心里，一直装着那条回家的路。我们说，宇宙的尽头是铁岭，铁岭是一种中国，柔软但扬着头的那种中国，大声地笑着，坚韧地活着。铁岭不是铁做的，一块铁会被压扁，但，一朵棉花不会。

500 个家乡，500 样中国。

（该广告获 2024 年第 31 届中国国际广告节长城奖视频广告类金奖）

广告人说："用标题刺激他们，用正文说服他们。"[①]"正文是标题所发出的号

① 博顿.广告文案写作[M].程坪，丁俊杰，等译.北京：世界知识出版社，2006：91.

召背后的证据。"①可见广告的正文与标题不同，但又有联系。

广告文体，属于应用文体的一种。一般的文学创作，需注意四个方面。第一是观察与发现。创作者主动积极地去观察外部世界，获取事物的典型特征，体察现象中的细节。第二是感受与记忆。善于观察事物的人往往也观察自我，丰富的情绪和情感在观察中逐渐生发，并能鲜明地记住它们。第三是想象与思维。形象思维发散而自由，逻辑思维清晰而严谨，两者结合，能拓展写作的广度和深度。第四是语言与表达。任何感受体悟都需转化成语言文字。正如手中之竹不是胸中之竹，富有新意且有感染力的语言才能最终传达心声。

总之，感知鲜明、记忆独到、思维敏捷、想象活跃、语言新奇是写作的基本要求。作为一种创作，好的广告正文也遵循了这些原则。但是广告是应用文体，它的内容和形式都必须服务于广告目的，是"戴着镣铐跳舞"，是"为他人做嫁衣裳"，因此文案撰稿人应保持自觉的文案意识，用正文写作的五要素来时刻检查自己的创作。

第一节　广告正文写作的五要素

每一篇广告正文在起笔之初，要从五个要素着手进行谋篇规划；初稿完成后，又要从五个要素去检查修改，直到完善。这五个要素是：语气、主题、结构、细节、风格。

一、语气

语气（mood）这个词有两种意思，一种是语法上的含义，指用来强调说话人对表达的行为或条件的真实性、可能性所持有的态度的一系列动词形态或变化形式。在英语中，陈述语气用于真实描绘，虚拟语气用于强调怀疑或不可能，而祈使语气则用来表达一个命令。

语气的另一种意思是人的心境及情绪状态。如《牛津高阶英汉双解词典》的

---

① 阿伦斯，维戈尔德.当代广告学与整合营销传播：第 16 版［M］.林升栋，顾明毅，黄玉波，等译.北京：中国人民大学出版社，2023：393.

释义："the way you are feeling at a particular time.情绪、心境。"

两种含义有相通之处，说话者采用不同的语气，其实表达了自己的态度和情绪。在广告中，文案是品牌或产品跟消费者之间的沟通交流，因此"语气"一词可以理解为品牌对消费者说话的态度，这和前文所说的品牌个性是呼应的。

语气首先从文案对指称对象的称呼，即"人称"上反映出来。言语交际通常涉及三个主体，说话人、听话人和他人，人称能显示出个人在言语实践中所扮演的不同角色。广告中常见的是品牌以第一人称指代自己，以第二人称指代受众，符合人际交往的称呼方式，具有亲和力，因此广告人多推荐用与受众"对话"的方式来交流，"切记，你的交流对象是一个人，因此应该像和朋友聊天一样，多用'你'或'你的'"[①]。

通常第一人称和第二人称是分开对立的，但语言学研究者指出还存在着两种人称一致的情形。以妈妈给孩子喂药的对话为例，当妈妈说"宝宝，你该吃药了"，这运用了第二人称，如果妈妈说"宝宝，我们该吃药了"，此时第一人称和第二人称统一，说话人和听话人都归为听话人一方，好比说话人移情于听话人，这时表述的主观性程度和共情程度都最大[②]。因此，如果品牌想要增强自身与用户的亲密感，使用第二人称转化为第一人称的手法，其效果是最明显的。

其次，语气存在转移的现象，这在语言学领域被称为"语气隐喻"（metaphors of mood）[③]，指从一种语气域向另一种语气域的转移，令陈述语气的说理展示功能、疑问语气的协商功能以及祈使句式的劝说功能得到融合。

广告中常见的语气隐喻有三种类型。一是使用疑问句、祈使句来表现产品优势展示的陈述语气，如"文通领先，何止一步？"，反问式疑问句是为了陈述产品优点，但比陈述语气更委婉、礼貌，不至于自吹自擂。

二是用疑问句（特别是反问句）来表达祈使语气的劝说和促进购买目的。中文广告语常用此手法来降低命令语气的不快感。比如，旅游形象广告"登山要登太白山，看水要看天池水，纵使人生二百年，如此机缘能几回？"

三是使用陈述句来表达劝说和促进行动的祈使语气。如"欲知更多详情，敬

① 阿伦斯，维戈尔德.当代广告学与整合营销传播：第16版[M].林升栋，顾明毅，黄玉波，等译.北京：中国人民大学出版社，2023：394.

② 高莉，李敏.英语广告语篇的人称视角表达[J].外语教学，2017，38（1）：38-42.

③ 李华兵.从语气隐喻角度解析广告语篇中的人际意义[J].西南大学学报：社会科学版，2010，36（6）：146-149.

请垂询",虽为祈使请求,但主要目的是推出供人垂询的网址或电话信息。

语气转移后,情感沟通更为亲切,交流形式更加礼貌和委婉,还能丰富广告的生动和趣味表达。

最后,语气的对象不仅指涉消费者,还涉及品牌方对自己所推销产品的态度,因此品牌的说话对象实则有两个,一是消费者,二是自己的产品。

语气的三角模型显示了三者的关系①,如图 7-1 所示。

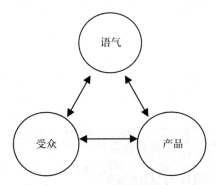

图 7-1　广告语气的三角模型

任何一篇广告文案,都能看出两种语气,一是针对他人,即广告的目标受众,一是针对自己的广告产品或品牌。文案撰稿人在开始创作时,要明确地界定好这两种语气的基本特征,从而保持全文的一致风格。

对于自身品牌和产品,广告的语气通常较为相似,均是正面、褒扬、自信的,但很容易陷入自吹自擂、王婆卖瓜的套路。所以广告人常劝诫"文案人员最常犯的一个错误是过分吹嘘""无论采用什么技巧,都不能吹嘘",如"一旦你尝过 A 牌饮料,其他的所有饮料都将显得寡淡无味"②。

面对目标消费者选择何种语气,取决于产品类型、品牌个性,和广告的目的。语气和品牌个性的基调要吻合,正如文如其人,一贯富有直率、单纯个性的品牌就说不出婉转含蓄、辞藻典雅的话。生产奢侈品的企业,其品牌个性较为矜持,广告文案不会显露出刻意地迎合消费者的态度,如经典的"没人能拥有百达翡丽,只不过为下一代保管而已"(百达翡丽手表)、"你可以轻易拥有时间,但无法

① 费尔顿.广告创意与文案[M].陈安全,译.北京:中国人民大学出版社,2005:124.作者称这个模型是修辞的三角形,译者将语气一词翻译成基调。本书编著者对此稍作改动。

② 博顿.广告文案写作[M].程坪.丁俊杰,等译.北京:世界知识出版社,2006:92.

轻易拥有江诗丹顿"(江诗丹顿手表)。这其中的微妙意味,需要文案撰稿人反复体会,从而抓住其核心。此外,广告的目的也对语气的选择有影响,如果本次广告的目的是说服,语气相应地要平实、客观,如果广告是为了提醒,则语气的选择会更自由一些。

和针对自己品牌的语气相比,针对目标消费者的语气变化更加丰富,虽然大多数是亲和的、热诚的、体贴的,但也有例外,如冷漠、讽刺。这些例外的、不常见的语气一旦使用,会富有新意,牢牢地抓住眼球。试看下面这一系列广告的文案(图7-2)。

挤地铁,就不用穿正装了吧。毕竟,你还没有买POLO劲取。

记得在末班地铁前结束Party! 毕竟,你还没买POLO劲情。

有人闷在地下室等地铁,有人开着POLO劲取,走自己想走的路……

图7-2　大众POLO汽车讽刺争议广告

该系列广告发布在地铁橱窗后,引发了巨大的社会争议。正如前文所述,由于中国的高语境和重视人际和谐等文化特征,讽刺、嘲弄等幽默手法往往会引发批评。因为讽刺是针对他人的弱点或劣势而作的修辞,虽然能引起发笑,但会让被讽刺者感到不快。广告文案用讽刺的语气引起注意,却惹怒了受众,导致他们产生对产品、对品牌和广告等一连串的负面态度,这不是广告的最终目的。

更要注意的是,这一语气的使用,也不符合该品牌个性的定位。大众汽车品牌在中国市场一贯的形象定位和稳定的广告风格都偏向稳重、成熟,贸然使用这一过于剑走偏锋的语气,就好比一个常常说话文雅的人突然爆粗口一样,让人猝不及防,违背了应始终维护品牌个性的原则。

鉴于社会舆论广泛的关注,该系列广告发布不久后被撤回,重新制作的广告文案是:

> 发动 Polo 劲取,在精致舒适的空间里,展现你的气度和品位。
>
> 去所有 Happy 的地方玩个痛快吧! 不要浪费了 Polo 劲情的充沛动力。
>
> 自由开阔的路,总有 Polo 劲取陪伴你,一路畅意前进!

修改后的文案回归了传统的语气,符合品牌个性,当然也丧失了讽刺的新颖度,但广告不是为了求新而新,要为主题、品牌服务。

训练时,文案撰稿人可以围绕一个主题,试着用多种语气来措辞,看看各种语气所带来的效果的差异。

二、主题

主题(theme)是文章的中心思想和主要内容。广告的标题常常是主题的载体,它具有提纲挈领的作用,是"表现的基础,贯通整则广告,具有支配力的特质,被重复使用的东西","主题负有给予广告一种统一感的机能。广告主题旨在给予读者统一的印象,使效果更加强烈,更加明确,并且更能持久"。[①]

主题跳脱的例子如下:

标题:粽子是快餐先驱

正文:粽子是中国食文化的先驱! 它是祖国人民的创举,它为纪念我国伟大诗人屈原而诞生。当您打开粽子的时候闻到的是中国文化的芳香。几千年历史证明它是古代人民诗一般的创造! 您尝到的不仅是粽子,您首先为中国文化而骄傲。您尝到的不仅是粽子,您首先为几千年中国食文化而骄傲! 世界上快餐的始祖,中国的粽子。还告诉您,嘉兴粽子和她的城市一样有名!

这则广告的主题如标题所言,本应说明粽子和快餐的关系。但从第二句开始,正文的中心思想偏离,论述的是粽子和中国文化的关系。

---

① 西尾忠久.如何写好广告文案[M].黄文博,译.台北:"国家出版社",1996:52.

三、结构

正文的主题和标题保持一致，不能随性而写导致主题分散，这是广告的基本要求。在此基础上，以一定的逻辑关系来组织文字，深化主题，则是更高的要求。这一点需要结构上的精心设计。

结构是文章的内在逻辑顺序，显示了人们思路的自然演进。广告在较短的篇幅里，想集中文字语言的力量来说服消费者，就更要强调布局谋篇。

对于文章结构的重要性，古希腊的思想家亚里士多德曾提出"有机整体论"来予以说明。

一个整体就是有头有尾有中部的东西。头本身不是必然地要从另一件东西来，而在它以后却有另一件东西自然跟着它来。尾是自然地跟着另一件东西来的，由于因果关系或是习惯的承续关系，尾之后就不再有什么东西。中部是跟着一件东西来的，后面还有东西要跟着它来。

无独有偶，中国元代的文人乔吉提出了类似的"凤头猪肚豹尾"理论。

作乐府亦有法，曰：凤头、猪肚、豹尾六字是也。大概起要美丽，中要浩荡，结要响亮。尤贵在首尾贯穿，意思清新。

这两个理论都将文章看作一个有机体，强调各部分元素的自然衔接，赋予文章生动活泼的气息。之所以能将其借鉴到广告文案的创作中，因为这两个理论都不是泛泛地讨论一般的文学创作，是针对特殊文体而言的技巧。亚里士多德的"有机整体论"，针对古希腊的史诗创作，这些叙事诗作为戏剧的脚本经常在公共剧院里上演；乔吉的"凤头猪肚豹尾"论，针对元代的乐府，即元杂剧，也是戏剧的文体。它们都是大众文化艺术，和广告有相通之处，都需照顾受众的观赏习惯，揣摩受众的喜好。因此，在结构安排上，广告更强调主题突出，情节紧凑。

广告正文常用的结构主要有四种类型：对称、对比、递进、仿拟。这四种逻辑思路都较为简单易懂，能推进广告主题发展。

（一）对称

对称作为一种平行结构，将广告主题分而说之。结构分布类似词中的上阕与下阕，各个部分的主题、风格和字数都大致相当；功能则类似于修辞里的对偶、排比，各部分适当重复予以强调，但又含有递进关系。护肤品牌 HBN 的广告

《去喜怒哀乐,我会帮你》,正是按照"喜怒哀乐"的四种情绪来布局结构,构成平行关系。值得注意的是,该广告的结构是将标题的词汇、短语、俗语等固定搭配拆解,对称分配文案段落,这是可以学习的技巧。

《喜》:你应该眉梢扬起,眼含春意,年轻绝不是眸光变得死寂。别怕鱼尾纹的缝隙,只管去喜,剩下的,HBN——会帮你。

《怒》:很多时候,怒气是一种爱和在意,是疾恶如仇、路见不平、坚信公义。你年轻、鲜活、有活力,没什么能摧毁你的锐气,你只管皱眉,眉心的痕迹,HBN——会帮你。

《哀》:能拥抱啤酒和炸鸡,能享受流泪和叹气,悲伤也是青春的另一种蜂蜜。你可以肆意亲吻大雨,你可以抚摸校园长椅,你只管哭泣,至于泪纹,HBN——会帮你。

《乐》:暗恋、喷嚏和嘴角的笑意,是最藏不住的秘密。青春就该肆意,快乐没法压抑。你只管表露心迹,别怕法令纹浮起,HBN——会帮你。(该广告获 2022 年"大广赛"文案类金奖)

(二)对比

如果广告正文对称的两部分,通过正反说理、有破有立的方式来阐明广告主题,就是采用了对比的结构。对比的结构遵循"问题—问题解决"的说服思路,首先制造冲突、提出问题,接着再提出产品作为解决难题的途径。例如,下则文案从正反两面列举出消费者的痛点,最后提出可画设计平台作为解决方案(该广告获 2023 年"大广赛"文案类银奖)。

小时候的我,天马行空

长大后的我,不善言辞

科技包围着世界,表达却逐渐离我远去

灵感转瞬即逝,而美好故事正在发生

我不断地在寻找一个最佳拍档

任外界不断加速度

TA 依然可以赋予我

视觉表达的自由

Canva 可画

允许一切"画"里有话

对比结构的另一种妙用是借助语言技巧来陈述一个产品的两方面优点，这时文案的主题看似存在，其实是一致的方向。比如，凯迪仕智能门锁的文案，"硬""软""多""小""缜密""简单"，这些主题词的对比不是为了制造矛盾，而是为了从不同角度来共同说明该门锁的卖点，语意形成对比是因为处于不同语境，目的是增加可读性和趣味性（该广告获 2022 年学院奖春季赛事金奖）。

我的芯很硬

百余项专利，智能锁业 MVP

我相信够硬，安全感才 MAX

我的心又太软

你只轻轻一触

我就招架不住

我的心眼很多

猫眼实时抓拍，室内高清彩屏

远程可视通话，你要的我都有

我的心眼又太小

眼前人来人往

只你登堂入室

我的心思很缜密

144°超大广角，1080p 超清画面

门外的一切，24h 为你把关

我的心愿又很简单

守护你，守卫家

陪伴是最长情的告白

（三）递进

递进是普遍应用的结构，广告正文都需步步推进广告主题。一般来说，广告标题作为主题句，放在正文的最后予以点题，前面的内容都是为了逐步递进到主题。因此"分总"的递进结构应用广泛。例如，XPPen 手绘屏的广告文案（该广告获 2023 年"大广赛"文案类银奖）：

画一只白鸽，借破碎羽翼拼凑世界的和平；

画一幢城堡，用温暖安康慰藉父母的辛劳；

画一艘飞船，持少年炽热奔赴无边的星河；

画一簇玫瑰，凭野蛮生长绽放璀璨和绚烂；

画一个恋人，拿真挚不渝晕染黄昏和浪漫；

画一群挚友，靠相互扶持点亮未来和前方；

用 XPPen Artist 系列手绘屏，

画个未来给自己。

"画个未来给自己"是该文案的标题，正文的目的是充分阐释标题中的"未来"关键词，从而顺理成章地衔接到结尾点题。这一手法思路清晰流畅，很适合文案初学者模仿。

递进的第二种手法是"总分总"结构。这时正文的第一句话及结尾句会与标题呼应，在意思和措辞上适当重复。整体的结构看起来紧凑、协调，是业界广泛采用的一种便利技巧。

试看宝马汽车的两则报纸杂志广告文案。

标题：陆上统治力　全新 BMW X5，延展雄伟创意

正文：习惯傲视一切障碍，习惯领受仰美目光。专为世界精锐势力打造的全新 BMW X5，秉承 BMW 原创 SAV 车型的先锋精神，继续以领先科技对道路展开无往不胜的"征服"。崭新的 4.8 升 V8 发动机尽释 355 匹强悍马力和 475 牛·米峰值扭矩。由静止加速至 100 公里/小时仅需 6.5 秒。任凭风险道阻，自能健行不息。xDrive 智能四轮驱动系统、主动转向系统、自适应驾驶系统等一众先锋技术的应用，以及轻量化车身、优化的地盘，令这个整车长度与轴距加长的雍容之躯，依然制造出令人望尘莫及的性能奇迹。握紧全新 BMW X5 的方向盘，陆上任由统驭！纯粹驾驶乐趣。Sheer Driving Pleasure.

标题：无关乎道路，只关乎目标　全新 BMW X5，延展雄伟创意

正文：目标一经确立，又岂容前路阻挡！强势归来的 SAV 原创者将勇往直前的精锐本色彰显无遗。精妙的 xDrive 智能四轮驱动系统，以其自动适应地形的超前思维，为全新 MMWSX5 造就更为稳固的车轮控制能力与极佳道路附着性能。无论坡地，实地，冰地……皆能如履平地。同时，全新

的双横臂前桥和主动转向系统,为整车尺度和轮距加长后的全新 BMW X5 提供更为精准的转向,根据动感的操控及更出色的灵活性。无视任何季节,无惧任何路况,以颠覆以往的驾驶体验,奔赴你心中的目标！纯粹驾驭乐趣。Sheer Driving Pleasure.

这两则正文的开头及结尾都与标题的意思呼应,并有意识地再强调关键词。如第一则标题的"统治力"对应正文第二句的"征服"及末尾的"统驭"。第二则标题的"目标"在正文第一句和结尾中都重复出现。

(四)仿拟

这里所说的仿拟,指模仿特定、成熟的体裁,所谓"旧瓶装新酒"。类型化的体裁具有规范的结构,文案创作如果有意地借用该结构,既能制造熟悉感,又能产出新意,某种程度上还减少了创意的难度。广告文案常仿拟的体裁有诗歌、书信。

比如,诗歌。五言、七言被替换为与产品相关的句子,并不出奇。高德地图曾模仿莎士比亚时期的十四行诗体例,在国庆期间推出"十一行诗"系列广告。其中一则见图 7-3:

图 7-3　高德地图"十一行诗"系列广告之一

山不理你，树不想你，草不疼你，海不爱你，沙漠嘲笑你，小溪讽刺你，城市容不下你，村庄留不住你，你知不知道，你不去看世界，世界也懒得看你。

该系列广告的文案均为十一句式的诗歌，更妙的是，"十一行"还运用了双关修辞，针对国庆旅游黄金周的特定节令。

再如书信。书信是对话体，广告模仿该体裁，能显著地增加品牌的拟人感，赋予品牌更真实的人格形象。书信所固有的抬头和落款体例，还能让读者自觉代入面对面的情境，增强吸引力。

厨电家居品牌方太采用情书体例创作了一系列广告文案，逐渐形成了富有识别度的品牌策略。2017 年，方太推出广受好评的"油烟情书"，2022 年方太又推出《地球情书》，由代言人陈坤执笔，倡导将随手环保的意识融入一日三餐，在柴米油盐中用点滴行动书写对地球的爱（该广告获 2022 年中国国际广告节长城奖视频类银奖）。

见信安好
一直想写封情书给你
却没有动笔
因为我知道，无数爱你的人
都曾写下对你的深情厚意

他的情书，一写就是一辈子
一棵树，就是一个字
一笔一画，青春无悔

他的情书，写得勇敢无畏
即使守护你的誓言
看起来有点自不量力

她的情书，植物研墨，双手做笔
只为你写下一个"爱"字

他的情书，在人与人之间传递
也带着更多人一起

向你表露心迹

我没有他们的轰轰烈烈
却骄傲于爱你的点点滴滴
节省一滴水一度电
滤净一杯水一缕烟
让你的脚步多一份轻盈
让你的呼吸多一次清甜

因为我想让你看见
对你的爱
在他们的湖海山川
也在我的柴米油盐
26 年来
方太致力于空气、水、食物等基础领域的科技创新
让每一缕烟皆是自然
让每一滴水净如山泉
让我们把对地球的爱，写进一日三餐

还有一些少见的体裁，一旦巧妙地与广告主题结合起来，就能显著地引发关注。本书 step 9 章节将列举结构仿拟的新动向。

四、细节

别克 SUV 汽车曾发布了一则视频广告，文案如下：

标题：细节会露馅

正文：衡量一个男人，老爸老妈的标准，是看他能不能干大事。而我的标准很简单，我会看他指甲的长短，衬衫的褶皱，还有袜子的颜色。不拘小节早就过时了，就像一辆车，外观和功能谁都知道要装点什么样子，反而最容易被忽略的呢就是内饰设计，会出卖一个人的真正实力，细节会露馅，这是我的看人哲学。我，1982 别克。昂克拉，年轻！就去 SUV。

无论对人对事，细节的确重要，所谓"细节决定成败"。在一切文学创作中，

细节是赋予生动性、丰富性，乃至深刻性的基础。许多文艺作品的母题非常相似，表达的情感也是共通的，但正因为创作者借物咏情的细节不同，意象不同，给予观者的触动也不同。试看下面这首小词。

并刀如水，吴盐胜雪，纤手破新橙。锦幄初温，兽香不断，相对坐调笙。

低声问，向谁行宿，城上已三更。马滑霜浓，不如休去，直是少人行。（周邦彦《少年游》）

这首入选《宋词三百首》的小令，并没有抒发独特的情感，属于传统词格中的闺情主题。上阕纯写景，下阕纯写情。景中的细节如锦幄、兽香、笙，都是惯用的意象，而开篇的三句却有别开蹊径、令人耳目一新的创意。作者描绘一位美女拿着刀为她心爱的人儿轻轻地剖开一个新上市的橙子。这是传统意境中绝为少见的景象，但却因其独特的细节，而让人印象深刻[①]。

在中国文化中，细节有更为贴切的称呼，即为"意象"。意象被认为是中国审美文化的基本范畴[②]，与其相关的"意境""境界""形神""情景""虚实"等概念广泛应用于文学评论和审美鉴赏中。

意象源于《易经》中的"立象以尽意"一句，将外在的形象与内在的心理统合起来，从此物象、形式都不再仅是客观的存在，而成为寄托情志的符号。随着南朝文论家刘勰、唐代诗僧皎然等的不断阐释和发展，尤其皎然提出"取象曰比，取义为兴，义即象下之意"（《诗式·用事》），奠定了意象的基本含义。正因为有象，才产生出细节的具体性和生动性，正因为有意，才能触达心底，生发出深刻性。

在广告文案的创作中，忌讳空洞无物的自我吹嘘，这里的"无物"既指没有鲜明可感的形象，也指缺乏触动人心的力量。有几个技巧可以帮助我们增强细节的效果。

---

① 据张端义《贵耳集》记载的这首词的轶事："道君（徽宗）幸李师师家，偶周邦彦先在焉，知道君至，遂匿床下。道君自携新橙一颗，云江南初进来，遂与师师谑语，邦彦悉闻之，隐括成《少年游》云。"无论真假与否，可反映出这首词中的意象是非常鲜明可感的。后人点评此词时，也强调"橙"的意象新颖独特。俞陛云《唐五代两宋词选释》："此调凡四首，乃感旧之作。其下三首皆言别后，以此首最为擅胜。上阕橙香笙语，乃追写相见情事。下阕代纪留宾之言，情深而语俊，宜其别后回思，丁宁片语，为之咏叹长言也。"

② 陈望衡.中国美学史[M].北京：人民出版社，2005:236.

（一）从调查研究中获得产品的细节

对产品和品牌的事实了解得越多，越能挖掘出被忽略的细节，从而说服受众。这在 step 1 的产品调查中就已指出。

沃尔沃汽车品牌的定位一直以来都是安全第一，下面这则视频广告的文案用一个独一无二的细节——"生命奇迹俱乐部"来表达安全性。

> 车祸发生，意外打破日常。
>
> 回忆翻滚，轧过了生活，留下一道道印记。
>
> 无常过后，人生将如何重启。
>
> 有立场讨论生死的品牌不多，车企尤为如此。
>
> 而世界上有个俱乐部，其成员由"重大车祸幸存者"所组成，
>
> 将"奇迹"二字扣在了"生与死"之间。
>
> 这个俱乐部不仅足够独特，且在业界绝无仅有。
>
> 任何叫卖式的产品包装，都不足以直面死亡，
>
> 只有生命，有资格佐证安全。（该广告获 2023 年中国国际广告节长城奖社交营销类金奖）

（二）从消费者洞察中获得受众的细节

有些广告诉求产品的特色，有些广告却诉求消费者的需要和心理，这一类广告不会简单地将消费者描述成"非要不可"的状态，而是尽力地去洞察其需要的动机，从而与其沟通。这时，消费者的心理的细微处，就是丰富的细节。

来自中国上海的国货美妆品牌"半分一"曾计划于 2022 年 5 月正式官宣其品牌名称，但恰逢公共卫生危机，上海的城市形象也遭受挑战。在这种情形下，品牌推出的形象广告片立足城市与人的关系，展示了一位女性在上海的生活和经历，由此提出品牌主张："上海的美，半分归于城，半分归于人。"广告文案细腻地揭示了目标人群 18 至 28 岁女性的生活方式及心态，收获了大量的共鸣。广告文案如下：

> 爱一座城，如同爱一个人，请多多记得她的好。上海偏爱她怀抱里的女生，以至于对其他人来说，有些不太公平。打个哈欠，上海就给她 7000 多间咖啡馆；不管多晚下班，为她亮着 6000 多间便利店；想对一个人表白，就为她造一个爱情的邮局；想学着照顾自己，上海会拜托某位老朋友，给她一个

小小的提醒。心疼自己的洋娃娃，干脆，为娃娃建一座医院；想成为一个妈妈，就给她一个流浪很久的孩子；想跳舞了，为她挑选合拍的舞伴；不开心的时候，这座钢铁和水泥的森林，为她开出花儿来；如果睡不着觉，那么流浪的歌、翻开的书、燃烧的街道陪她醒着做梦。五湖四海的女生，应该和上海共度一段时光，无论一天，还是一生。

做一个女侠，拯救一个傻子；做一个公主，冷落一个王子；做一个勇士，尝遍世间的果实；做一个孩子，拥抱未知的故事。她是那片庞大的海，爱上一朵小小的浪花；她是那座钢铁的林，开出一朵玉兰花。（注：此段为配乐歌词）

上海偏爱她怀抱里的女生，因为她知道，上海之所以是上海，是因为白色的海浪，不是黑色的礁石，她终将成为世上最美的城，因为那些温柔、善良、勇敢的人，每一分上海的美，半分归于城，半分归于人。

打上一层薄薄的底妆，去成为，上海的一半。半分一，专业底妆，来自上海。我们一起，重塑上海的美（该广告获2023年中国国际广告节长城奖文案创意类金奖）。

（三）用通感手法将细节意象化

诉诸味觉、嗅觉的产品，如饮料、酒品、零食、香水等，其用户体验是不容易传达和共享的，所谓"如人饮水，冷暖自知"。而且味觉和嗅觉的感受不易留存，形成持续统一的记忆较难。幸好人的感官通道是彼此互通的，感觉可以互相弥补，也可以替代。由此形成了通感的修辞手法。钱锺书论述道："在日常经验里，视觉、听觉、触觉、嗅觉、味觉往往可以彼此打通或交通，眼、耳、舌、鼻、身各个官能的领域可以不分界限。颜色似乎会有温度，声音似乎会有形象，冷暖似乎会有重量，气味似乎会有体质。"[1]并且指出通感的各种现象里，最早引起注意的是视觉和触觉向听觉的挪移。有学者分析了中国汉语里的大量通感式复合词，验证了这一经验之谈。研究发现，视觉和听觉的贯通最为常见，视觉也向触觉、味觉、嗅觉引申[2]。

因此，广告文案在表达味觉和嗅觉等体验时，可以通过其他感觉方式来传

---

① 钱锺书.通感[M].上海：上海古籍出版社，1994：63.

② 刘志芳.基于量化统计的通感式复合词通感模式分析[J].河南师范大学学报：自然科学版，2019，47（5）：39-44.

达,让微妙抽象的感受更为直观生动。例如这则形容 RIO 鸡尾酒口感的文案,酸甜苦辣的感觉通过视觉、听觉、触觉表现出来。

第一口酒,酸,像清晨,清冽、回甘、肆意、翻滚,团云循着清风而来,思绪撞个满怀,RIO 微醺,而我,还在奔涌。

甜,像日中,喧嚣、诱人、炙热、奔赴,热风吻着烈日而来,心脏跳得飞快,RIO 微醺,而我、还在澎湃。

苦,像黄昏,沉溺、醇厚,无畏、疯狂,晚风饮着夕阳而来,爱意醉倒街头,而我,还在放肆。

辣,像凌晨,静谧、浓烈,战栗、嘶吼,黑夜劫着星辰而来,孤独逃离救赎,RIO 微醺,而我,只要为自己饮酒。（该广告获 2022 年学院奖春季赛事金奖）

（四）用数字将细节具体化

广告标题如果运用数字,将显著地吸引注意力,并且突出表现广告主题（详见 step 6）。正文中使用数字,同样能发挥这样的功用。除此之外,正文信息一般比标题长,使用数字能精简表达。正文中的数字还能将细节具体化,所谓"用事实说话",说服力会更强,可信度更高。试看美团外卖在 2023 年末推出的年度报告《冷门外卖清单》：

2023 年美团外卖送出了

2834 只蝈蝈

20 台按摩椅

2055 条学步带

617 个相机镜头

……

我们知道生活不只一日三餐

还有很多突然的决定

紧急的状况

以及特殊的日常

这些特别的需要在美团外卖上大都能找到

最快 30 分钟送达

希望能让你多点确定与安心

比起卖出多少东西

我们更在乎能否帮大家生活得更好

凭借着平台大数据的加持,消费者行为能显示为精确的购买频次、数量等数字,这些数字让用户的生活变得立体,美团外卖的广告诉求"急人所需"也变得更让人信服。

同样是与用户的关系维护,饿了吗外卖平台也在 2023 年终推出类似的沟通广告,广告诉求与美团一样,也是主打"突然"的需求。文案如下:

标题:突然想过节,就上饿了么

《办公室篇》:每个突然想要的庆祝,都随时让你欢度

《情侣篇》:每个突然想要的浪漫,都随时为你装扮

《家庭篇》:每个突然想送的礼物,都随时向你奔赴

《朋友聚会篇》:每个突然想嗨的聚会,都随时为你准备

可以看出,在表现生活的"突然"方面,饿了么的文案缺少说服人、打动人的细节,显得苍白无力。

数字不仅能表现产品和服务的细节,还能应用于用户画像,深刻描摹出消费者的生活方式,这得益于数字的精练性,能归纳出消费者的典型行为,读者则会自动地将其组合起来,形成想象空间。而且正因为数字的凝练,想象的余地大,文案更具有令人回味的魅力。丰田汽车在 2024 年元旦伊始发布了迷你剧广告,标题为《这一刻,非常 TOYOTA》,文案为:

憧憬——1 辆车,1 萌犬,1 起等

心灵缓冲站——1 辆车,1 抬头,2 种心情

我——1 辆车,2 重身份,5 就是我

几个数字就深刻地概括了品牌客群的身份、行为及心理,体现出日系品牌一贯的细腻洞察力。

当多个数字形成对比或递进关系,能让人印象深刻,广告主题的建立更加顺畅。这是因为相较于语言的递进逻辑,具体而简洁的数字容易被记住,也容易理解加工。下面的淘宝云端探店综合体验文案用"一千零一"与"一千"比较,诉求点不言而喻。

美,现代汉语字典第 337 页

形容一切让人心情愉悦的事物

一千个人眼里,有一千种美

图 7-4　丰田汽车广告

你问我喜欢哪一种？

我喜欢第一千零一种（该广告获 2023 年中国国际广告节长城奖数字场景营销类金奖）

一系列的数字如能形成递进关系，则对比的差别更加明显，并能过渡到真正的主题。如三星手机的广告文案：

比天长地久，更长久的是

16 年的风，成竹在胸

192 个月的雨，无比清楚

5840 天的水，豁然了解

140160 小时的雾，深有体会

8409600 分的光，早已知晓

以及，504576000 秒的匠心，心领神会

比天长地久，更长久的，

是超越时间的风雅

三星 W24│W24 Filp

时间仰止 风雅不止

（五）用修辞手法将细节新颖化

细节是一种事实，如果平铺直叙，感染力不如用有技巧的手段来呈现。各种

修辞中,能将细节生动化的手法,以比拟、比喻、双关最为有效。比拟,特别是拟人,能化物为人,化静为动,增强动感。比喻,能用他物吟咏此物,在细节之外增加其他的细节。双关,有表意和隐含意,同样赋予细节丰富性。这方面的案例在step 5中的修辞介绍里已讲解,此处不再赘述。

五、风格

风格(style)一词源于希腊文,原义为木堆石柱和雕刻刀等。希腊人取后一种含义,引申为组成文字的特定方法,或写作和讲话的特定方式。语言风格即各类文章和讲话在语言材料和修辞方法的选择运用上所显示出来的风范和格调[①]。文学风格是作家创作个性与具体话语情境造成的相对稳定的整体话语特色[②]。其中,作家的创作个性是形成作品风格的内在动因,语言、体裁、意象等构成的具体话语情境,则是作品风格的外在表现。

我们在看某些品牌的广告时,总能感觉到一种相似的"画风",在欣赏一些文案创意大师的作品时,也能感受到鲜明的个人风格。因此,在文案中,决定风格的作家个性,来自两个方面。一个是品牌本身,即品牌拟人化的个性;另一个是文案撰稿人自身的写作偏好。由于文案为广告主题和品牌定位服务,一个合格的文案撰稿人应以品牌个性作为写作的出发点,而不是固执地坚持自己喜爱的创作习惯,应该就不同的品牌说不同风格的话。当然,有些文案人长期服务于一种品牌,对其品牌个性十分熟悉,又结合了自己的创作倾向,使得品牌个性和自身的创作个性融合起来,这自然是文案撰稿人的幸运。比如,为台湾地区诚品书店执笔多年的广告人李欣频,其创作的文案均有鲜明、统一的风格。

具体而言,文案人处理风格的原则有如下几条:

(一)风格立足品牌个性的基调,和文案的语气呼应

归根结底,什么样的人说什么样的话。相传苏轼官至翰林学士时,曾问幕下士:"我词何如柳七?"幕下士答曰:"柳郎中词,只合十七八女郎,执红牙板,歌'杨柳岸,晓风残月'。学士词,须关西大汉,铜琵琶、铁绰板,唱'大江东去'。"(俞文豹《吹剑录》)借用到广告中,即品牌的个性决定文案的风格。台湾诚品书店作为

---

① 成伟钧,唐仲扬,向宏业.修辞通鉴[M].北京:中国青年出版社,1991:1002.
② 童庆炳.文学理论教程[M].北京:高等教育出版社,1998:249.

都市时尚书店,赋予其知性、先锋和优雅的个性,其广告文案在遣词造句上,均以此为出发点。

> 白天是塞车过不来的马路。白天是 8:30 的打卡钟。
> 白天是 24.5℃ 的会议室。白天是样样急件的文书档案。
> 白天是老板付薪水买的,晚上是自己的。
> 今年仲夏夜,困在台北水泥森林的人,不必选择出走。
> 在敦化南路上,有古典、摇滚、民谣、戏剧和啤酒,
> 连续十三周周末夜,欢迎所有白天身不由己的天使来夜夜堕落。
> 夏日游戏的联想,
> 三十九小时仲夏夜的游戏,夜夜夜狂。
> 架灯延长夜晚的生命力,
> 全程监看穿冰激凌色紧身长裤的异议分子,
> ROCK 的舞步在地上全面搜索啤酒释放的激情。
> 夜阑人未静,
> 请加入我们的黑名单,
> 所有的失踪人口,都将集结在诚品的月光下,
> 我们都保有欢闹的权利。

(二)风格表现为遣词造句的规律,从结构、词汇和细节等处锤炼

风格是说话写作的方式,依靠语言的组织而形成。为了形成鲜明统一的风格,与品牌个性呼应,文案撰稿人需从逻辑的架构、修辞的选择、意象的描摹等具体地方来实施。一般说来,基本的风格类型有三种:庄重(grand style)、平实(mean style)和家常(base style)。它们的基本不同点是:庄重体立场客观、结构严谨、辞藻华美、修辞多样,常用于论辩、演讲场合,西方的史诗、中国的赋体为代表题材。家常体对话居多,俚语俗语居多,结构松散,口语表达,词汇朴素,且主题多为民情俗欲,常用于通俗文学。西方的讽刺文艺、通俗剧,中国的戏曲、传奇可为代表。平实体居两者之间,中国的散文是典型。

广告整体上属于通俗文化,大都使用平实和家常的风格,但因广告性质、目的的不同,公益题材、企业形象广告等,有时会偏向庄重的风格。

(三)风格以平易务实为重,对初学文案者尤为必要

南北朝时期的文论家刘勰将文艺的风格分为八种:"若总其归涂,则数穷八

体：一曰典雅，二曰远奥，三曰精致，四曰显附，五曰繁缛，六曰壮丽，七曰新奇，八曰轻靡。"同时又把八种风格分为相互对立的四组："故雅与奇反，奥与显殊，繁与约舛，壮与轻乖。"这被称为风格的"四组八种"论。现代学者陈望道总结风格的四组八种为：简约、繁丰，刚健、柔婉，平淡、绚烂，谨严、疏放。风格虽然多样，但大多数学者都主张以平易为起点，更有苏轼等大家提倡平淡为上："少小时须令气象峥嵘，彩色绚烂，渐老渐熟，乃造平淡；其实不是平淡，乃绚烂之极也。"（《与二郎侄书》）

西方的广告大师们无一例外地推举平实的文案风格，反对故弄玄虚和铺陈辞藻的虚无做法。"无论你卖的是古龙香水、玉米饼甚或讲英语语法的书，自然流畅、轻松易读的文案始终比那些故作严肃和精致的文案效果更好。"[①]

这样做的好处很多：第一，选择平易，这是从易到难的自然训练过程。人们通常更熟悉日常口语的表达，先从平易的风格入手，文案初学者更容易掌握。第二，平易的文风，能突出产品的特色和卖点。假如语言平易，文案者推敲的重点就会落在产品的卖点上，最能打动人心的，应该还是有竞争力的产品。第三，平易的风格能彰显品牌的真诚、直率态度。这种交流的语气符合大部分品牌的愿望，而品牌的可信度是消费者决策的一个重要考量因素。

第二节　长文案的创作技巧

长文案和短文案是根据文案字数的多少来区分的，在美国，大多数文案的字数在36个字到120个字之间，那么30个字以下的文案被称为"短文案"，超过100字的文案则被称为"长文案"。这个划分在中国依然成立。

广告使用长文案还是短文案，受到几个要素的影响。

第一是产品。价格高昂的商品，如汽车、房产；价格虽不高昂，但关乎消费者利益，消费者决策时投入精力大的商品，如药品；专业产品，操作它需要一定的技术水平的商品，如器械、化工产品。上述这些高卷入商品为了说服消费者而做的广告，比其他类型的产品的广告，花费的字数要更多。

产品处于生命周期中的成长期，面临激烈的市场竞争时期，所做的广告要表

---

① 博顿.广告文案写作[M].程坪，丁俊杰，等译.北京：世界知识出版社，2006：96.

明产品和品牌的优势，这时长文案比较有效；反之，处于刚上市阶段的产品，急于让顾客知晓品牌，或处于下降期的退市产品，仅以广告维系一定知名度，则短文案常见。

第二是广告目标。以告知消费者产品新信息和说服消费者选择自身品牌为目的的广告，都需要较长字数的文案来作说明、示范和比较。以提醒消费者和获取消费者好感为目的的广告，则文案的字数不需要过多。

第三是媒介。印刷媒介，如报纸和杂志，都适合刊登较长的文案；广播、电视、网络等播放时间短的媒介，适合短文案；户外广告、橱窗广告、受众停留时间短、远距离阅读的媒介，也适合短文案；移动媒介，如手机上的微博、微信广告，视听播放目前受技术限制，适合长文案。

有人把长文案叫做"信函式"文案，是"文案导向"（copy-led），意即广告如果选择长文案，文案的分量就会加重，图像一般较为朴素，退居次要地位。长文案能将信息充分展示，但最大的障碍是如何在较短的时间内吸引读者全部读完。这种文案在创作时，更要以前文所述的标题、正文写作技巧来统筹规划。除此之外，还有一些技巧能增强可读性。

（一）分小段、写小标题，用短句，但保持思路统一

长文案切忌写成"意识流"的散文，因其长，要想让人读完，就得让读者始终意识到自己读的东西是一个有机整体。这就需要写作者对文案内在的逻辑顺序有清晰的把握。然而，即使思路统一，读者仍然难以忍受长篇大论，因此化大为小的做法，可以适度地降低长文案的冗长感。

一种是分成小段。每段的结构互相呼应，内容递进。试看联通沃派的广告《一秒交响曲》：

> 叮！
>
> 是微波炉？
>
> 不，是电影下载好了。
>
> 嗖！
>
> 是流星？
>
> 不，是英雄皮肤加载完了。
>
> 啾！
>
> 是鞭炮？
>
> 不，是群红包抢到了。

哐!

是闪电?

不,是超大文件传送完成了。

咻!

是赛车?

不,是视频电话接通了。

嘶!

是汽水?

不,是打车成功了。

嚓!

是照相机?

不,是演唱会门票秒到了。

(该广告获 2023 年"大广赛"文案类银奖)

　　虽然这段文案较长,但其实是由七个结构一致、内容呼应、表述相近的小段组成,这样操作,文案的整体统一感非常明显。

　　另一种方式是拆解标题,将标题的关键词进行分解,形成平行或递进结构,进而组织全篇,比如爱华仕箱包的广告文案标题是"爱华青年,四色生活",正文将"四色"细化为红蓝黄黑四个颜色,由此四个段落来描述目标人群的生活方式。

一口成都火锅,热辣

一群国足球迷,躁动

所谓年轻的词汇无非就是热血冲击

吃喝玩乐,人生旅途依然飘红。

我是爱华红色青年

前一秒在酒吧弹奏 Blues

后一秒就纵身跳入地中海

世界是忧郁的狂欢,还是包容的海洋?

请自己出发去看

我是爱华蓝色青年

有人追逐写字楼里的夕阳

有人在撒哈拉骑上骆驼
我不知道你心里那片黄属于什么
但狂放与理性并存就是态度所在
我是爱华黄色青年

谨记保持低调与神秘
出没在场合中带上 102 分的自信
西装革履不是标签，而是个性
黑暗，是灵魂沉默的重量。
我是爱华黑色青年
爱华青年。多彩，才是生活。
（该广告获 2020 年"大广赛"文案类银奖）

晓平护肤品的广告文案标题是"晓平，陪你走过春夏秋冬"，正文则分春夏秋冬四个季节来描述护肤品功效，这种技巧值得初学者训练，通过构思出平行结构的标题关键词，再来便利地谋篇布局。

春
自山野林间来
带着雨露的清香和泥土的芬芳
粗糙的厚朴树皮
却能提供最细腻的呵护
春到人间
代谢与气温一同复苏
晓平植萃臻颜清肌祛痘系列
为萌芽痘痘按下一键暂停

夏
采自朽木残枝
却好似月光下的新娘惹人怜爱
柔软的银耳是赫赫炎炎中的一汪泉
暑热将近
闷痘比蚊虫更惹人烦

晓平植萃臻颜清肌祛痘系列

让你的痘肌告别燥热油腻

秋

匍匐于荒原

干燥的凉风拨弄着绿绿的小伞

温润的积雪草

是自然界的修护小能手

秋风萧瑟

降温与干燥如影随形

晓平植萃臻颜清肌祛痘系列

为你的肌肤送走敏感泛红

冬

生于山谷高地

经寒风的吹打和骄阳的试炼

顽强的牛蒡子

早已成为医书上的良药

凛冬将至

严寒是对肌肤的考验

晓平植萃臻颜清肌祛痘系列

抵抗换季带来的爆痘危机

（该广告获 2022 年学院奖文案类铜奖）

(二)故事型的长文案可读性强

人人都爱听故事。故事有完整的情节,有喜闻乐见的主题,特别是以第一人称所讲的故事,更能带来亲身体验感,它能显著地吸引读者阅读全文,直到找到结局。

但是故事型文案对情节设计、信息挑选等谋篇布局的要求较为严苛。有几种情节是广受欢迎的:

(1)设置悬念的情节。不到最后,不知道结果。

(2)提供巨大落差和对比的情节。最终的结尾和读者的猜测恰好相反。

(3)主题是普适的,情节能唤起共鸣。如爱情、幽默、性等。

下面这则广告充分地结合了上述几个要素,是文案大师乔治·葛里宾(George Gribbin)的杰作。

当我28岁时,我认为今生今世我很可能不会结婚了。我的个子太高,双手及两条腿的不对称常常妨碍了我。衣服穿在我身上,也从来没有像穿到别的女郎身上那样好看。似乎绝不可能有一位护花使者会骑着他的白马来把我带去。

可是终于有一个男人陪伴我了。爱维莱特并不是你在16岁时所梦想的那种练达世故的情人,而是一位羞怯并笨拙的人,也会手足无措。

他看上了我不自知的优点。我才开始感觉到不虚此生。事实上我俩当时都是如此。很快地,我们融洽无间,我们如不在一起就有悄然若失的感觉。所以我们认为这可能就是小说上所写的那类爱情故事,以后我们就结婚了。

那是在四月中的一天,苹果树的花盛开着,大地一片芬芳。那是近三十年前的事了,自从那一天以后,几乎每天都如此不变。

我不能相信已经过了这许多岁月,岁月载着爱维和我安静地度过,就像驾着独木舟行驶在平静的河中,你并不会感觉到舟之移动。我们从来未曾去过欧洲,我们甚至还没过过加州。我认为我们并不需要去,因为家对我们来说已经是够大了。

我希望我们能生几个孩子,但是我们未能达成愿望。我很像圣经中的撒拉(Sarah),只是上帝并未赏赐我以奇迹。也许上帝想我有了爱维莱特已经够了。

唉!爱维在两年前的四月中故去。安静地,含着微笑,就和他生前一样。苹果树的花仍在盛开,大地仍然充满了甜蜜的气息。而我则悄然若失,欲哭无泪。当我弟弟来帮助我料理爱维的后事时,我发觉他是那么体贴关心我,就和他往常的所作所为一样。爱维在银行中并没有给我存有很多钱,但有一张照顾我余生全部生活费用的保险单。

就一个女人所诚心相爱的男人过世之后而论,我实在是和别的女人一样的心满意足。

(三)选择独特的风格,多样的修辞,避用平铺直叙

只有新颖的事物,才能吸引人的注意力。语言本身的生动有趣,能推动读者

继续阅读。只要不和品牌个性绝对对立,有意识地使用较为独特的风格来创作,这比常见的平易朴实叙述更有吸引力。相应地,多用各种修辞,赋予语言趣味。试看广告人李欣频为诚品书店创作的文案,将爱情新颖地比拟为食物,赋予平常概念崭新的情调。

> 标题:关于婚宴,另一种最口欲的书写形式
>
> 正文:把一个爱情的蛋黄打在半品脱的清水里
>
> 融入两磅的黏腻焦糖
>
> 加热糖浆,开始沸腾时就加一点冷水
>
> 就这样连续沸腾三次
>
> 然后把糖浆从现实的炉子上端下来
>
> 让激情静置一会儿
>
> 再把幻灭的泡沫抹去
>
> 加入午后的橘皮、大茴和丁香浪漫情调
>
> 文火直到它充分入味的阶段
>
> 最后用锅子上的亚麻布滤出耐久的相处余韵——
>
> 八月,盛夏盛情
>
> 我们将成为夫妻,期待您的祝福
>
> 找一张纸,让它有表情——月历、卡片、记事本设计征选
>
> 用济慈的诗句剪出一只蝴蝶
>
> 把爱情的叨絮收进一张卡片
>
> 找四季的景色摆出一份月历
>
> 将一生的回忆排成一本记事

第三节 短文案的创作技巧

短文案又被称作"明信片"式文案,因明信片是以大幅图像为主,所以明信片式的广告是视觉导向(visually-led)的广告。这时文案和图像的关系,应该是图像为主,文案为辅,也就是说,图像如果能清楚标明广告的主题和中心意思,文案就可以简略地点题,甚至省略不用。

似乎，短文案比长文案好写，因其字数少。其实，优秀的短文案，在推敲词句方面所下的功夫，可能比长文案还要多，唯其短，每一个字都要仔细斟酌。

本书 step 4 讲述文案和图像关系时，曾提出文案对图像的作用，一是明确意义，包括点题和避免歧义，二是引申意义。写好短文案的难度也正在于此：要以最精到的语言将广告的核心意思概括出来，有的还得赋予图像无法传达的意义。

> 我不会刷存在感，我只会提高幸福感。
>
> （朗圣药业赤尾避孕套，2022 年"大广赛"文案类金奖）

这样的文案，既传达出产品的特点（薄）和功能（幸福），又规避了隐私类产品做公开广告的争议性，远超过图像的效果。

要写出能起到画龙点睛作用的标题，可以借鉴以下几个技巧。

（一）直指广告核心信息，不虚与委蛇

标题里有主标题和副标题，两者有时是虚实相间的关系。但作为点题的短文案，应该针对最重要的广告卖点，不建议用太多的导入、引申等表述方式。比如获得 2015 年广告长城奖金奖文案的原村土布，文案是"土布土不？"将最核心的优势"不土"，以设问句问出，而且妙用谐音双关，确实一语顶万言。

（二）像创作口号一样，锤炼语词

短标题，在某种程度上，就像口号一样朗朗上口，便于传播。这时，修辞的使用必不可少，且修辞种类不宜过多。

> 即使不懂设计，也能即时设计。
>
> （即时设计，2022 年"大广赛"文案类金奖）
>
> 早餐界的"充电饱"
>
> （娃哈哈营养快线，2021 年"大广赛"文案类金奖）

以日常的广告语为例，厦门曾厝垵文创渔村集合了大量的零售店铺，种类以休闲食品、旅游产品为主。这些店铺的推广文案都以短小精悍见长，将产品、品牌信息融合进修辞中。

> 想找茶吗？请到鹭仁甲（鹭仁甲茶铺）
>
> 情不自已，酥给了你（一封情酥凤梨酥店）
>
> 今夕何夕，见此邂逅（邂逅音乐酒吧）

用心做好每一件属于自己的"喜物"(喜物陶艺)

友情提示:您已进入艳遇高发地段。请小心艳遇(焰上酒吧)

除了爱,什么都不添加(一颗柠檬茶饮品)

多少人为了这家酒吧,不远千里来到厦门,而您距离这家酒吧,只有不到一米(厦门谷吧)

比脸还长,比脸还大,鱿鱼巨无霸(轰炸大鱿鱼)

以信相遇,以信相知,以信相思,以信相恋,以信相守(以信之名邮寄店)

在本店可以打架打滚,打飞机,就是木有打折(脑子进水性文化创意店)

10元一份,随便装,尽量装,死命装(自助水果鲜捞)

爱自己,爱生活,爱家人(张三疯奶茶铺)

正宗牛轧糖,不甜不腻不粘牙(王孙家的店)

我认真做鸭,做全球好鸭(片皮鸭)

生活就是一种慢,慢慢地你就会明白(姗姗慢递邮寄店)

时光雕刻我们,我们彼此雕刻(鹭仁甲茶铺)

好好吃饭,天天向上(三年二班食堂)

你陪我做杯子,我陪你一辈子(手工陶艺)

【小　结】

广告正文是对标题的进一步阐释,承担说服消费者的职责。正文的写作和修改,要从五个要素着手。它们是语气、主题、结构、细节、风格。语气表现了广告的沟通态度,包括对消费者和对自身产品品牌两种。主题是广告的中心思想,自始至终需一致。结构是广告的内在逻辑,对称、对比和递进是常用思路。细节让广告富有生动性、可信度和感染力。风格是品牌个性的外化,从结构、词汇各方面体现,平易自然的风格是文案撰稿人的起点。长文案和短文案各有适应范围。长文案注重情节设计和谋篇布局,短文案注重核心意思及修辞。

【关键术语】

正文、语气、语气三角模型、主题、结构、凤头猪肚豹尾、细节、风格、长文案、情节、短文案、修辞

【思考题】

1.根据正文写作的五要素,评析开篇案例中的《快手·500个家乡:柔软的

铁岭》广告文案，总结其特色和启示，分析有无改进之处。

2.依据前期产品利益和消费者需求调查、消费者生活方式调查、品牌个性调查，结合提炼出的广告标题，创作两则广告正文。

3.改变下面这幅广告的语气，再创作一则广告文案。

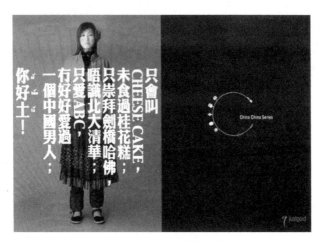

图 7-5　**just gold 金饰广告**

(just gold 是 1991 年成立于香港的时尚纯金首饰品牌，以突破传统的创新设计和现代化营销策略及售后服务，推动纯金首饰成为女性日常佩戴的潮流饰物。品牌标志以女性优雅的体态为灵感，同时包含 just gold 的字母"j"和"g"，缔造独立自信、自购饰物的现代女性"真女人"品牌形象)

【延伸阅读】

1.李欣频.诚品副作用[M].北京:电子工业出版社,2011.

2.许舜英.大量流出[M].桂林:广西师范大学出版社,2013.

**Step 8
乱花渐欲迷人眼:
移动媒体广告
文案写作**

┌───┐

§学习指南

　　梳理移动媒体的发展历程及对广告文案的影响。

　　了解移动媒体广告效果的影响因素及其对文案写作的启发。

　　学习微信公众号、短视频和Vlog广告的文案写作思路。

└───┘

【开篇案例】

五万首唐诗,最美的植物不过这四种

一

　　首先问一个有趣的问题:唐诗里能不能打广告?搞植入?我觉得可以。

　　当然,这很不容易的,特别是在人气值很高的大诗人的作品里露脸。

　　比如,我曾说过,有两个原来没有一点名气的人,一个叫岑勋,一个叫元丹丘,无意中被李白搞了个植入,在他那伟大的文案《将进酒》里提了一笔:"岑夫子,丹丘生,将进酒,杯莫停。"

　　结果是什么效果?这俩人从此永垂不朽,红了一千多年。

　　今天我们的话题是——植物。同理,天下那么多花花草草,不是每一样都可以幸运入诗的。

　　你看《唐诗植物图鉴》,五万首唐诗,其中经常露脸的植物不过七八十种。

　　究竟哪几种植物,能成为大诗人们的最爱,不惜亲自给它写诗、代言?我认为最猛的有四种。

　　它们天生丽质,色艺双绝,成为唐诗中的耀眼巨星。

二

我们从排行榜上的第四名说起。

今天，它的名字如雷贯耳。但在唐朝的很长一段时间里，它并不太出名，只是西北地区的一种花花。

就像今天的娱乐明星一样，它也有过很土鳖的"曾用名"。有人叫它"鼠姑"，有人叫它"鹿韭"，有的仅仅因为它和芍药很像，就叫它"木芍药"，也真是够不走心的。

当时，它真的并不红。

从初唐到盛唐，在一个个诗人的炒作包装下，很多花花草草都已经红了，比如兰花、丹橘、桂子、蔷薇……可它还是在默默地当二三线艺人，没有大红大紫。

这一年，有一个大名鼎鼎的诗人遇到了它，瞬间被它的美丽惊到了。这个诗人叫作王维。

王维想必很惊讶：天啊，这么美貌的花花，我大唐开国都一百年了，居然没有诗人认真写过你？

那么，今天就让我来给你写首诗吧。

于是，就有了那首《红牡丹》："花心愁欲断，春色岂知心。"

这是自唐朝以来，我所知道的咏牡丹的最早的诗。

可惜的是，这首诗仍然没有红。看来，即便是人气数一数二的"大 V"王维，也不是每首诗都会红的。

陆续又有一些诗人给它写诗，比如岑参，比如裴士淹……但牡丹还是不很红。它还在静静等待着机会。

终于，它等到了这一天。因为唐代的三个女人，它一飞冲天，成为唐诗中的绝代名花。

第一个女人，叫作武则天。她和牡丹的纠葛，还发生在王维写诗之前。这是一个妇孺皆知的故事：

武则天有一天突发奇想，想要冬天游公园，命令百花紧急绽放。所有的花都从了，只有牡丹不搭理她。

没有人能无礼地命令我开花，哪怕你是女皇。

武则天大怒，把牡丹谪贬出首都长安，赶到洛阳。但牡丹的高傲，却开始渐渐征服唐代人的心。

第二个女人，叫作杨贵妃。她无意中成为牡丹的代言人，因为唐代第一文案高手李白给她写过一首诗，把她比作牡丹："云想衣裳花想容，春风拂槛露华浓。"

然而，即便有了这两个名女人的背书，牡丹想要跻身唐诗中最美的四种名花草之一，还仍然不够。

关键在于第三个女人的代言。

她只是个普通的唐代女孩子，并不是什么名女人，更不是什么贵妃、女皇。我们甚至不知道她的准确姓氏、身份、生平。

但牡丹在唐诗中的地位，却最终是由她奠定的。

事情经过是这样的：

那一年，有一个二十二岁的男青年，看见了这个女孩子。

他想给她写首诗，题目就叫《牡丹》。

这是一首绝美的诗，这是一首绝美的诗，这是一首绝美的诗——重要的事情说三遍。它的最后两句是："我是梦中传彩笔，欲书花片寄朝云。"

这个青年诗人，叫作李商隐；而那个神秘的姑娘，大概就叫作朝云。

今天，再牛的学者，也考证不出这位朝云姑娘的来历了，就好像再资深的古龙迷，也永远不会知道，谁是古龙书里的那个绝世美女"春雨"。

而牡丹却彻底红了，成为唐诗中无可争议的巨星。

三

排名第三的植物，是菊花。

你可能不同意：它凭什么能排在牡丹的前面？难道它也有杨贵妃、武则天、李商隐当代言人吗？

不要着急，我慢慢告诉你原因。

有人说，唐诗无非就是四种套路：田园有宅男，边塞多愤青。咏古伤不起，送别满基情。

可是你知道吗，唐诗里的宅男和愤青全都喜欢菊花。什么叫"半壁江山"？这就叫半壁江山。

众所周知，日本有一个著名的"菊花王朝"。但我觉得，唐朝才是名副其实的"菊花王朝"。

我并不是指唐朝人喜欢搞基，而是说它伴随了唐朝的始终。

唐朝就是在菊花的芬芳中开启的。唐代第一个杰出的诗人，叫做王绩。他是一代著名田园宅男，是陶渊明再世。和陶渊明一样，他也喜欢菊花："涧松寒转直，山菊秋自香。"

唐朝还是在菊花的摇曳中走向盛世的。比如，孟浩然，他一生都生活在王朝最强盛的年代，虽然从来没有做过官，但却洋溢着盛世的气派、悠闲和自信："待到重阳日,还来就菊花。"

最后,唐朝还是在菊花的狂舞中走向灭亡的。

那一年,有一个年轻人高考失败了。他觉得社会不公平,于是满怀愤怒地写了一首诗,题目就叫做《咏菊》。

这人叫做黄巢,是整个唐朝最大的一枚愤青。

我说过,当时的愤青也是喜欢菊花的。黄巢的这一首菊花诗,让整个大唐王朝都在战栗、颤抖:"待到秋来九月八,我花开后百花杀。冲天香阵透长安,满城尽带黄金甲。"

黄巢后来兑现了他可怕的誓言。他率领大军攻入长安,给摇摇欲坠的唐王朝捅了深深一刀。

这个王朝捂着伤口,再也没能痊愈,二十多年后就覆灭了。

这不禁让我想起,在距此半个多世纪前,大才子元稹曾经写过一首一语成谶的菊花诗:"不是花中偏爱菊,此花开尽更无花。"

这预言太准了。当黄巢的菊花绽放之后,唐朝就再也没有花好月圆的机会了。

四

现在,请屏住呼吸,让我隆重介绍在唐诗中排名第二的植物——杨柳。

它在诗歌史上的地位高不可攀。在它面前,千花伏地,万木拱手。

前文说了,菊花伴随了唐诗的始终;而杨柳却可以更骄傲地说,这算什么,整个中国的诗歌,都是从我杨柳开始的。

因为早在距今近三千年前,那一部伟大的《诗经》里的那一首伟大的诗:"昔我往矣,杨柳依依。今我来思,雨雪霏霏。"

许多人相信,从这首诗开始,中国的诗才不只是发泄,不只是言志,不只是男女勾引对方交配的呼号,不只是献给鬼神的言语,而是为了追求一种新的、纯粹的东西——美。

在整个唐代,杨柳,就几乎是唐诗的形象标识。如果说"田园宅男"和"边塞愤青"喜欢菊花,那么"咏古伤不起"和"送别满基情",则几乎全靠杨柳。

它出现在唐朝人离别的时候:"渭城朝雨浥轻尘,客舍青青柳色新。"在他们恋爱的时候:"杨柳青青江水平,闻郎江上踏歌声。"

在他们思春的时候:"忽见陌头杨柳色,悔教夫婿觅封侯。"在他们怀古的时候:"一上高楼万里愁,蒹葭杨柳似汀州。"

在他们开心的时候:"最是一年春好处,绝胜烟柳满皇都。"在他们沉吟的时候："羌笛何须怨杨柳,春风不度玉门关。"……

要不是有下面的这一位的话,杨柳真的应该排名唐诗第一的。

五

这或许是唐诗里最哀婉的一个传说：

这一年,在洛阳,有一个叫顾况的青年诗人,正在皇宫御沟的水边游玩。

忽然间,一片红色的叶子顺水漂来,上面依稀写有几行小字。

顾况捡起了它,发现那是一首诗："一入深宫里,年年不见春。聊题一片叶,寄与有情人。"

这是一个宫女题诗后放入水里的。她所在的这座宫殿,就是大名鼎鼎的上阳宫。

上阳宫的出名,主要因为两点：一是里面关着的宫女多,二是皇帝来得少。

这里是名义上的行宫,实质上的冷宫。它像一座没有火焰、没有温度的炉子,焚烧的是无数少女的青春。

顾况手持红叶,伤感不已——这个宫女一定很孤独,很寂寞吧？她可能还要再被关上几十年,变成老太婆了,才有希望出来吧？

他也找了一片叶子,写上一首诗,从御沟的上游放了进去："君恩不禁东流水,叶上题诗欲寄谁？"

我们不知道宫女是否收到了这片叶子,也不知道她有没有再写诗给顾况。

尽管有一种一厢情愿的说法称,宫女捡到了红叶,又给顾况回了诗,两人搭上了线。多年之后,他们最终在一起了。

留下这段美丽传奇的,就是唐诗中最美的角色——红叶。

它是慈悲的。皇宫里有无数牡丹,但在关键时刻,都不如一片红叶能帮助宫女传情。

唐代的每一个伟大诗人,心中几乎总有一株红叶：

李白是在夜晚想起它的："明朝挂帆席,枫叶落纷纷。"王维是在晨时想起它的："荆溪白石出,天寒红叶稀。"

白居易在醉的时候想起它："似烧非因火,如花不待春。"张继在醒的时候想起它："月落乌啼霜满天,江枫渔火对愁眠。"

和别的花花草草相比,红叶更含蓄,它怨而不愤,哀而不伤,感情从不过度浓烈。

它也更飘忽,不像杨柳,代表"离别"的印记太深；也不像牡丹,总是代言高贵的妇人。

这也是为什么，在今天存世的五万首唐诗中，我觉得写植物最美的，是这一首几乎所有小孩子都会背的诗："远上寒山石径斜，白云生处有人家。停车坐爱枫林晚，霜叶红于二月花。"

这首诗，好安静，好平和。它证明了唐诗完全可以没有田园宅男，没有边塞愤青，没有咏古骚人，也没有送别基情。

这就是红叶的气质——它可以无比深情，也可以无比地正大、平和、醇美。

唐诗第一，我给红叶。

可能你会说：它确实好美，可是今天，该到哪里去找这样的红叶呢？

有的。答案是中国巫山。

你并不一定非要去那里看古阳台，虽然有宋玉笔下的千年巫山云雨。

不一定非要去看巫峡，虽然"巴东三峡巫峡长，猿鸣三声泪沾裳"。

也不一定非要去看神女峰，世间最多情的那块石头，虽然有舒婷的诗。

但我觉得，我们一定要去看红叶。

这是唐诗中，最浓艳的一抹红。

第九届巫山国际红叶节

以诗的名义

11 月 21 日至 12 月 31 日

点文末"阅读原文"，关注官方微信号，了解巫山红叶节

（本文是微信公众号"六神磊磊读金庸"于 2015 年 11 月 19 日推送的文章。作者六神磊磊，本名王晓磊，生于 1984 年，曾任记者，自 2013 年起开办"六神磊磊读金庸"微信公众号。作者曾自述该推文是自己较满意的一篇）

第一节　移动媒体对广告文案写作的影响

人们常把四大传统媒体之后出现的新媒介形式，称为新媒体。何为新媒体？大多数学者同意，它是一个相对的、发展的概念，新与旧相对而言。从历史走向来看，广播相对报纸来说是新媒体，电视相对广播来说也是新媒体，网络相对电视等传统媒介而言，又是新媒体。现如今，手机媒体被认为是新媒体的典型代表。总的说来，目前所指的新媒体是立足于计算机信息处理技术基础之上出现

并影响的媒体形态,包括在线的网络媒体和离线的其他数字媒体形式①。有学者用示意图(图 8-1)描绘了主要的新媒体形式②。

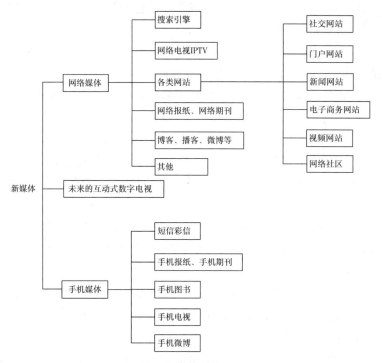

图 8-1 新媒体的主要形式

移动媒体是新媒体的一种,而且是当前发展最为迅速的一种,它依托智能手机,以及平板电脑、移动电视、PSP 游戏机、电子书等。

从广告文案写作的角度而言,数字电视、数字广播是传统广播电视的延伸,网络媒体是传统平面、视听媒介在新载体的应用,文案创作的基本原则及标准仍然可以沿用。

而移动媒体具有的特殊性使得它对文案创作的影响极大,因此 step 8 将重点讨论移动媒体上广告文案的创作。

一般认为,新媒体普遍具有如下特点③。

---

① 熊澄宇,金兼斌.新媒体研究前沿[M].北京:清华大学出版社,2012:3.

② 匡文波.到底什么是新媒体?[J].新闻与写作,2012(7):24-27.

③ 匡文波."新媒体"概念辨析[J].国际新闻界,2008(6):66-69.

第一，信息的海量性、即时性。人们获取信息的速度更快，信息更新及时，与全世界相联系，信息量大为增加。

第二，传播的开放性、低成本。人们获得信息的门槛降低，对信息解读能力的要求更低，人们传播信息的限制更少。

第三，受众的个性化、分众性。人们在网络上更能自由表达意见，因而展示出更多的个性，并因不同个性而汇聚成趣缘群体。

第四，传播的互动性、融合性。人们能拥有更多的自主表达机会，实现与传播者的互动交流。

移动媒体具有上述新媒体的特点，同时又具备自身的独特性，具体表现在：

第一，灵活性。移动媒介使得人们可以随时随地获取信息，非常方便。

第二，共时性。和第一个特点相呼应，移动媒介的使用通常在人们进行另一项社会活动的过程中进行，它是伴随型媒介，这一点和广播类似。

第三，去中心化。不存在明显的媒体中心，诞生大量的自媒体。

第四，内容后现代化。新闻娱乐化，内容个性化，信息成为现代人情感和交际的一条纽带。

第五，病毒式传播。手机信息实现个人之间的自由传播，复制、上传、创作无线产品信息的成本和时间较之传统媒体大大降低。这一点更促进了移动媒体信息的海量性、及时性和多样性。

移动媒体的上述特性，对广告投放及广告文案都发生了深刻的影响，归纳起来有如下几个方面：

第一，从广告主角度而言，企业或品牌不再单纯依靠传统媒体平台来投放广告，移动广告成为新增长点。

由于移动媒体上的信源变得更为多样，依托人际网络而诞生的微信朋友圈中的个人用户、企业用户，短视频平台的用户，自媒体运营者等，都可以成为广告代理人。换句话说，任何人都能做广告，这使得广告生态圈短时间内变得更为混乱，各种类型的广告创意，各种水平的广告文案，都能在移动媒体上看到。广告主拥有更低成本、更丰富样式的广告代理人可供选择，但同时也面临着良莠不齐的风险。

新兴的产品或品牌进行推广时，更倾向于移动自媒体平台。这些产品针对的消费者多是手机的重度使用者，而且广告费用相对低廉。

成熟的企业和品牌也选择自媒体来进行推广，有的将其视为维护客户关系和打造品牌形象的新阵地，有的依托手机的便利性而进行及时的促销。

第二,从广告策略的角度而言,按照广告所面对的消费者属于公域还是私域流量,可以将移动媒体上的广告形式分为两大类:公域流量广告、私域流量广告。

流量本是指在规定期间内通过一指定点的车辆或行人数量,现在泛指使用新媒体,尤其是移动媒体的网民。公域流量是指来源自诸如微博、抖音、快手、B站、小红书等公共平台的流量,在上述平台投放的广告,如小红书的种草笔记、抖音上的短视频等,属于面向公域流量的广告。这些平台的用户并非归属于单个个体,而是属于集体共享,流量的分配权往往由平台把控,商家必须付费才能在公域流量池中展示产品和提供服务。公域流量的主要优势是网民基数大,随着大数据技术的成熟,定向广告和推荐广告的精准性也越来越高。

私域流量与公域流量相对应,指建立在双方相互信任和利益基础上的封闭流量平台。它是商家自己建立起来的用户池,如微信公众号、视频号、抖音的企业号、微信群、个人微信号、企业微信号等。私域流量不受平台限制,商家可以通过自主、持续地接触用户,从而降低营销成本并提高顾客忠诚度[①]。

私域流量的典型代表是微信,目前微信营销的形式包括朋友圈广告、公众号广告、小程序广告、视频号广告、微信搜索广告,以及一键添加"企业微信"广告。

其中,"企业微信"应用程序于 2016 年 4 月推出,是腾讯微信团队专门为企业打造的独立办公 APP,该应用内嵌于个人微信,提供与个人微信一致的沟通体验,同时拥有办公自动化应用和与微信连接的功能,让员工可以在企业微信和个人微信之间互发消息,实现信息互通,以统一、专业的对外形象提供服务,可以说是微信的"企业号"。企业微信对话框广告正是依托于此,由品牌的客服一对一地向用户推送的营销信息,目前主要有两大类:一是广告信息,如促销优惠、新品上市、积分兑换等;二是公关信息,即品牌方日常维护用户的相关信息,如问候、生日祝福、关键节日提醒等。

第三,从广告设计的角度而言,现阶段移动媒体能承载的广告信息量有限,表现手法以文字、言语居多,还无法做到像电视广告、微电影广告那样,使用多样的视听手段。这一方面限制了广告创意的发挥,另一方面为广告文案的创作提供了很大的发挥空间。

(1)长文案有了用武之地。传统媒体广告给用户提供丰富的视听享受,其文案的内容较为简短,但移动媒体目前主要依赖文字表现,这就给长文案更多机会,公众号的植入广告大部分以长文案居多。

---

① 薛可,余明阳.私域流量的生成、价值及运营[J].人民论坛,2022(Z1):114-116.

（2）广告标题变得更加重要。文案吸引消费者的第一要素是标题，当广告文案成为广告创意的重点，自然其标题的写作就更要精心锤炼，要能一眼吸引消费者的注意力，且具有高度概括性。

（3）广告文案的修辞技巧更为讲究。假如没有充分的视觉图像来吸引人，为了提高文案的说服力，广告人更为重视修辞的应用。比如，开篇为巫山红叶节所作的推文，为了能顺理成章地在结尾引出这一信息，作者作了大量铺垫，使用了对比、递进等手法，增强叙事性，避免让受众一眼认出这是广告，令其在潜移默化中接受广告信息。这就比普通的文案要求更高。

第四，从广告受众的角度而言，移动媒体的灵活性和共时性，对于广告效果来说，有利有弊。

一方面，广告投放多了一块阵地，占据消费者时间有利于广告主；另一方面，手机是伴随性媒介，人们处于多屏状态下，即电脑、平板、电视和手机等同时开通的状况下，消费者的注意力被严重分散，对广告主不利。消费者的碎片时间急剧增多，这对广告的启示有：

（1）移动媒体广告的主题要投消费者所好。由于消费者卷入度低，普遍受到欢迎的主题，如幽默、娱乐搞笑、刺激、性笑话、健康养生、心灵鸡汤等，往往成为广告信息的载体。

（2）移动广告致力于多屏融合。由于多屏状态下的消费者注意力不够集中，广告策划者可以促进其主动地跨越当下使用的单一媒介，以增强卷入度。

（3）移动媒体广告注重传播的整体策略性。一则广告的创意不是重点，创意策略的传播流程设计，是广告策划人的关注点。一个核心创意在各个媒介上的表现，各个媒介的传播引导，以及贯穿消费者认知、态度和行为的整体目标，这些将成为全局的策略。比如，可口可乐的"昵称瓶"广告战役，从微博大咖们开始传播，接着吸引微信等社交媒体用户参与分享，再导向网络媒体实现产品定制，线下媒体促销，最后传达到传统媒体上，成为事件营销的舆论热点话题。广告策划人将移动媒体视为消费者生活环境中的一个环节，从而有策略性地串联起消费者的全部生活形态。

从移动媒体广告类型可以看出，网络广告在移动端的投放，其表现形式依托视频、图文，和传统四大媒介广告没有本质差异，在广告策略重在互动这一方面，而这一点移动媒体广告有过之而无不及，所以 step 8 略去网络广告文案创作，专讲移动媒体广告文案。网络广告文案的创作，可结合传统媒体及移动媒体广告的创作策略作为参考。

第二节　移动媒体广告的本质:植入

当前移动媒体上的广告形态,除了传统的印刷和视听广告之外,最值得关注的就是"不像广告的"广告。无论是小红书的分享笔记、微信公众号的营销推文,还是网络综艺的嘉宾口播、抖音的"恰饭"视频,这些广告形式都不再像以前明确的"推销"风格,而变得更为隐蔽、委婉,因此业界和学界用"软文广告"来称呼它们。

软文广告,对应的英文概念是"advertorial",由"advertising"和"editorial"两个词合成,含义也综合了两个词汇,指由广告客户付费,结合了可识别的广告和模仿报道的文本。软文起源于 1915 年,先是以平面广告形式出现,接着延伸到广播节目,后来大量的软文广告集中在杂志上[①]。中国的软文广告发展高峰时期也是在报纸杂志兴盛期。软文广告的争议,中外也一致,都聚焦于它模糊了商业信息和新闻之间的界限,并带来欺骗性[②]。

进入新媒体时期,出现了"网络软文"一词用于形容新形态的软文广告,如较早的微博营销段子。软文被认为是"企业或相关组织通过系统策划,以独立第三者身份在报刊、广播、电视、网络等媒体上发布的,可以提升企业形象、促进产品销售的付费信息"[③]。这一界定将软文的媒介从传统媒体延伸到新媒体。随后大量的微信公众号软文出现,微信公众号软文是"个人,企业或者社会组织等行为主体通过策划,在微信公众号中投放的、能够提升用户对商品认知度的说服性文章,是常以新闻资讯、情感故事、科技知识、健康信息或者恐怖故事等形态为外壳的隐藏广告文本,是一种以营利为目的的广告形式"[④]。该定义侧重于"软",强调用故事文本隐藏广告信息。

---

①　Patricia A S, Gary B W, Lorrie S G. Trends in Magazine Advertorial Use[J]. Journalism & Mass Communication Quarterly,1989,66(4):960-964.

②　Kuen H J,Bong H K,Cameron G T.Trends in the Use and Abuse of Advertorials in Magazines[J].Mass Comm Review,1995,22(3):112.

③　郭志鹃.重新认识软文:网络传播中公关"软文"的发展与变异[J].新闻知识,2010(1):72-74.

④　信莉丽.微信公众号软文广告及其叙事特点[J].青年记者,2017(18):90-91.

还有的定义认为软文是"品牌或者产品通过和知名社交媒体博主(例如微信公众号上的美妆博主、旅游博主、生活号博主等)的商业合作,在博主个人心得、生活经验或者科技知识的文章中嵌入或者植入产品推广的信息的广告文本"①。这一定义强调两点:一是软文的利益主体包括品牌和博主两方面,二是软文的本质属于植入。

本书认为,将移动媒体软文广告的基本策略定位为植入广告是合理的。为了提出优化移动媒体广告文案写作的建议,必须理解其广告策略背后的原理与机制。植入广告是"以付费的方式将产品或品牌识别元素通过声音、视觉等形式置入大众媒介内容之中"②。具体来说,移动媒体软文广告和植入广告相似的地方有三点:

第一,环境载体相似。博主或运营者的推文视频是品牌和产品植入的载体,这与植入广告选择的影视、新闻、游戏等载体性质一致。

第二,"置入"性质一致。博主或运营者的推文视频是媒介内容,品牌和产品"置入"其中。换句话说,推文视频是主体,产品信息是附属物,这与植入广告一致。植入广告效果的一个冲突就是媒介文本效果和广告效果的张力。媒介内容和产品信息都会吸引用户的注意,彼此还会相互影响。实际运营中,许多自媒体博主都认识到公众号不能变成"营销号",比如开篇案例中的博主"六神磊磊"接受采访时,谈及自己创作广告的数条原则:广告频率不能过于频繁,一个月推三四期带广告的文章,接广告的频率为十个中接一个;有读者意识,站在读者的角度想,如果读者手机突然弹出这篇稿子,会不会愿意看,但不要刻意取悦读者③。

第三,植入策略共通。由于产品信息置入于软文发布平台,因此两者的契合度就相当重要。与传统广告投放平台相比,自媒体运营者不仅将自身看作媒介,还努力将自身作为一个品牌来经营打造,因此软文广告更像是两个品牌的联盟(brand alliance)。运营者会谨慎选择适合自身形象的产品及品牌,而不是任何广告都接。植入广告的契合度和显著度等策略,在移动媒体软文广告中,也是适用的。

---

① 王子涵.软文广告显著度对消费者行为意图的影响机制研究[J].广告大观:理论版,2019(6):59-68.

② James A, Karrh. Brand Placement: a Review [J]. Journal of Current Issues & Research in Advertising,1998,20(2):31-49.

③ 刘恋.从微信订阅号看自媒体创业:以"六神磊磊读金庸"为例[J].新闻世界,2016(8):56-58.

一、影响传统植入广告效果的因素

前人关于植入广告的效果及影响因素已有较为成熟的研究,多是针对传统媒体时代的纸媒和影视,而且主要是国外受众的感受。归纳起来,有四大方面的影响因素。

(一)广告主方面

品牌的自身形象会影响植入效果,如果是有道德争议的产品(例如烟酒),受众就表现出明显的担忧[①]。这一点,公众号运营者有考虑,如"六神磊磊"只"选取自己认同的品牌,不要写自己不认同、不相信的东西"。

(二)受众方面

较为年轻的受众(15~34岁)对植入广告更加宽容,而且更容易注意到它们[②];不同地域和文化的受众亦存在差异,美国的受众比法国和澳大利亚的受众,更愿意接受植入,也更容易受到刺激去购买[③];教育和收入也有影响,教育程度越高,收入越高,越不喜欢植入广告[④]。用这些结论去分析微信公众号,发现植入广告面向的消费者主要是年轻的新媒体使用者,他们的教育程度和收入处于中等水平。

(三)植入载体方面

植入的媒介内容会影响效果。如果受众喜欢某个节目或平台,对其中的植

[①] Gupta P B,Gould S J.Consumers'Perceptions of the Ethics and Acceptability of Product Placements in Movies:Product Category and Individual Differences[J].Journal of Current Issues and Research in Advertising,1997,19(1):37-50.

[②] Hall E. Young Consumers Receptive to Movie Product Placement[J]. Advertising Age,2004,75(13):8.

[③] Stephen J G,Gupta P B,Sonjia G K.Product Placements in Movies:a Cross-cultural Analysis of Austrian,French and American Consumers' Attitudes Toward this Emerging International Promotional Medium[J].Journal of Advertising,2000,29(4):41-58.

[④] Alwitt L F,Prabhaker P R.Functional and Belief Dimensions of Attitudes to Television Advertising Implications for Copy Testing[J].Journal of Advertising Research,1992,32(5):30-42.

入广告就会更宽容；让人开心的娱乐电视节目会让消费者产生积极快乐的情绪，连带着会让他们对植入其中的广告也产生积极回应[1]；比赛类的娱乐节目也是不错的选择。这一点从受众的评论中可以鲜明看出，不少留言者表示，看到作者的推荐就购买，因为很喜欢某订阅号才买，等等。公众号运营者也非常珍惜粉丝的忠诚，选择品牌和写作时会充分考虑读者的感受，如"尊重粉丝，不损害粉丝的利益，勤于与粉丝互动，给粉丝心理满足，有读者意识"。

（四）植入策略方面

首先，植入的形式。声画结合的植入比单独的声音植入或是画面植入能让人记得更牢，单独声音的植入又要比单独画面的植入有更好的回忆率[2]。

其次，显著度（prominence）。显著度是指植入的品牌或产品能被清晰辨认的程度。在显著和重要位置出现品牌元素而非在背景之中，单独出现而非与其他品牌同时出现，长时间曝光，附着在主角身上——这四个技巧都能增强植入的显著度[3][4]。

越显著的品牌，越能被消费者记住，这一点毋庸置疑[5]。但能否激发消费者的好感，各有说法。有的发现消费者讨厌太明显的重复显著植入，还有人发现不管显不显著，受众态度不会发生很大变化[6]，也有人证实，太隐秘的植入，受众最

① Goldberg M E，Gorn G J.Happy and Sad TV Programs：How They Affect Reactions to Commercials[J].Journal of Consumer Research，1987，14（3）：387-403.

② Gupta P B，Lord K R.Product Placement in Movies：the Effect of Prominence and Mode on Audience Recall[J].Journal of Current Issues & Research in Advertising，1998，20（1）：47-59.

③ Gupta P B，Lord K R.Product Placement in Movies：the Effect of Prominence and Mode on Audience Recall[J].Journal of Current Issues & Research in Advertising，1998，20（1）：47-59.

④ Brennan I，Dubas K M，Babin L A.The Influence of Product-placement Type & Exposure Time on Product-placement Recognition[J].International Journal of Advertising，1999，18（3）：323-337.

⑤ Van R E，Neijens P，Smit E G. A New Branch of Advertising [J]. Journal of Advertising Research，2009，49（4）：429-449.

⑥ Cauberghe V，Patrick D P.Advergames[J].Journal of Advertising，2010，39（1）：5-18.

为不满①。或许,保持中等程度的显著度,是比较保险的做法。

最后,契合度(congruence)。赞助或植入广告与节目本身的契合度的不同也会造成不同的影响,当赞助或植入与节目内容联系越紧密,受众对品牌的态度越好②,契合度越高,受众评价越高。

随着中国植入广告的兴起,针对本土用户在新媒体时代的植入广告效果研究也逐步推进。无论是受众还是植入策略,影响因素都发生了显著的变化,值得创意者和文案人密切关注。

二、移动媒体时代植入广告影响因素的变化

有些影响因素的效果较为稳定。比如,植入平台,用户喜欢特定的媒体,因而连带着喜欢平台所发布的广告。平台与其植入的品牌相关性越强,效果越好。本书挑选了时尚行业里,粉丝数量、原创微博数量最多的五位时尚博主,分析其微博和微信公众号内容,发现他们微信推文里的广告产品主要涉及时尚领域、快速消费品、电子科技类和汽车领域,集中在购物网站、服装及服装类 APP、化妆品,以及由明星代言的新产品。这些品牌或多或少都和时尚业相关联。在植入形式上,动静结合、视听互补的广告形式依然最为有效。目前,大多数移动媒体软文广告都结合图像和文字两种要素,而且普遍应用带有动图效果的图像。

然而,植入策略中的显著度、契合度在新时期有了不同的变化,受众的态度也在转变。归纳起来,主要有三方面的变化。

(一)包容“恰饭”

“恰饭”在四川方言中意指“吃饭”,网友常用“要恰饭的嘛”调侃自媒体平台中的内容创作者(UP 主)为了生计,帮助商家打广告的行为。传统植入广告研究认为特定的受众,如女性、受过高等教育的人群,以及年长的人群对植入广告的态度较为消极。然而近年来数个研究都发现,中国消费者尤其是受过高等教育的年轻人,对软文广告不仅不排斥,还充分地表达理解和认可。一项针对 B

---

① Astous D A,Bitz P.Consumer Evaluations of Sponsorship Programs[J].European Journal of Marketing,1995,29(12):6-22.

② Astous D A,Bitz P.Consumer Evaluations of Sponsorship Programs[J].European Journal of Marketing,1995,29(12):6-22.

站"恰饭"视频的访谈发现，尽管该视频的植入十分生硬和直接，但仍然出现满屏的"让他恰""时不时硬广口播哈哈哈哈哈"等弹幕[①]。另一个有关微信公众号软文的研究发现，阅读了广告明显的推文的受众，和阅读了广告不明显的推文的受众，态度没有大的差别[②]。推文带广告已然成为一种基本配置，中国的用户已经非常熟悉和接受该模式。

（二）明显的植入效果好

显著度影响植入广告效果。以往大多数研究都认为高显著度会对受众之于品牌和产品的态度有负面影响，过于频繁的植入广告会干扰受众对节目的正常观看，从而引发负面情绪。显著度可以从时间维度和空间维度上分类。时间的高显著度指植入的数量过多、频率过高，而空间维度的高显著度是指植入的位置鲜明、一目了然[③]。

然而，针对视频类植入或者文字类植入的移动媒体广告研究，都发现这一状况正在改变。一个以真实的微信公众号推文作为实验材料的研究发现，阅读了高显著度软文的受众对于产品的态度更加积极，搜索和购买倾向也显著地高于那些低显著度软文的读者。无论品牌是高端高价还是一般价格，都符合这一规律[④]。

B站上的博主"华农兄弟"是江西赣南地区养殖竹鼠的农户，其视频内容多是乡土生活，博主本人形象朴实、表达朴素，带有方言口音。但是这位博主在其视频中为针对城市年轻消费群体的 Keep 健身软件做广告。有研究访谈用户后发现，博主的口播广告语"自律给我自由"迅速地被网友识别，并且由于植入方式的生硬及品牌调性和博主风格的高落差，更凸显了广告信息，是显著度极高的软

---

① 郑双双.B站"恰饭"视频广告效果影响因素的探索性研究：基于与传统植入式广告的比较[D].厦门：厦门大学，2020.

② 王子涵.软文广告显著度对消费者行为意图的影响机制研究[J].广告大观：理论版，2019(6)：59-68.

③ 周南，王殿文.显著的植入式广告能带来更好的品牌态度吗？：植入式广告显著性影响机制研究[J].南开管理评论，2014，17(2)：142-152.

④ 王子涵.软文广告显著度对消费者行为意图的影响机制研究[J].广告大观：理论版，2019(6)：59-68.

文广告①。该低契合度的植入广告获得了大量好评,其"恰饭"视频的播放量、弹幕量和评论量位列同时期的"恰饭博主"之首,焦点访谈和用户评论分析均显示出受众对博主本人的态度、对品牌的态度多为正面。

小红书的商业笔记是当前消费者接触广告的重要途径。目前在用户端,小红书针对商业笔记做出了特定标识。品牌或博主通过小红书蒲公英平台的规范流程所完成的商业笔记,其右下角均会被默认标注"赞助"字样,这是用户辨别广告的最直观元素。但小红书上更多的是大量没有注册蒲公英平台的 KOC(key opinion consumer,关键意见消费者),品牌通过私下建联的方式开展广告合作,在避免平台抽取广告佣金的同时,增强了广告的隐蔽性。通过访谈发现,大部分用户对 KOC 作为内容生产者进行的创造性劳动表示认可和向往,更有受访者直言"广告是 KOC 劳动生产应得的激励"②。

观众对网络剧中的植入广告也习以为常。调查显示,在日常生活中有观看网络剧习惯的人中,将近 90% 的观众会注意到网络剧中的植入广告,90% 的人能辨别出植入广告中的品牌,而且 80% 以上的受众观看了网络剧中的植入广告后,都能记住该品牌或留下印象③。

手游植入广告中,时长 30 秒以上、能和场景结合的广告对大学生的冲动性购买意愿影响最大。这说明游戏玩家并不嫌弃植入广告,也不讨厌过长的广告,只要广告具有故事性、情节完整,效果反而很好④。

可见,在当前移动媒体植入广告的数个阵地上,消费者对明显的植入广告信息都能接受和理解,但是广告效果的好坏取决于诸多因素,较为关键的是博主个人、植入策略和植入形式。

(三)好玩、有料、可信是关键

综合学界研究和业界经验,想要在移动媒体中植入广告获得良好的态度行为效果,娱乐性、信息性和可信度是关键的因素。

---

① 郑双双.B 站"恰饭"视频广告效果影响因素的探索性研究:基于与传统植入式广告的比较[D].厦门:厦门大学,2020.

② 陈旺.小红书 KOC 商业笔记的广告回避影响因素的探索性研究[D].厦门:厦门大学,2024.

③ 李潇纹.网络剧中植入式广告的传播效果研究[J].媒体融合新观察,2022(5):42-46.

④ 邵珺,王奕纯,唐娟.手游植入广告对消费者冲动性购买意愿的影响研究[J].经营与管理,2022(9):82-89.

娱乐性是用户从移动媒体广告中获得的乐趣和快乐,它既指媒体信息内容,如博主本人及其产出内容的娱乐性,也指广告信息本身所带来的乐趣。娱乐性对消费者的态度影响尤其积极[①]。在传统媒体时代,许多植入环境都是娱乐节目,它能以独特的渗透方式较快地提升品牌的知名度,并且可以弱化广告目的,消除受众的抵触情绪[②]。娱乐性的本质是幽默。在网络综艺节目的口播植入广告中,嘉宾依赖夸张的修辞技巧来制造幽默笑点。制造悬念、抖包袱的手法,违反语用合作原则,也是幽默的来源[③]。因此移动媒体时代的植入强调幽默。

值得注意的是,传统植入广告效果的一个重要影响因素是契合度。通常认为,植入广告与节目内容联系越紧密,风格越匹配,受众的态度越好,如母婴频道博主用富有亲和力和权威性的口吻来推荐婴儿奶粉。然而,年轻世代的审美自有其特色和流行取向。年轻人钟爱非传统趣味,一个典型的表现就是对"土味""丑萌""搞怪""鬼畜"等风格的激赏。幽默类型也从常见的笑话转向滑稽、怪诞、讽刺,甚至荒诞。这些幽默均以高反差、不和谐见长,因此当某个博主的信息内容与植入的广告信息风格不匹配、类型不契合时,反而会因为怪异感而激发出娱乐的效果。前文所述博主"华农兄弟"的三农视频与健身品牌 Keep 无论主题、受众还是信息调性均不一致,当该品牌被植入"华农兄弟"抓鸡吃鸡的视频中时,观众一方面马上辨认出显著的广告信息和违和的植入方式,评价有"尬""生硬""僵硬""违和""硬核"等,另一方面却又感受到乐趣,评价有"有点萌""要多恰几次""效果真的好"。

这就不得不提当前流行的"玩梗"文化。"梗"的含义,有学者考证该字实际是讹字,本字应为"哏",传统相声表演中有逗哏和捧哏的角色之分,因此"哏"为滑稽、笑料之意,因与"梗"读音相近,早期的娱乐综艺节目字幕误用两字,"梗"字从此有了"好笑"之义并不断被引申[④]。网络时代的"梗"主要有三种形式:一是热播影视剧中的经典桥段,如"一起爬山吗""我想吃鱼了";二是出自诙谐幽默的人物或事件当中的搞笑片段,"奈斯""集美们"等;三是能够反映出社会整体的讨论的话题走向,如"打工人""社会性死亡""社恐"等[⑤]。

① 张雅寒.软文广告对用户的影响研究:以微信为例[J].新闻研究导刊,2022,13(2):250-252.
② 曾兰平,余慧.浅析我国综艺节目植入广告的有效运用[J].电视时代,2010(3):26-29.
③ 陈睿.网络综艺节目中广告文案的创作策略及特色研究[D].厦门:厦门大学,2019.
④ 张煜秋."梗"之流行义探析[J].现代语文,2020(3):69-76.
⑤ 范思琦."玩梗"短视频背后的异化与规制[J].新媒体研究,2023,9(13):57-62.

"梗"之所以能玩，能带来娱乐，离不开两个因素的加持。首先，当前的网络"梗"大多运用了挪用、拼贴和戏仿等手法，它们是典型的后现代主义风格，充满了对严肃性、权威性的消解，因此具有鲜明的讽刺和幽默效果。其次，网络环境和网民的拥趸使得"梗"被迅速复制和传播，成为群体的狂欢娱乐，故有"刷梗"一说。许多"梗"最早见于网络亚文化圈层，是某些趣缘群体实现自我认同和社会互动的方式，随着圈层内部的封闭性逐渐打破，才"破圈"而出，经过社交平台用户戏谑式地传播，迅速扩散开来，网民在集体狂欢中则会放大这种娱乐感。在打造集体氛围方面，弹幕功不可没。

　　总的来说，"玩梗"可以带来五种满足：同伴影响，获得归属感；逃避现实，满足成就感；寻找快乐，多巴胺激增；"羊群效应"，归属心理被激发；流量时代，网络集体狂欢[1]。因此，文案创意人应该关注用户的幽默需求并满足他们，让用户即使看到了广告帖也会获取娱乐享受，从而减少广告回避。

　　有料，也就是"有干货"，指信息性强，目的是给予消费者最大的满足，在可能的范围内向消费者提供产品信息的广告能力[2]。移动媒体时代的消费者其实对广告毫不陌生，也对自媒体博主"恰饭"持理解和包容的态度，但消费者不能容忍"恰饭都不认真恰"的博主。

　　信息性强的软文广告，是广告信息充分丰富、说服逻辑清晰到位并能洞察用户痛点的软文，依然是传统意义上说服力强的广告。基于移动媒体平台的特点，软文广告可以通过长篇的、图文并茂的文案信息来进行沟通。信息性强的软文广告，通常都是高显著度的。一项针对微信公众号软文的研究用一篇吹风机广告作为实验材料，该广告由博主首先讲述了一个发质好坏影响气质的个人故事，接着介绍头发的结构以及为何吹风机会造成头发纤维的热损伤，并在其中详细说明某吹风机产品是如何通过产品科技来减少及避免对头发的伤害（该信息由生产商提供）。这正是我们熟悉的"种草"或"分享"广告，显著的植入既体现在广告分量占比大，有大量的产品信息，也表现为广告位置醒目，开篇稍一过渡就开始植入产品信息。这种显著度高的软文被发现是效果最好的，之所以如此，原因可能是该软文广告布局了大量说服信息来促进消费者建立产品与自身需求的关联，唤起其兴趣，从而增加了消费者的卷入程度，促进用户主动的信息加工，进而

---

　　[1]　王思予，张晓溪.大学生"玩梗"成瘾的生成机理及引导策略[J].长春师范大学学报，2023，42(7)：146-149.
　　[2]　杜考夫.广告价值与网络广告[J].广告研究杂志，1996，36(5)：21-35.

影响态度和行为①。消费者越是获取大量的干货信息，越能提升兴趣。

信息性强的软文广告，效果好的第二个原因是增强了用户对博主个人的好感，并将这种好感迁移到广告品牌上。移动媒体时代的媒体，并不是传统意义上的仅承接广告发布的平台，而是一个竭力打造自身知名度和美誉度的品牌，投放给自媒体的广告主及其关系，是两个品牌的合作和联盟。消费者基于对博主的好感来看广告，并因为对博主的信任和好感而产生对广告产品的好态度。本质上，这与消费者对明星代言人的"爱屋及乌"心理是一致的。

事实上，自媒体博主如果也是广告大户，必须以庞大的粉丝数量为前提，而庞大的粉丝数量则需要依靠前期优质内容的积累。"黎贝卡的异想世界""同道大叔""苏米的星座馆""东七门"等微信公众号，虽然发布其的推文标题带有明显的推广标语，但都达到了比较好的广告效果。例如，公众号"黎贝卡的异想世界"创始人方夷敏曾长期担任《南方都市报》记者，该公众号刚推出时便以服装搭配、时尚彩妆等"种草"为主，为读者提供许多实用且靠谱的建议。在服饰美容类公众号中，"黎贝卡的异想世界"堪称权威，即便文章注明是广告，粉丝也愿意看、愿意相信②。

最后，软文广告的可信，在移动媒体时代，强调的不仅是广告信息的真实准确，更是博主本身的可信。自媒体博主的产品推荐之所以有效，本质上是因为口碑的加持。消费者认为来自个人的亲身试用、体验等人际关系的口碑，要比大众媒体上的信息更可靠，这被称为"种草"营销③。因此消费者对广告的态度，鲜明地受到推荐者的公信力影响。这就出现了与传统植入广告效果矛盾的现象。

植入广告本来是为了增强广告的隐蔽性，将其置入不容易引起回避的信息环境，然而许多优秀的移动媒体软文广告，恰恰是标注和明示"广告"身份的文章。在当前广告无处不在的环境下，消费者已然对于博主"恰饭"不以为怪，据调查，超过三分之二的观众对植入广告并不抗拒④。受访者表示，直接摆明这篇文章里有广告，能让人觉得博主更真诚、坦率⑤。

---

① 张雅寒.软文广告对用户的影响研究：以微信为例[J].新闻研究导刊,2022,13(2)：250-252.

② 李贤秀.微信公众号软文广告的叙事策略分析[J].新闻研究导刊,2020,11(8)：201-202.

③ 沈杰欣.新媒体环境下消费品品牌"种草"营销之道[J].新媒体研究,2019,5(6)：68-69.

④ 李秋红.植入广告的价值、模式和策略[J].传媒,2019(8)：48-49.

⑤ 郑双双.B站"恰饭"视频广告效果影响因素的探索性研究：基于与传统植入式广告的比较[D].厦门：厦门大学,2020.

移动媒体时代的"种草"营销,推荐者承担着意见领袖的职能,是影响自己的朋友、粉丝产生消费行为的消费者①。日常所说的"素人博主""尾部红人""纳米红人"就是此意思。小红书平台将粉丝量5万以下的博主所发布的含广告信息的笔记界定为KOC商业笔记。这些笔记不像头部和腰部网络红人,即KOL(key opinion leader,关键意见领袖)发布的,会标注明显的广告字样②。对于这些处于"水下"的KOC商业笔记,信息敏感度高的消费者能从笔记内容和评论区直接识别出其广告性质。识别元素包括:画面中专业的光线和构图、精美的画质和后期符号、文案中清晰露出的产品名称和价格、模式化的广告话术、完全正面的产品介绍、笔记中附有购买方式等后链路转化渠道、文末含有大量的相关"tag"(标签)话题等。

当被问及对这些素人商业笔记的态度时,消费者普遍表示相较于明星博主和头部博主,素人及小博主的笔记具有普通用户反馈的"真实"价值。但是有用和有趣的内容才真正吸引人,而且如果能感觉到博主的UGC内容(user generate context,用户生产内容)有"真人感",即看出亲身加工和投入,用户会再次浏览笔记,但如果识别到AI生产内容的痕迹,则情感上会强烈排斥③。

第三节　微信公众号广告文案写作

微信公众号是企业、组织或个人在微信公众平台上申请的应用账号,其运营者借此可以和特定群体使用文字、图片、语音、视频进行全方位的沟通互动。目前,微信公众号注册是免费的,它分为订阅号和服务号,前者个人或组织都可申请,后者只对企业或组织机构开放。

---

① 段淳林.KOC:私域流量时代的营销新风[J].中国广告,2019(11):115-116.

② 2022年的数据显示,小红书账号腰、尾部账号几乎占了平台总数的99.97%,其中KOC占比高达91.62%。参见:新榜服务.2022新媒体内容生态数据报告[EB/OL].(2023-3-28).[2024-4-10].https://mp.weixin.qq.com/s/yt1_14woT9afLYR0iy_jlg.

③ 陈旺.小红书KOC商业笔记的广告回避影响因素的探索性研究[D].厦门:厦门大学,2024.

一、微信公众号的类型

公众号的类型，从运营者资质而言，包括：企业，如公司、分支机构、企业相关品牌、产品与服务，以及招聘、客服等；媒体，如报纸、杂志、电视、电台、通讯社、其他媒体等；政府，如国内外各级各类政府机构、事业单位、具有行政职能的社会组织等，覆盖公安机构、党团机构、司法机构、交通机构、旅游机构、工商税务机构、市政机构、涉外机构等；个人，由自然人注册、认证、运营；以及不属于企业、政府、媒体、个人的其他组织类型。

从公众号的内容主题而言，可分为文化、百科、健康、时尚、美食、乐活、旅行、幽默、情感、体娱、美体、文摘、民生、财富、科技、创业、汽车、楼市、职场、教育、学术、企业①，其分类日趋细致和专业化。

二、优秀微信公众号植入广告的共性与启示

微信作为全民级移动通信工具，已经成为人们网上社交的重要场所之一。依托微信平台而开展的微信营销，目前主要包括朋友圈广告、公众号广告、小程序广告、视频号广告、微信搜索广告，以及一键添加"企业微信"广告等（图8-2）。可以看出，微信公众号广告数量多、竞争激烈，而且文案创意和内容较为复杂，植入手法多样，值得重点关注。鉴于该类广告文案写作策略大多基于业界经验和归纳性描述研究，有必要采用较为规范的定量方法对当前传播效果好的公众号植入广告做一个全面的分析，总结其创作策略的共性，再结合广告理论和学术研究发现，最终提出有针对性的技巧和法则。

我们选定娱乐、时尚、美业、汽车、母婴育儿、自媒体网红、星座、体育、心灵鸡汤9个公众号阅读量最大的推文类型，以公众号的知名度、可信度、推送文章质量、广告文案推送量及公众号影响力为衡量标准，共筛选出16个公众号，搜集其单月的所有软文广告，得到合计124篇公众号植入广告。

---

① 新榜内容产业服务平台[EB/OL].(2017-4-17).[2019-1-19].https://www.newrank.cn/public/info/list.html? period＝day&type＝data.

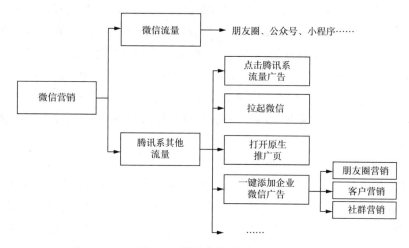

图 8-2 微信营销主要形式

通过内容分析方法归纳比较各个广告文案,发现当前营销效果良好的优秀公众号植入广告普遍具有六个方面的共同特征[①]。

(一)植入产品类型和公众号行业定位保持呼应,目标消费群体重叠

公众号植入的产品集中在高卷入度类,如汽车、相机、护肤化妆品和奢侈品等需要大量信息加工的产品,这发挥了软文长文案擅长说服的优势。但也涵盖一定的低卷入度类型,如服装类、日用品、零食等。植入产品的目标消费群体年龄、消费水平、认知能力等维度与公众号的受众群体基本一致。面向年轻群体的娱乐类公众号更多投放针对年轻人的电子产品、化妆品,母婴育儿类公众号的软文则侧重推荐婴幼儿用品。

(二)植入广告的植入策略各有特色,但都富含信息量

通过归纳,发现有三种植入策略应用得最多。

1.针对不同卷入度产品采取与之相匹配的劝服策略

产品可分为高卷入度与低卷入度两类。高卷入度的商品通常价格高、社会价值高、消费者较为陌生,低卷入度的商品则价格低廉、风险小。在汽车、燕窝、奢侈手表等高卷入度产品的软文广告中,大部分公众号采取的是信息型策略。

---

① 李颖.影响微信公众号软文广告效果的构成维度初探[D].厦门:厦门大学,2017.

无论使用感性还是理性诉求，植入广告都提供尽可能精确的信息和示范，大都使用"专家测评""权威机构认证""代言人推荐"等用语来提高广告的可信度，强调品牌的可靠。相反，针对日用品、服装品牌、电子软件、零食等低卷入度产品，公众号采取的是注意力策略，软文的重点放在信息呈现的形式上，而不是说服证据的质量。这类软文通常大量使用视觉化元素，如视频、动图、热门表情包等；同时文案多用夸张的修辞、高频次的网络用语，刺激受众眼球，又让文章简短易懂，易读性高。

2.使用 KOL 人格背书的信任策略

知名的自媒体运营者都是在一定领域具有丰富经验和发言权的关键意见领袖，他们撰写软文广告时，会有意识地强化其公众号的人格主体，拉近与消费者的心理距离，如注明作者、使用第一人称采用对话式的文案等方式，还会描述个人的使用经验和心得，现身说法为广告产品进行人格背书，利用受众对运营者个人的信任心理，构造出广告产品值得信赖、可靠的特性。如公众号"女神进化论"的一篇软文开篇使用富有煽动力的个人体验描述："千妇恋这个品牌真是充满了对我们这种成分党的爱啊。"推心置腹的语气富有感染力，也增强产品可信度。母婴类公众号"年糕妈妈"的运营者李丹阳是拥有医学硕士背景的母亲，其软文常通过描述个人育儿经历来强化人格背书。

3.以明星吸引注意力的娱乐营销策略

用明星元素作为切入点，是微信公众号植入广告常用的策略。基于明星庞大的粉丝基础和丰富的娱乐资源，软文中使用明星元素，一方面保证了软文的传播效果，另一方面又满足了受众阅读公众号获取资讯、娱乐消遣、放松心情的需求。流行的操作方式有两类：一种是以产品或品牌代言人的相关资讯报道切入。比如，"我实在是太 CJ 了"公众号报道因《歌手》节目走红的迪玛希个人成长经历，然后引出他代言的品牌 Swisse。一种是将产品或品牌拟人化，再与明星形象相关联，如公众号"严肃八卦"为"暖哄哄生理期暖心饮品"撰写的软文，盘点各大影视剧中的经典暖男角色，将饮品"暖"的功能与暖男人物特质相关联，引出广告信息。

（三）公众号植入广告的文案基调与公众号品牌个性契合

传统广告文案创作遵行的这一原则，依然适用于新媒体，它符合心理学中的

"光环效应"(halo effect)①,整体印象会影响局部印象。人们对传播媒介的喜爱,即使不能帮助消费者记住植入的品牌,也会让消费者对广告持宽容的态度。软文文案的基调与公众号品牌个性的契合度越高,越容易唤起读者对公众号的喜爱,达到"爱屋及乌"的广告效果。这种光环效应在某些个性化程度极高的公众号上尤为突出。比如由时尚博主运营的公众号"YangFanJame",以"毒舌""犀利吐槽"的内容吸引超过8万的订阅用户。其植入广告的标题也呼应这一风格,"'90后'还没开始浪,就被'00后'拍死在沙滩上""去泰国出轨,还不如去泰国变美""有些女人,化起妆来比素颜还丑",挑战传统认知。

(四)公众号运营者与受众的积极互动促进营销效果

同龄者的互相交流能对品牌态度和行为产生正向的影响②。大部分公众号运营者采用评论互动和投票互动两种方式来促进与受众的亲密关系。评论互动是指运营者在软文广告的末尾引导读者在评论区进行指定主题的评论,并向评论获赞数排名靠前的用户发放礼品。礼品的选择一般为广告产品、试用样品或周边衍生产品,这些产品具有稀缺性,产品价值较高或具有"明星签名限量款"的纪念价值。评论是受众高卷入的行为,读者需深度阅读软文,在这个过程中也对广告信息进行了深加工。稀缺的礼品在读者间营造竞争氛围,用户为了获得更高的点赞数,还会自发二次传播,发动朋友投票,再次扩大软文广告的传播力。

投票互动是运营者在软文的末尾发起与文章主题相关的话题讨论的投票互动,如公众号"灵魂有香气的女子"在为胶囊伞创作的软文结尾加入投票栏,以"胶囊伞哪一点打动了你"为话题,选项包括"轻而小""防晒指数高达99.99%""长得美"和"三点都有,好难选"。触发投票按钮后,用户的投票结果会呈现在正文中,通过对照个人选择与其他用户的投票结果,受众完成了与其他读者的交流和互动,增强了对广告产品的记忆。

(五)植入广告的标题经过精心锤炼

标题本来就是广告文案的核心和重点,在新媒体营销的碎片化阅读环境下,

---

① Fisicaro S A,Lance C E.Implications of Three Causal Models for the Measurement of Halo Error[J].Applied Psychological Measurement,1990,14(4):419-429.

② 喻国明,丁汉青,王菲,等.植入式广告:研究框架、规制构建与效果评测[J].国际新闻界,2011,33(4):6-23.

标题的吸引力变得尤为关键。目前微信公众号中传播效果较好的软文标题主要是三种：蹭热点/悬念式标题、祈使式标题、性诉求式标题，示例见表 8-1。

表 8-1　传播效果较好的微信公众号软文标题类型

标题类型	公众号	标题示例	阅读量
蹭热点/悬念式	严肃八卦	原来迪玛希来参加《歌手》是为了这个	10 万以上
	我实在是太 CJ 了	连环撞衫次次稳赢，倪妮、杨幂、李小冉……这批合照杀手是怎么甩同框女星十条街的？	10 万以上
	YangFanJame	去泰国出轨，还不如去泰国变美	10 万以上
	咪蒙	老子买不起房，但买得起家	10 万以上
祈使式	一起 SUV	果断点！你跟人生赢家之间，就差这台 SUV！	10 万以上
	大忘路	不管，我就要一辈子做少女！	10 万以上
	年糕妈妈	种草｜刘涛是超级贤妻？你也可以！	10 万以上
性诉求式	小北	这才是连女明星都离不开的春药！	10 万以上
	同道大叔	男生都喜欢这里紧紧的	10 万以上
		女生接吻注意这 4 件事，让男朋友爽到飞起！	10 万以上

无论什么媒体环境，受众高度关注的依旧是具有新闻价值的热点事件。微信公众号迅捷的更新速度，使得蹭热点式的事件营销策略变得容易执行。所以大量的植入广告在标题里标注热点，以期吸引读者的注意力。比如，"YangFanJame"的《去泰国出轨，还不如去泰国变美》援引正当时的明星出轨新闻。

祈使式标题在新媒体环境的应用频率明显超过传统平面媒体，这类以设问、感叹句式为主。带有强烈主观情绪和导向的标题一方面能营造出对话的氛围，促进受众的卷入，能弥补人们浅层次阅读微信信息的劣势，另一方面还能制造强烈的煽动力，对微信广告较为强调的购买效果有直接作用。例如，"刘涛是超级贤妻，你也可以""你和人生赢家就差这台 SUV""那些又忙又美的女人是怎么做到的"。

性诉求标题的心理原则不离普适的需求，但是新媒体广告尤其喜用与性有关的表达，这离不开大量的网络流行语推波助澜，如"老司机""呜呜呜""嘿嘿嘿""马上发车"。这些用语为新媒体年轻族群所常见、乐见，而且大都含蓄婉转，是高语境词汇，受众可以规避伦理风险，大量地二次传播。

（六）广告信息在植入广告中的比重适度

传播效果好的公众号植入广告处理广告信息的手法主要是两种。第一种是将广告信息和公众号推文区分开来，以母婴、汽车、美妆行业公众号应用较多，其软文在标题或头图中使用提示性的关键词或标识，如"省钱""种草""剁手""好物"等，如公众号"女神进化论"在每篇软文的标题中都会使用"AD"的标识，同时以"这是女神进化论的第 XX 条广告"为文章首语进行说明。还有的则单独设置"推广"一栏，将软文广告与传统推文分开放置，作者特意在传统推文里注明这篇文章没有附加任何植入信息，但在文末会提示用户阅读软文广告。

第二种是将广告信息结合进推文中，一般从标题上无法识别，广告信息多在文章的中后段推出，如公众号"六神磊磊读金庸"非常擅长设置非广告的悬念，只在最后时刻揭晓植入品牌。

有学者将第一种手法称为"开门见山类"，第二种是"蜻蜓点水类"。无论哪一种，对广告信息的处理都是很慎重的。很多软文暗示了读者这是广告，但从阅读量来看，传播效果并未受到影响。其原因在前文中已经指出：一是显示出博主的诚实形象，增加了可信度。不少评论显示，消费者明明知道是广告，却相信作者不会乱推荐，某种程度上，运营者自身也成了广告品牌的代言人。二是信息量足的长软文广告促进了消费者的卷入和加工。还有学者指出，用户通过运营者对广告的区分，满足了自己对信息环境的控制感。网络用户在互动当中的控制感来源于对浏览和导航的控制、对互动节奏的控制、对接入内容的控制。软文与普通文章相区别，不会打断正常的阅读流程，受众可以自主决定何时阅读[①]。消费者处理广告信息时所享有的控制体验会提升广告价值，因此广告效果更好[②]。

最关键的原因是这些软文广告提供的信息量对消费者而言是有价值的。据调查，有 74.2％的用户关注微信公众号的目的是获取资讯[③]。从使用与满足理论视角来看，运营者通过尽可能多地提供对受众有用的非广告信息，从而增强公众号的可信度，也让消费者对广告信息保持宽容。

---

① Wu G.Conceptualizing and Measuring the Perceived Interactivity of Websites［J］.Journal of Current Issues & Research in Advertising,2006,28(1):87-104.

② 康瑾.原生广告的概念、属性与问题［J］.现代传播:中国传媒大学学报,2015,37(3):112-118.

③ 企鹅智库.微信影响力报告［EB/OL］.(2015-1-27).[2017-4-10].http://tech.qq.com/a/20150127/018482.htm＃p＝1.

公众号"我实在太 CJ 了"推送的软文《旋风土豆逆天长，神级普通话胜小品，童年男神古天乐居然也会一本正经地卖萌》①，抓住古天乐的签名形似小吃"旋风土豆"，而引发广大网友关注的事件为切入点，细数该演员入行多年以来在作品、社会公益、为人处世方面的故事，给受众刻画一个风趣幽默、热心公益、品位不俗的男星形象，最后提及他选择代言的商品"飞亚达手表"。作者将大量流行的网络娱乐元素进行融合，制作古天乐文字表情包、古天乐普通话恶搞视频等，报道古天乐较不为人知的热心公益的一面，使得软文中的内容层次更加丰富，最后设置评论集赞送古天乐签名照活动，满足粉丝的追星心理。评论区不少用户表示"虽然猜到了这是一篇广告，但依旧认真地看完了全文"。

"女神进化论"公众号软文《如何才能温和有效地变白？告别暗黄皮就靠它们了｜AD》②，虽然是广告，但包含了大量专业性知识内容，较少使用修辞或煽情手法。该文章大篇幅地对美白原理作深入浅出的介绍，为受众构造出评判美白产品是否有效的标准，进而介绍广告产品成分，强调美白功能，引导受众进行深度加工，末尾罗列参考文献，进一步加深文章专业程度高、可信度高的印象。有网友评论"这个广告也太敬业了"收获了许多支持者的点赞，足见消费者对高质量信息的喜爱和肯定。

应该说，上述优秀公众号软文广告的共通做法，都符合相应的广告学、传播学原理。这在一定程度上说明移动媒体环境下的消费者行为及广告创意策略，并没有发生实质性的变化。因此，传统广告文案创作策略及平面视听媒体文案的技巧，总体上是适用的。但结合新媒体的特殊性及公众号广告主要依托文字和图片的局限，微信公众号植入广告的创作可以采用一些具体技巧。

---

① 我实在太 CJ 了.旋风土豆逆天长，神级普通话胜小品，童年男神古天乐居然也会一本正经地卖萌［EB/OL］.(2017-3-27).［2017-4-10］.http：//mp.weixin.qq.com/s？ __biz＝MjM5MzczNjM2MA＝＝&mid＝2651476183&idx＝1&sn＝043caab661655eab7dae16890c0ac160&chksm＝bd6c83108a1b0a06a32d141d97a96700babcb18a0b986bf14a4bafe0cf43b55ab72484c62130&scene＝4♯wechat_redirect.

② 女神进化论.如何才能温和有效地变白？告别暗黄皮就靠它们了｜AD［EB/OL］.(2017-3-25).［2017-4-10］.http：//mp.weixin.qq.com/s？ __biz＝MzAwODIyMTUyNQ＝＝&mid＝2651027016&idx＝2&sn＝ec5f01989667fa6ba8f48a2e72615bee&chksm＝8085f072b7f2796457e74e9074edb69ba0da56e6ef59ee1bb7e38a50b53b6244b0963934f0b3&scene＝4♯wechat_redirect.

三、微信公众号植入广告的创作技巧

通过分析优秀软文广告的共性,借鉴传统文案创作策略,微信公众号植入广告可以从文案标题和叙事策略两个角度采用如下效果显著的技巧:

(一)文案标题的创作技巧

1.标题避免广告语气

这不是指文案标题不能说出广告性质,而是指不使用典型的推销语气和表达式。目前传播效果好的做法,一种是从标题丝毫看不出广告的目的,只在文章末尾推出广告,另一种则是在标题标注明显的广告关键词,让消费者辨识出这篇文章里面植入了广告信息。但无论哪一种,公众号运营者都不会直接将推文的标题变成广告标题,否则文章就是传统的"硬广"了。区别"硬广"和"软广"的简便方法,就是看文案标题里是否直接点明品牌或产品信息。点明品牌或产品,是一般广告标题写作的常用技巧,有诸多好处,但不适用于软文广告。公众号运营者首先定位为资讯提供者,而不是广告代理公司,因此运营者的首要目的是塑造自身品牌,打造自己的品牌形象。它与企业的合作更类似品牌联盟,而不是广告投放。这也是为什么众多知名公众号将原创文章与广告软文明显地区别开来,并刻意控制植入广告的比重。一般一周推出两到三篇软文,避免广告成为公众号内容主体。

2.标题借势营销,但要兼顾普世性和生活化

移动媒体是伴随性媒体,受众的注意力容易分散。公众号推文更新快,因此,结合热点事件的借势营销,是较有效果的标题策略。常用的热点有:

(1)新闻时事。政治、经济、文化议题的新闻受众覆盖面较广。

(2)季节、节日更迭。比如,春夏时节推出相应的服饰品牌软文,三月白色情人节推出礼物清单。

(3)流行明星。比如,湖南电视台制作播出的《歌手》节目让大众目光聚焦到较为冷门的专业音乐领域,但使用"音乐融合""音乐跨界"等字词的公众号软文标题,效果远不如直接使用"迪玛希""雨神萧敬腾"等明星元素。

(4)娱乐、体育新闻。与这两者相关的新闻事件,在软文和推文中占据绝大多数的比重。

可以看出,这些热点都具有普世性的价值,是现今消费者们普遍喜爱的话

题,如果某些新闻事件虽然重大,但过于专业、冷僻,则不适用于移动媒体的环境。

更要注意的是,公众号运营者需要将某些宏大议题细化成更有针对性的小话题,能将其落地为移动媒体所面向的受众们关注的生活问题。不能简单地移植热点,而要从中提取更接地气的"痛点"。娱乐明星的出轨新闻,虽吸引眼球,却与日常无缘,公众号"YangFanJame"提炼到其中的"泰国"元素,成功地和护肤品建立联系,创作了《去泰国出轨,还不如去泰国变美》的软文。

3.标题使用网络流行语

文案使用何种类型语词,归根结底取决于目标消费群体的理解力、态度和品牌的形象定位,这没有一定之规。移动媒体普及率极高,可以说是全民媒体,数量众多、分类细化的微信公众号,见证了这一现状。但使用移动媒体进行消费、具有购买力的受众,仍然局限在较为年轻的族群,因此软文广告的投放企业和公众号类型,均比较固定。网络流行语成为这部分人群共同认识、理解和喜爱的词汇。文案创作者有意识地去搜集、储备流行语,是日常要做的案头功夫。

(二)文案的叙事技巧

有研究者归纳微信软文广告的叙事风格有四种:小清新型、高雅型、可爱型、粗俗型[①]。小清新型,适用于食品、饮料、服装等产品类广告,语言风格借鉴了诗歌的修辞。高雅型,适合房地产、金融、文创产业,多用来做企业形象广告,语言文化内涵丰厚。可爱型,适合服装、电商等快消品,大量使用网络语,语言形式活泼,敢于创造新词。粗俗型,为了吸引眼球而故意使用有违伦理道德的主题,特别是性幽默,虽然很常见,但有风险。

文案叙事的风格,以广告品牌形象和公众号形象相呼应为优选。就其叙事策略而言,当前有四种叙事策略的传播效果较好,每一种都有其适用的情境。

1.故事型

故事型软文广告采用有情节的故事来吸引人,用似曾相识的生活场景来引起受众共鸣。它的好处是个人视角能带来鲜明的认同感,情节能吸引持续阅读,这时广告信息多在文章的中后部分暴露,如表 8-2 所示。

---

① 曾兰平,商倩.微信公众号软文广告分析[C]//中国广告协会学术委员会.重构与再定义:中国广告业的创新与发展.厦门:厦门大学出版社,2016.

表 8-2　微信公众号软文广告的故事型叙事

公众号	文章标题	植入品牌	叙事方式
咪蒙	老子买不起房,但买得起家	网易严选	年轻人在北京租房打拼的故事—买不起房子,但可以买到家的归属感—品牌信息及购买优惠
小北	我爱他,但是我要先爱自己	BÉRRIS 玫瑰净颜洁面慕斯	女生遭遇男方出轨—恋爱中也不能忘记投资自己—爱自己从精致的日常生活开始—产品信息及购买优惠
大忘路	想进入你,更想进入你的生活	美的 x 冈本	独身主义的朋友突然开始谈恋爱—和爱人一起享受品质生活才是最佳状态—品质生活有一套—品牌信息

　　故事型软文所激发的情感认同符合广告的"共鸣论",该观点主张在广告中述说目标对象珍贵的、难以忘怀的生活经历、人生体验和感受,以唤起并激发其内心深处的回忆,同时赋予品牌特定的内涵和象征意义,建立目标对象的移情联想①。人们阅读该类软文时既可以获得商品信息又满足自己的情感需求。广告网络空间下的情感共鸣尤其可贵,因为传统社会人们对于情感的表达与获取基于面对面的交流、互动,当打破时间和空间的媒介出现后,情感的表达不再需要双方在场,特别是互联网出现后人们的情感表达和获取越来越依靠虚拟的网络空间,造成了一种人情关系"沙漠化"。市场对人情关系"沙漠化"进行了积极的反应,人们情感满足方式趋向市场化、商业化和产业化②。这在一定程度上解释了大量故事型广告出台的原因。

　　有学者指出,当前微信中最为流行的情感叙事策略有三种③。一是煽动情绪,极端的案例有公众号"咪蒙"因煽情而广受诟病,但其粉丝不减反增。二是贩卖焦虑。尤其以"80 后""90 后"为甚,而他们也是移动媒体的重度用户。诸如"90 后已经开始脱发了""80 后变成了油腻大叔""30 岁的我依旧单身"一类的文章,抓住人们内心的焦虑和痛苦,从而引发情感共鸣,广告产品多是生发水、减肥茶和学习平台。三是励志鸡汤。当单身生活、孤独打拼、学业压力等各种焦虑充

---

　　①　郑建鹏.广告创意与文案[M].北京:中国传媒大学出版社,2010:136.
　　②　王宁.情感消费与情感产业:消费社会学研究系列之一[J].中山大学学报:社会科学版,2000(6):109-113.
　　③　李贤秀.微信公众号软文广告的叙事策略分析[J].新闻研究导刊,2020,11(8):201-202.

斥在年轻人的周边时，一些浅显直白的安慰文学能获得普遍的接受。上述总结的确道出了当前软文广告常见的套路，而且已经导致用户的麻木甚至反感。文案撰稿人应该牢记，真正的共鸣永远需依托真实的情感互动。

值得注意的是，尽管激发共鸣的情感多是亲情、爱情、童年回忆和亲情等人生经历所共有的情感，但讽刺、嘲弄和戏谑也是当前流行的审美情趣。有一些不走温情路线的公众号，会以戳痛处的方式"刺痛"用户，例如，"GQ实验室"公众号在以"虚荣的中产阶级""朋友圈中的秀晒炫"等为主题的广告软文中，采用自嘲、吐槽的方式引发用户的共情，辅以精致的漫画和密集的笑料来冲淡文章的攻击性，让受众能够轻松接受讽刺。这样的手法独树一帜，能打破常用套路，收获用户对其"脑洞"的夸奖①。

2.报道型

报道型软文是传统新闻式软文在移动媒体上的再现，其编辑形式和传统报纸杂志极为相似，通常以该行业领域的热点话题事件、人物或专题报道作为切入点，吸引受众注意力，提供比普通广告更为丰富的资讯内容，并将产品特性与报道主题结合，在文章的最后提供产品信息。该类型软文多见于休闲和娱乐类的公众号中（见表8-3）。

表8-3　微信公众号软文广告的报道型叙事

公众号	文章标题	植入品牌	叙事方式
严肃八卦	原来迪玛希来参加《歌手》是为了这个	Swisse品牌	迪玛希人物报道—音乐信念"激励听众活出向往"—代言Swisse品牌—品牌理念及购买优惠
	现在回头看，何书桓是一个表面暖实际渣的伪暖男啊！！	暖哄哄生理期暖心饮品	影视剧中真假"暖男"的形象分析—女生需要真暖男—产品"暖男"特质—产品信息及购买优惠
杨毅侃球	有些事情，比MVP更加不朽	威少纪念T恤	NBA赛事资讯—球员威少人物报道—产品概念及购买信息
苏群	库里变成莫扎特，那是何等美妙	vivo Xplay6库里定制手机	库里本赛季表现—库里人物报道—代言vivo手机—产品信息

报道型软文最大的优势是能提供所谓的"干货"，大量的实在信息满足了消费者的需求，即使消费者辨认出了广告，也愿意为自己获得的优质信息而宽容对待。

---

① 杜美玲.基于共鸣论的微信公众号软文广告浅析：以"GQ实验室"为例[J].传播与版权，2019(7):121-122,125.

3.产品推荐型

产品推荐型软文类似传统的"硬广",其标题里提出消费者关注的问题,这些问题应时、应季,如春天的服饰搭配、夏天的防晒,均能吸引受众注意力。该类软文的前半部分,是从专家或专业的角度对相关产品进行周详的描述和做示范,提高信息的可信度。这类软文,从标题多半能看出其广告目的,不少知名公众号以专栏文章的形式固定呈现,如"女神进化论"的 AD 栏目、"同道大叔""灵魂有香气的女子"的种草团栏目、"黎贝卡的异想世界"的推广栏目等(见表8-4)。这类软文即使是广告,也不影响传播效果,因其关切普遍的消费需求,提供有价值的消费资讯。

表 8-4　微信公众号软文广告的产品推荐型叙事

公众号	文章标题	植入品牌	叙事方式
女神进化论	如何才能温和有效地变白？告别暗黄皮就靠它们了｜AD	千妇恋美白祛斑美容液	夏季造型需要露出皮肤—美白要安全自然—以成分安全为特色—同类型产品推荐—广告产品购买信息
黎贝卡的异想世界	推广‖开春的衣服,就买这些	天猫春夏新风尚活动	春夏流行造型趋势—专业角度分析多款服饰单品—广告活动推荐
灵魂有香气的女子	生活家｜姑娘约会前这样补妆,更自信哦	安漱净口腔冲洗器	春天是恋爱的季节—约会要时刻注意口腔卫生—广告产品的成分分析及便携特色
同道大叔	在男生眼里,女生穿什么最性感！	同道福利社	夏季变白先防晒—各类防晒产品推荐—同道福利社电商平台

4.UGC 型

用户内容生产型软文,是基于互联网生态才能出现的形式,媒介的使用者同时也是内容的生产者。对于承接广告的公众号运营者来说,这可能是最不需要创意的省力方式,因为用户参与生产广告信息。一般 UGC 型软文有两种典型做法:一种是运营者发起讨论话题,将用户针对产品或服务的评论、使用技巧和心得分享等内容进行整合,重新排版呈现;另一种则是发布基于大量消费者数据形成的口碑排行榜,多被自身拥有社交型电商平台(如微店、有赞商城等)的公众号运用(见表8-5)。

表 8-5　微信公众号软文广告的 UGC 型叙事

公众号	电商平台	叙事方式
同道大叔	同道大叔福利社	应季话题切入—产品信息—消费者使用经验及心得/口碑排行榜—广告产品购买信息
灵魂有香气的女子	香气铺子	
年糕妈妈	糕妈优选店铺	

　　UGC 型软文广告的营销策略，实质是在产品推荐型软文的基础上，加入已购消费者的反馈信息，以强化产品的功效，增强软文的可信度。

第四节　短视频广告文案写作

　　目前，移动媒体广告从文字向图文结合，再向视频多维联动的创意方向发展，短视频广告是热点和潮流所向。从说服策略而言，移动媒体广告的突出特点是"种草"营销和内容营销。"种草"是指通过向他人分享使用某物的体验，来推荐他人使用或购买这一产品的行为或现象[①]。它发挥效果的威力来自意见领袖的口碑。内容营销是通过创作和传播内容来吸引确定的目标受众或者潜在的目标受众的商业营销过程，最终目的是促使顾客采取可以为企业带来利润的行动[②]。它强调营销的功能与传播内容的有机融合，而不是简单地推销产品。因此，移动媒体广告想要发挥效果，必须重视内容策略，而"种草"这种高度依赖人际交流的沟通方式，又需善用口播技巧。本节短视频广告文案写作将从内容和形式两个方面展开论述。

一、短视频广告文案的内容策略

　　作为典型的内容营销，短视频具有多重优势，例如：短视频创作门槛较低，因而营销成本低；短视频根植于草根文化，易获取流量；视频信息常常能裂变式传

---

　　① 蒋建国，陈小雨.网络"种草"：社交营销、消费诱导与审美疲劳[J].学习与实践，2019(12):125-131.

　　② 普立兹.自营销互联网方法：内容营销之父手册[M].张晓青，王冬梅，译.北京：机械工业出版社，2015:38.

播;视频创作者与用户互动多,形成粉丝关系等①。短视频的效果研究揭示出其内容策略和说服方式体现在三个方面。

(一)短视频类型:"种草"、剧情、互动

短视频的分类方式很多。有的分为热点性、时效性、即时性、持续性、方案性、实战性、促销性共七大类②。有的分为"种草"类、测评类、剧情类与明星网红带货类③。第二种分类略为繁复,各类型有重叠,因此分为"种草"类、剧情类与互动类是比较适宜的④。

这三种类型短视频中,广告信息的分量和植入位置都有差异。"种草"类短视频具有明显的商业目的,具有专业水准的头肩部网红⑤直接围绕商品进行商品测评或使用体验分享,其专业能力是影响消费者的主要因素,或者粉丝量较小的素人分享个人亲身体验,其评价的"真实性"能吸引用户。

剧情类短视频以专业手法拍摄带有剧情的短小故事,通过模仿、改编、夸张、搞笑、反转、讽刺等手段进行演绎,在剧情当中顺其自然地带出某商品。剧情类短视频最能吸引流量,最具话题性。

而在互动类营销短视频中,KOL一般坐于镜头之前,如同面对消费者,以聊天方式提出问题并解答问题。它的常规脚本是,开头抛出疑问,针对用户痛点,接着圈定受众人群,再结合不同场景来介绍产品功能,从而解决用户问题。

"种草"类短视频往往在开头便直截了当切入主题,剧情类在结尾反转时刻才露出商品,互动类短视频常在中间部分以回答问题的方式将商品推荐出来。

这三类短视频对消费者的购买决策都有积极影响,证明它们的确是当前主流的短视频广告形态,但具体的影响维度不一致。有研究发现,在吸引用户的关

---

① 乐上泓.短视频时代移动营销策略研究:以快手短视频平台为例[J].传媒,2021(2):55-57.

② 付翊."互联网+"背景下内容营销与产品定位融合分析[J].商业经济研究,2018(15):63-65.

③ 王微微.短视频对消费者购买决策的影响机制[J].商业经济研究,2022(1):81-84.

④ 张建.短视频内容营销对消费者购买决策的影响机制研究[J].商业经济研究,2023(4):77-80.

⑤ 按照粉丝量级,网红可以划分为"头部""肩部""腰部""尾部"4类。一般粉丝量大于1000万的网红为"头部网红",粉丝数大于100万但小于1000万的网红为"肩部网红",粉丝数大于10万但小于100万的网红为"腰部网红",粉丝数小于10万的网红则为"尾部网红"。

注方面，互动类短视频是最有效的，因为博主提出的问题富有针对性，能锁定特定的人群。在唤起用户的兴趣方面，剧情类内容表现最佳，而且富有趣味性和娱乐性的故事也能吸引用户的注意力。"种草"类短视频对决策过程中的交易和分享环节影响最大，这说明促成用户产生购买意愿的，是信息比较充分、说服力强的广告。相应地，研究也发现这三类短视频对哪些决策环节的影响效果较差，如"种草"类短视频在激发消费者兴趣方面略显力不从心，剧情类短视频在引导消费者由兴趣转化为实际交易方面表现不佳，而互动类短视频则不能很好地引导分享。[1]

根据上述短视频各自侧重的心理影响，可以根据带货产品类别来选择相应的短视频类型。比如，护肤品、化妆品和电子产品等，测评以及试用的体验最为直观，而且此类商品满足的主要是功能性需求，用户需要大量的产品信息才能决策，适合采用"种草"类短视频。诸如家居生活用品、旅游用品等，只有在使用场景中才能看出使用效果，这时擅长情境营造和过程发展的剧情类短视频就很适合。事实上，当前流行的旅游类短视频都用声音和画面来立体全面地展示旅游目的地，以联觉方式将粉丝带入旅游场景，致力于营造临场感。而像书籍、职业课程等，面对的人群同质性强、利益需求明确，则更适合互动式的口播介绍，提出痛点之后给予解决之道。

此外，各类短视频都有自己的短板，从文案的角度可以加以改进。"种草"类短视频的套路较为模式化，广告信息占比大，可加强文案的趣味性和新意。如董宇辉擅长在文案中援引大量的诗词警句，口播文案增加了书面语体，在不失亲切感的同时提升了主播的学识魅力。互动类短视频的薄弱环节在于分享。为了增强消费者的分享意愿，可在口播过程中插入娱乐小游戏来引导，还可以完善激励机制，既有物质激励，也有精神激励，给予用户更多的情绪价值，增加易引起情感共鸣的文案，让用户感受到主播不仅仅是解决方案提供者。

(二)短视频说服策略：双面信息

网络"种草"从小红书 2014 年首开电子商务业务后迅速发展，"种草"笔记和视频之所以深受消费者欢迎，来自"种草"者的亲身体验与真实感受。"真实性"的一大体现就是产品使用体验有好有坏，这与传统广告的"只说好话"形成了鲜

---

① 张建.短视频内容营销对消费者购买决策的影响机制研究[J].商业经济研究,2023(4):77-80.

明对比,消费者也将"评论是否清一色的好评"作为判断"种草"笔记是否为商业笔记的标准之一。这个现象符合说服策略中的"信息",即正面信息和负面信息的结合。该策略最早由美国心理学家霍夫兰在二战期间为美国陆军部所做的实验研究中提出,其效果视信息接收者的教育程度和阅历深浅而定。对于受教育水平较低、阅历较少的受众,单面信息更容易被接受。

但是在广告语境下,网红推荐产品时如果只提及正面信息,会引起消费者的警惕和反感[①]。这其中的原因可能是唤起了消费者的说服知识(persuasion knowledge)。"说服知识"的概念,指消费者随着时间的推移而获得的一种用以合理应对营销人员的说服目标、潜在动机和说服策略的个人知识[②]。消费者在日常生活中面对大量的广告营销信息,已经逐渐累积经验,对商家的说服策略形成一定程度的认识。认识之一就是营销者都怀有自私的动机,因此当用户再次接收到类似的广告信息时,他们的说服知识就会被唤起,消费者会主动思考营销人员背后的动机并形成应对的态度[③]。说服知识理论认为,信息中隐藏的说服意图越容易被察觉,则用户的说服知识就会更容易被激活,从而加强了用户的认知防御,让他们质疑广告的可信度[④]。相应地,网络评论如果包含负面评语,反而能够带来消费者更高的信任度,并且有利于提高消费者对负面信息的抵抗力和对积极信息的接受度[⑤]。

因此,无论是商家还是网红,在创作"种草"类短视频时,都建议采用双面信息策略,在文案中加入一定的负面信息,从而提高视频的客观性和真实性。

不过双面信息的影响远不止这么简单,因为也有研究发现双面信息可能带

① Harris R J, Pounds J C, Maiorelle M J, etc.The Effect of Type of Claim, Gender, and Buying History on the Drawing of Pragmatic Inferences from Advertising Claims[J].Journal of Consumer Psychology,1993, 2(1): 83-95.

② Friestad M, Wright P.The Persuasion Knowledge Model: How People Cope with Persuasion Attempts[J].Journal of Consumer Research,1994, 21(1): 1-31.

③ Campbell M C, Kirmani A.Consumers'Use of Persuasion Knowledge: the Effects of Accessibility and Cognitive Capacity on Perceptions of an Influence Agent[J].Journal of Consumer Research,2000, 27(1): 69-83.

④ Xu A J, Wyer R S.Puffery in Advertisements: the Effects of Media Context, Communication Norms, and Consumer Knowledge[J].Journal of Consumer Research, 2000, 37(2): 329-343.

⑤ 刘凤军,段珅,孟陆,等.瑕不掩瑜? 在线产品评论负面评语的明亮面:基于双边信息视角研究[J].管理工程学报,2021,35(5):89-101.

来坏效果。多维度的信息将会增加消费者的认知负荷和决策难度,从而对购买行为产生负面影响。在购买过程中,消费者虽然认为发布双面信息的信源更有用、更可信,但一旦涉及购买时,信息量的增加却往往使他难以抉择,导致延迟购买甚至不再购买①。在实际操作中,还应注意到,商家和带货的网红,他们的诉求有所差异,网红除了借助短视频来促进购买之外,还有赢得消费者关注的目的,因此网红发布短视频,兼有"吸粉"和"带货"两个目标。这就使得某些网红过于追求短时期的"涨粉"而忽略甚至损害产品销量,出现"网红收获大量关注,而产品销量寥寥无几"的现象。

目前来看,信息的双面性和用户购买行为之间的关系是一个倒 U 形曲线。随着信息双面性逐渐增加,消费者购买也会增加,但当负面信息超过了某个阈值时,消费者反而减少了购买。这个阈值接近一半,即短视频中的负面信息与正面信息接近 1:1 时。如果网红在短视频中给出的正面评价总体上多于负面评价时,双面信息对购买的积极影响还会扩大②。

这就提醒商家和短视频创作者,有关产品或使用体验的负面信息不能超过正面信息的分量,而且"种草"类短视频的总体调性应以积极正面为主。此外,网红以往的口碑会持续发挥作用,消费者更信任产品推荐能力强的网红,如果该网红以往的带货评价高,那么当他使用双面信息策略来带货时,会比以往口碑差的网红更能促进消费者买单,此时消费者更愿意相信他对产品的正面评价。所以,企业在挑选网红时,可以多选择以往带货能力强的高口碑名人。

(三)短视频价值:有用和娱乐

和微信公众号广告类似,当前的移动媒体广告都在好玩、有料和可信三个方面发力。许多针对短视频广告的研究纷纷证实了这一点。与"好玩"相关的概念主要涉及娱乐性、故事性、场景性、社交性等,涉及"有料"的概念有有用性、信息性、易用性、感知价值等。

研究均发现,如果短视频内容生动活泼有趣,能够让消费者在浏览时感受到

---

① Maria S,Salvador R.The Effects of the Amount of Information on Cognitive Responses in Online Purchasing Tasks[J].Electronic Commerce Research and Applications,2010,9(2):183-191.

② 杨强,霍佳乐,江燕伶,等.如何讲述产品缺点:"种草"短视频的信息双边性对消费者关注行为和购买行为的不对称影响[J].南开管理评论,2023,26(6):48-62.

轻松愉悦的体验,并且能够令其沉浸在短视频内容所带来的欢乐里,那么消费者的购买意愿将会增强[①]。短视频的互动性,即消费者通过分享、评论和转发"种草"类短视频,与其他用户进行沟通和交互,对购买意愿产生积极作用[②]。那种基于博主个人生活呈现的 Vlog 视频,因为更注重与观众的面对面沟通,能带来准社会互动的关系,从而提高消费者的购买意愿[③]。短视频声画结合、精心选取主观视角、配合生动可感的解说,这些场景化手段能增强用户的临场感和沉浸感,能让观众获得感知愉悦,甚至短时期间内产生流畅的心流体验,从而带来娱乐观感[④]。

以文旅旅游类短视频为例。通常该类型短视频包含五个内容元素:人、景观、人文、动物和美食。有四种典型的拍摄模式。一是人+景观,营造场景体验。短视频拍摄特定的旅游场景、游客或者员工以及游玩体验,用旅游体验者的视角增强代入感。二是侧重人+文化,展现旅游目的地的风土人情和独特文化,形成差异化看点。三是人+动物,借助动物的拟人化演绎,运用配音和文案来赋予旅游地吸引力。四是人+美食,主打当地的特色食品和手艺,激发观众出游意向[⑤]。这些短视频都注重沉浸式、立体化的方式来展现旅游景点,让观众足不出户就能"身临其境"。旅游类短视频的创意策略是为观众提供远程临场感,临场感是让一个人处于另一个地方或环境中的主观体验[⑥]。

短视频的娱乐效果有目共睹,但是真正涉及下单时,消费者并不完全基于"好玩"。有调查发现,"种草"类短视频的有用性能够对消费者的购买意愿发挥显著的直接影响。这说明,理性决策路径依然发挥着重要作用。面对短视频,消

① 赵玮,秦枝丽.种草短视频内容特征对消费者购买意愿的影响[J].商业经济研究,2023(21):85-88.

② 徐同谦,王志轩.种草类短视频对消费者购买意愿的影响机制[J].中南民族大学学报:人文社会科学版,2023,43(8):151-158,187.

③ 龚潇潇,叶作亮,玉胜贤.Vlogger 吸引力与消费者购买意愿的关系:准社会互动与错失恐惧的作用[J].财经论丛,2021(12):92-102.

④ 张佳宁.种草短视频对 Z 世代消费者冲动性购买意愿的影响研究[J].广西经济,2022,40(2):10-18.

⑤ 张建强,李宁馨.后疫情时代文旅类短视频营销策略分析:以抖音 App 为例[J].中国商论,2022(12):34-36.

⑥ Witmer B G.Measuring Presence in Virtual Environments:a Presence Questionnaire[J].Presence Teleoperators and Virtual Environments, 1998,7(3):225-240.

费者虽然沉浸其中，但依然能够保持理性和判断力[①]。可以说，移动媒体时代的消费者在处理营销信息时，理性和感性需求都期望得到最大化的满足。这无疑对广告的创意与文案人员提出了更高的要求。

二、短视频广告文案的形式策略

视频广告的文案包括旁白和字幕，旁白使用口头语言，这与纸媒广告所依托的文字文案具有相当大的差异。文字文案的基本属性是书面语体，旁白则是口头表达。短视频广告的配音为了在极短的时长内实现吸引力、娱乐性和有用性，以口播广告居多。口播广告的原理是口语传播，口播广告不仅运用于短视频中，在移动媒体营销的其他形式，如直播间带货、网络综艺花式口播也十分普遍，因此下面将结合口播广告的多种场景进行说明。

人的言说，也就是口语，是人类传播史中历史最长的传播形态，也是人类最基本、最灵活、最常用的传播手段[②]。古人更将言语的能力确定为人与动物的本质区别。《穀梁传·僖公二十二年》中记载："人之所以为人者，言也，人而不能言，何以为人？"

口语传播的初期阶段是"原生口语文化"，是毫无文字或印刷术浸染的文化，当前是"次生口语文化"，这是电子时代的口语，是"以电影、广播、电视、电话和互联网等为主的虚拟的、仿真公共会话载体"[③]。其间还存在着"口语文字二元对立"的阶段[④]，口语被压制，而文字成为大众媒介的主流沟通手段。然而在移动终端的随时、随地、随身和互联网的开放、分享、互动等共同优势作用下，移动媒体上的口语传播一定程度上"复活"了原生口语文化[⑤]，像播客、直播和 Vlog 等形式都强化了口语的传播分量。

---

① 徐同谦，王志轩.种草类短视频对消费者购买意愿的影响机制[J].中南民族大学学报：人文社会科学版，2023，43(8)：151-158，187.

② 李亚铭，王群.口语传播学：一个亟待建构的新学科[J].编辑之友，2014(7)：65-69.

③ 沃尔特·翁.口语文化与书面文化：语词的技术性[M].何道宽，译.北京：北京大学出版社，2008：6-7.

④ 王媛."口耳相传"的数字化重建：社交媒介时代的口语文化[J].现代传播：中国传媒大学学报，2020(6)：27-31.

⑤ 夏德元，周伟峰.播客：新型口语传播形态的发展与听觉文化的回归[J].文化艺术研究，2022，15(1)：65-74，114.

针对移动媒体营销中的口语传播特色,下面提出四点文案写作的建议。

（一）场景展示和语境契合提升用户的沉浸感

移动传播的本质是基于场景的服务,即对场景(情境)的感知及信息或服务的适配[①]。移动媒体上的营销与广告都在为营造临场感而努力,力图让消费者能在手机屏幕的方寸之间获得沉浸体验。因此,移动视频的广告需贴合场景投放。

场景的含义有两个方面:一是指移动媒体塑造的虚拟环境,如直播场景、网络综艺中嘉宾的活动环境、短视频中的故事场景等。大量的广告都将产品植入到这些场景中,如果旁白、配音、解说或字幕能与嘉宾的行动、直播的主题或者短视频故事情节有所关联,则广告投放不会干扰消费者的流畅观看体验,广告回避和反感也将降低,这个原理符合植入的"契合度"原则。例如视频直播平台具有独特的"送礼文化",观众送出虚拟礼物,并配合动画效果来表达对主播和直播内容的喜爱。在酒仙网的某场直播活动中,两款畅销酒的动画形象和品牌名称出现在礼物库中,观众在赠送这两款虚拟道具打赏主播的过程中,完成了广告接触。

网络综艺中效果好的口播广告大都结合节目的流程节点,顺其自然地引入广告词。比如,在节目《饭局的诱惑》中,植入品牌百事可乐的广告语为"喝一口爽半年",三星盖乐世手机为"一眼看穿世界",这两句广告语都被植入狼人杀游戏的场景中。当平民和神职人员杀死狼人、女巫用毒药毒死狼人以及救活预言家的时候,都引出百事的广告,与"爽"的产品卖点衔接。而三星的广告语在节目中用"一眼看穿你""一眼看穿狼人""一眼看穿谁是预言家"等表达重复提及。

二是指口播者表达的上下文语境。大多数网络综艺中的口播广告都由主持人念出,广告文案如果契合主持词的语境,则不会喧宾夺主,而且契合的文案能让消费者认可创意的巧妙,进而降低对广告的反感。比如在《吐槽大会》中,主持人张绍刚介绍完嘉宾唐国强后,马上衔接道:"唐国强老师在中国电视的那个地位啊,真的就和京都念慈菴一样,百年品牌值得信赖,没有唐国强演不了的皇帝,就像没有念慈菴养不了的肺。"《向往的生活》综艺中,嘉宾感叹张子枫年纪小、皮肤好,主持人何炅顺势接话:"妹妹的脸看起来雾蒙蒙的,真是牛奶肌,让我想到了一个东西,叫特仑苏。"

---

① 彭兰.场景:移动时代媒体的新要素[J].新闻记者,2015(3):20-27.

相反,如果不顾语境的整体结构,强行将节目或故事的语境转化到广告语境,则会造成冲突。这种冲突来自两种语境的不和谐,但归根结底是因为观众在长期的媒介生活中已经形成了对广告语境的防备。

《我想和你唱》是湖南卫视推出的一档互动类音乐综艺节目,以歌星与素人合唱作为创新点,广受欢迎。该节目中的"鉴客团"也是同类节目中的创新,鉴客团的任务之一是帮助歌星挑选与其合唱的合适素人,另一主要任务则是帮节目赞助商插播广告。这种形式试图将广告营销和节目本身剥离,但由于广告植入又必须融入整个综艺语境下,鉴客团的分离反而突出了两种语境的差异,因此鉴客团的口播广告常会打破节目的整体性,突兀感太强,此时广告的口播者需花费更多的努力来建立起两种语境的关联。某期节目中一位歌迷被网友选中,获得与歌手张信哲同台互动的机会。当歌迷上台进行才艺展示,收获一致好评时,鉴客团成员生硬地说出:"帅哥,我觉得你吹得特别好,但是这是夏天,很容易上火,所以,我建议你可以使用××来漱口。"这种"强拗"的转折方式是不可取的。

(二)称呼、套语、多模态信息提升用户的行动力

相比于文字,口语被认为更能表达充沛的情绪,更能引发对话者的即时反应。"文字培育抽象概念,使知识与人类竞争的舞台拉开距离。口语文化则把知识放入生存竞争环境,用来和他人舌战斗智。"[①]麦克卢汉也指出"口语在行动时要做出反应,文字却在行动时压抑情绪"[②]。无论是真实生活中的对骂,还是直播间里主播故意地与助理斗嘴、与粉丝互怼、与品牌砍价,都在用口头语来传情达意。加上广告的最终营销目的是转化和变现,希望消费者加快购买决策,因此移动媒体上的口播广告充分地发挥了口语"行动力强"的优势,以下都是典型的表现:

语速飞快,主持人华少在《中国好声音》里长达350个字的口播,仅用时43秒,正是他让口播广告引发关注;音量高,许多直播间主播的音量分贝都达到90dB;高频次重复,持续加深印象,《奇葩说》的口播广告"欢迎大家收看由时尚时尚最时尚、时尚时尚最时尚……(持续四遍)的美特斯邦威冠名播出的《奇葩说》";祈使和命令语气,典型的如"买它买它买它"。

上述"话术"在当前的移动营销场景比比皆是,但已招致诟病,而且效果逐渐

---

① 沃尔特·翁.口语文化与书面文化[M].何道宽,译.北京:北京大学出版社,2008:33.

② 麦克卢汉.理解媒介[M].何道宽,译.南京:译林出版社,2011:153.

式微。以网络直播为例,2016 年随着智能手机和 4G 网络的全面普及,直播行业诞生千余家平台,直播用户超过 3.5 亿,这一年被称作"直播元年"[①]。

直播从游戏直播扩散到秀场直播,接着蔓延到电商、实时新闻、厨艺秀等垂直领域。在电商领域,2019 年,主播李佳琦创下了在 5 分钟内成交 15000 支口红的纪录,直播带货能力的超群。但彼时大量的直播间都以喊麦式叫卖为主,董宇辉凭借原新东方教师的身份,开始双语直播,树立了知识型主播形象,成为直播领域新的现象级案例。同时期,2022 年 6 月 22 日,国家广播电视总局、文化和旅游部联合发布《网络主播行为规范》,其中第 14 条规定为网络直播划上 31 道"红线",这意味着直播行业迎来系统性、全方位的严格监管。

因此,网络直播已经走过了泥沙俱下、良莠不齐的草创阶段,朝着专业化、职业化方向发展[②]。某些领域的主播未来更需持证上岗。《网络主播行为规范》第 13 条要求:"对于需要较高专业水平(如医疗卫生、财经金融、法律、教育)的直播内容,主播应取得相应执业资质,并向直播平台进行执业资质报备,直播平台应对主播进行资质审核及备案。"

在移动营销整体的细分化、规范化趋势下,广告创意者除了深耕内容策略之外,语言技巧可以从以下三个方面打磨。

一是称呼。面对面的交流都使用第一和第二人称,网络环境也尽力仿真这一方式,并且将消费者纳入亲密关系的定位里,最常见的就是主播们常用"家人们""宝贝""姐妹""所有女生""美眉们""老铁"等来称呼观众,这种方式能让观众产生身份上的代入感,淡化了硬推销氛围,将消费语境转化成人际沟通语境,更容易让消费者生成信任感和亲和感。而其背后的深层逻辑则是以平等的视角看待广告主、博主或主播与用户之间的营销关系。

有学者引用巴赫金等人的对话理论去理解电商直播。对话理论认为传播是一种对话,对话的双方具有双主体性,平等独立,传与受的界限消弭。传统广告,包括电视购物都是单向传播,双方信息不对称,而直播带货是在由互联网架构起来的平等对话场域中,将主持与销售相结合,共同创造内容意义的双向互动行

---

① 叶昌前.主播的迷雾与主持的悲情:2016"直播元年"网络主播引发的理论联想[J].南方电视学刊,2016(6):58-63.
② 牛梦笛,李怡霖.净化网络视听,规范主播行为[N].光明日报,2022-8-3(9).

为①。观众进入直播间后，除了听产品介绍和下单外，还可以给主播送礼物、留言、点赞互动，主播需时刻关注观众留言，按其要求展示、讲解商品，观众还会在公屏上打出自己的身高、体重信息，让主播推荐尺码。主播在"宠粉"之余，不忘提醒观众理性消费，选择适合自己的产品。

称呼反映身份，主播将自己不仅定位为卖货者，还是消费者的亲人朋友，如此就能理解直播间里主播与供货商、品牌方讨价还价做法背后的逻辑，尽管这种互怼吵架大多是表演性的，为了娱乐和吸引关注，但它显示出主播站在"消费者阵营"的态度，而非以往理所当然的品牌方立场。

这里还涉及另一个称呼，即主播对广告主的称呼。《奇葩说》的口播植入广告历来被认为是行业中的榜样，其中一个鲜明特色就是主持人对广告植入的明示态度，主持人开场白是"人红是非多，节目红了广告多，下面让我们进入广告时间"。主持人对广告主的称呼有"金主""大哥"等，这些称呼显示了与品牌方的良好关系，但又微妙地与其拉开距离，去贴近观众，因此主持人可以代入消费者视角，高呼"加钱"来唤起共鸣，直接说出"我要开始播广告了，为了挣钱，拼上这张老脸也是没办法的事啊"。当主持人口播完一段广告后，接着说道："够了吗？各位大哥，觉得你们的钱花得值了吗？"第二人称显示出主播完全站在品牌方的对面。

类似的做法还有，在《向往的生活》综艺中，主持人黄磊在第二季结束前发誓"下一季的第一集完成一整季植入任务"，这一举动立即成为热搜。当第三季开播时，趁常驻嘉宾喝茶聊天之际，主持人黄磊和何炅果然采用诙谐自然的聊天方式将一整季的广告植入完整巧妙地完成。如果从广告效果评估的角度来看，主播们"不得不播广告"的态度会迁移和强化消费者的负面态度，对品牌而言是有风险的。但移动媒体的场景已然改变，当消费者与产品推荐者的关系日趋平等独立，广告主也需重新审视自己与移动媒体的合作方式。

二是套语。套语（formula 或 formulaic language），又称为惯用语、公式化语言，是人们在长期的日常交际过程中形成的固定或公式化的惯例语，是口语文化的典型表现②。像"久仰""过奖""您吃了吗"都是套语。套语也是第二语言习得者，如儿童或非母语使用者在语言入门过程中的现成词语或句型片段。

---

① 周沛君,熊亚茹,刘昕蕊.对话理论视阈下电商直播的口语传播策略研究[J].国际公关,2023(24):146-148.

② 谢军.英语套语及语用功能[J].外语与外语教学,2001(7):12-13,26.

套语在口头语言交际中的功能很丰富,也很重要。除了是学习语言的捷径外,套语首先可以帮助我们礼貌社交,如与陌生人寒暄,谈话中转移话题或者过渡话题。其次,套语能提示语境,方便谈话双方理解彼此的意图,从而顺畅沟通。比如,综艺晚会的主持词必须穿插套语,当观众听到"新年的钟声就要敲响……"时,自然明白节目流程会过渡到哪一环节。最后,套语还是口传艺术的讲唱方式。民歌曲艺艺人使用套语来帮助记忆长篇故事、转换叙述语调、组织故事情节、描写故事人物的感情动作等。《荷马史诗》和《诗经》都被证明是口头诗歌的文字转存,保留了大量原始口语的程式化表达①。

套语是固定搭配,留存在记忆里,只需简单加工就可应变各种交际场景,缓解交谈者的心理压力,被形象地称为"安全岛"(islands of reliability)。正因为套语在口语中的大量运用,有的语言学家甚至认为70%的成人母语是公式化的②。

移动媒体的口语传播同样充满套语。比如,直播间的"三二一,上链接",观众马上知道接下去的语境是什么;"宝子们""姐妹们"的称呼,能活络氛围,拉近距离;《奇葩说》里的"喝了能活99的莫斯利安""国际扛饿大品牌果粒多"等,则是固定的口播广告金句。

就口播广告而言,套语还是主播、直播间、视频号等塑造品牌个性、开展人设传播的重要手段。2020年,淘宝主播李佳琦就将"oh my god 买它买它"这一句套语申请注册声音商标,虽然因显著性不够及涉及宗教的原因两次被驳回,但无疑说明特异性的声音同样具有品牌识别功能。此前2018年腾讯的"滴滴滴滴滴"声效最终核准注册是一个成功例子。

因此,无论直播的主播,还是综艺主持人,抑或是 Vlog 博主,都可精心设计自身的套语,套语重复的运用能塑造品牌形象,加深关键信息的记忆,帮助口头交流的顺畅进行,从而锁定目标消费群体。

三是多模态信息。口语传播不只用语言,而是辅助大量的副语言,即非言语符号来进行交流。"言可以为言,未必以声以口"(战国《鹖冠子·度万》),古人早已认识到表情、手势、姿势等信息的沟通功能。网络空间的口语交流同样借助大量的身体语言,在虚拟交往中用各种表情包和手势的动画符号来弥补"见人不见面"的缺憾,而到移动媒体环境中,形象不再缺失,而且主播或博主的形象正是吸引用户的一大利器,因此"不管使用什么媒介技术,有声语言符号和以身体为主

---

① 刘凯.西方"套语"理论与西部"花儿"的口头创作方式[J].民族文学研究,1998(2):66-74.
② 谢军.英语套语及语用功能[J].外语与外语教学,2001(7):12-13,26.

要载体的非言语符号是人类口语传播活动的最基本构成"。[①]

值得一提的是，声音相比于视觉，在具象性、空间感方面并不会落伍，"声音景观"（soundscape），简称"声景"，这个概念强调声音本身构成了包围着人的环境，它最初由作曲家所提出，表达音乐对人的环境感知的塑造[②]，进而提醒人们注意声音建构物理的和文化的环境的作用。声音的弥漫性和侵入性被喻为"湿的"，能唤起听众的具象想象，发声者虽然不在场，但听其音，听众往往能迅速在头脑中描摹出一个具体可感的样子，主播的身体变成"可听的"，这时虚拟空间的人反而保留了"具身性"[③]。

因此，移动媒体的主播或博主应该充分发挥视听味嗅触各个通道的传播力。做法包括：通过通感、比喻等手段来完整和深入地呈现产品特色，并让消费者想象使用的体验感。如"紫霞仙子的颜色"的口红，"像冰激凌一样在脸上化掉的面霜"，"护手霜中的爱马仕"，绿豆糕"入口即化，它会在你的口腔里每一个角落融化开，在舌尖上翻滚，让你的整个口腔充斥着绿豆的清香口感"。

加强表情和肢体管理来配合言语的表现力。优秀的主播会根据配音或主持词来协调语调、节奏与身体。还有用服饰与道具来加分。《奇葩说》中蔡康永的肩膀上总停有一只鸟，高晓松上节目总是拿着一把扇子。

（三）韵律、修辞和表达满足用户的审美期待

媒介的听觉信息是伴随性的，发挥着陪伴功能，这使得"信息的接受不以聚精会神的方式发生，而以熟悉闲散的方式发生"[④]，传统的广播就是如此，移动媒体环境更为碎片化，口语传播的伴随性特征更加突出。比如，收听电子有声书的用户，据调查 91.3％的用户表示所收听的有声书的内容与自己的职业或专业无关，87％的用户表示收听有声书是一种"听觉享受"，收听最多的书籍是文学（含网络文学）类，主要收听时段是晚上 8 点以后，文学类书籍多在午夜，家庭和交通

①　李亚铭，王歆知.回到言说：中国口语传播思想史研究的价值、现状与进路[J].西藏民族大学学报：哲学社会科学版，2021，42(2)：134-141.

②　季凌霄.从"声景"思考传播：声音、空间与听觉感官文化[J].国际新闻界，2019(3)：24-41.

③　米斯茹.可听的身体：审美现代性视域下的主持人身体实践[J].中国主持传播研究，2020(1)：109-118.

④　本雅明.机械复制时代的艺术品[M].王才勇，译.北京：中国城市出版社，2001：64-65.

工具是主要收听场景①。

观看短视频、直播和综艺的用户更加追求娱乐休闲方面的满足,所以在移动媒体上做广告,需记住观众首先不是消费者,而是欣赏者,口播广告"将商品信息的直接传递变成了以购物为主旨的娱乐表演"②。如果以表演的视角来看待移动媒体营销,那么"接受美学"理论可以帮助理解广告受众的心理。

发轫于文学批评的接受美学理论主张以读者为中心,走向读者,它强调读者是能动的个体,文学作品的意义是在读者接受的过程中完成。研究受众和效果的传播学吸取了接受美学的观点与方法论③。接受美学的代表性概念是"期待视野",认为读者在阅读之前及阅读过程中,会带着已有的经验与心理定式对文本产生一种期待。其中审美期待是读者凭借自身的阅读趣味和欣赏方式去接受作品,而看起来抒发胸臆的作者实际上在满足"潜在的读者"的预期。将写作和做广告对比就会发现,消费者本位的广告活动更应该去满足观众的审美期待,事实上,观众也的确是带着期待的预期来评价表演,"他们不仅期待一种已经确定了的艺术处理方式,而且会根据他们所掌握的艺术技能对主播进行评价"④。

在口播广告中,主播说话的韵律、修辞及表述都应该让消费者获得审美享受。

口头语本身就富有韵律的谐畅美,口语的语音、词汇、语法、重音、停连、语气、节奏等都与口语的审美感受相关。汉语的四声调值阴、阳、上、去四声起伏变化呈现出富有美感的音乐节奏,而且拼音字母中的元音具有音律感,每一个音节中都少不了元音,所以单个字音发声就带来音乐美,押韵、叠音、双声的手法都在口头表达中才能朗朗上口。比如,央视主持人朱广权的直播带货文案就较一般的产品介绍更有美感,效果更好。在"谢谢你为湖北美食下单"的公益直播中,其开场介绍词是"初来乍到,技术不高,手艺不妙,请多关照",产品介绍语是"烟笼寒水月笼沙,不止东湖与樱花,门前风景雨来佳,还有莲藕鱼糕玉露茶,凤爪藕带热干面,米酒香菇小龙虾,手种金莲不自夸,赶紧下单买回家。买它买它就买它,

① 姜泽玮.内容、形态、场景与满足:移动新媒体有声书的用户使用研究:以移动应用"微信读书"与"微信听书"为中心[J].出版科学,2021,29(5):31-40.

② 陈俊峰,许永超.拟像时代的口语文化传播:对淘宝直播间的考察[J].青年记者,2023(8):59-61.

③ 祁林.传播学视野中的接受美学[J].现代传播,1996(6):10-13.

④ 鲍曼.作为表演的口头艺术[M].杨利慧,译.桂林:广西师范大学出版社,2008:9.

热干面和小龙虾"。在主持春晚特别节目《一年又一年》中，他播报"地球不爆炸，我们不放假，宇宙不重启，我们不休息，风里雨里节日里，我们都在这里等着你，没有四季，只有两季，你看就是旺季，你换台就是淡季"。

修辞的运用能强化口语的表达力，尤其像对偶、排比、重复等形式方面的修辞，能显著提升听觉体验。比如，主持人撒贝宁在"买遍全国"新疆站中，这样开场："有一句话说得好，不到新疆不知中国之大，不到伊犁不知新疆之美，不到丝路之光不知好东西之多，不到央视新闻直播不知价格之低，不参加小尼和小撒的直播不知购买力之强。"这段口播运用排比、重复、顶针、引用等多种修辞，口语的气势发挥充分。

还有的修辞，如双关、夸张能带来幽默趣味。如直播间标题取名为"小朱配琦"，指代央视主持人朱广权和淘宝主播李佳琦的联合，"谁都无法'祖蓝'我'夏丹'！"也是将主持人姓名双关嵌入。还有《奇葩说》的口播广告采用重复修辞，"然后我要感谢一下我们的其他几位赞助商，一位是喝了能活到 99 岁的莫斯利安酸奶，另外一位是喝了能活到 99 岁的莫斯利安酸奶，还有一位赞助商是喝了能活到 99 岁的莫斯利安酸奶"。适当的修辞呼应主持人及节目的风格调性，能合而为赢。

主持人的表述应该给消费者提供在产品信息之余的"情绪价值"，这往往需要添加人文性的内容。有学者认为语言的根本属性是人文性，决定语言性质和属性的核心要素是语言所折射出的人的存在状况、精神、修养、品味、境界等[①]。即使像产品测评视频这样较为专业的垂直类视频，粉丝量较高的博主常会说出令人感同身受的金句，引发网友共鸣，这些金句挖掘出产品背后深层的人文内涵[②]。董宇辉卖大米，从美索不达米亚讲到华夏文明的水稻，说出关于卖米的三重境界；董宇辉卖农产品，从苏东坡、李白、杜甫讲到苏格拉底和黑格尔[③]。掌控屏幕的主播应坚持内容营销，深耕语言内容的深刻意蕴。

（四）适度的用语失范能增强口播效果

和书面语相比，口语不够规范、严谨，口语也较啰唆，冗余信息多。加上互联网环境相对宽松，移动媒体上的口语尺度更大，表达的自由度有所提高。一些不

---

① 李凤辉.语言传播人文精神的缺失与重构[M].北京:中国传媒大学出版社,2006:45-46.
② 张淼.产品测评视频的口语传播策略探析[J].新闻研究导刊,2022,13(7):235-237.
③ 郑巧.网络主播口语传播趋势分析[J].西部广播电视,2022,43(17):196-198.

合语法的表述遍布短视频平台,如"谁懂啊家人们""太那个了""进行一些个饭的吃"等。这种语言失范现象在移动媒体的口播环境下是可以存在的,而且具有特殊的传播效果。

首先是表述的新颖性,在不会误导听众的情况下,能增强吸引力。比如,李佳琦在直播口红时经常说"今天只有5万支一点点",大家都能听懂,久而久之还成为其独特的风格。又如服装产品推荐"上面是一个夹克……然后底下是一个小香的一个短裤",全称应该是"小香风",但省略字词不影响语意。

其次,适度的"废话"能调节氛围。文字表述侧重精练,直指主题,但口头交流经常啰唆重复,容易岔开话题,这些与主体内容没有直接关系的话语,即废话,在节目主持中却没有那么讨厌,有研究者认为"语言的本质是正确利用冗余信息,主持人不会说'废话'其实是不会说话"[①]。口语速度快、信息易逝,"废话"不会特别突出扎眼,且"废话"能丰富主持内容,缓解竞赛类节目的紧张气氛,还可以满足观众的好奇心。许多"废话"恰好充满了"包袱""段子",反而带来幽默笑料。

但是"废话"不包括语言表述的硬伤,如吐词不清、话不成句、卡壳忘词、念错关键信息等,主播应该掌握基本的语言训练和规范。

第五节　Vlog 植入广告文案写作

Vlog 是"video log"或"video blog"的缩写,常译为"视频博客""视频日志""影像日记"。博主(Vlogger)多以自己为主角、围绕日常生活进行拍摄,再经过剪辑、配乐和添加适当字幕,制作成具有个人特色的影像记录。一般认为这个词诞生于2000年,2002年左右美国的电影制作人卢克·波曼(Luuk Bouwman)创办视频网站 Tropisms,凭借数百期旅行视频吸引了大量粉丝[②]。2004年,电影制作人斯蒂文·加菲尔德(Steve Garfiled)推出视频博客,这一年被称

①　应天常.节目主持语用学[M].北京:中国传媒大学出版社,2008:197.

②　张陆园,陈雨桢.视频博客刍议:媒介属性、叙事形式、审美特征与文化趋向[J].现代传播:中国传媒大学学报,2023,45(5):110-116.

为"Vlog 之年"①。2005 年，随着 YouTube 的推出，Vlog 的生产量及播放量极速增长。特别是被誉为"Vlog 之父"的凯西·奈斯塔特（Casey Neistat）曾经连续 600 多天坚持日更视频，真正将 Vlog 做成生活记录，并体现出专业视频博主所具有的拍摄手法、创意主题和个性剪辑风格②。

2006 年，Vlog 进入中国，较早的拍摄来自海外留学生们分享他们在异国他乡的生活经历。当时国人对于视频制作和视频网站使用尚不熟悉，Vlog 未能马上普及。直到 2016 年，Vlog 开始在国内逐渐兴起，特别是 2018 年起，从自媒体到众明星再到主流媒体平台均可见到 Vlog 的风靡。

当前，微博、B 站和小红书是 Vlog 活跃的主要平台。各个平台竞相发力，纷纷开启视频博客的战略布局，措施涵盖政策扶持、流量倾斜、现金激励到开设频道、开办学院和开发课程等③。新浪举办"微博 Vlog 大赛""Vlog 学院"活动，邀请明星大 V 进行 Vlog 创作并设置奖励鼓励素人参赛；B 站发起了"30 天 Vlog 挑战""Be a Vlogger""理想生活 Vlogger 大赏""Vlogger 星计划"等一系列活动，吸引创作者加入，设置激励计划发掘优质作品，提高创作者的热情；小红书推出多种视频创作模板方便用户"一键成片"，并开通官方商业合作渠道促进作品变现；抖音发布"Vlog 十亿流量扶持计划"，发起"Vlog 日常""Vlog 创作者挑战赛"系列活动，推出宣传片《就这样 Vlog》，向普通用户传递"拍 Vlog 没有那么难，你想怎么拍就怎么拍"的观念；快手短视频平台向创作者开放 10 分钟以内的视频权限。

互联网巨头先后上线视频博客平台"随刻"，推出"Vlog 营业中""动旅游 Vlog"等节目，设立创作基金和现金分成池；腾讯收购的 VUEVLOG 在 2019 年取得了总安装用户突破 1 亿的成绩，但于 2022 年 9 月正式全面停止运营。

除了当下火爆的社交媒体之外，主流媒体也敏锐地察觉到 Vlog 的巨大传播效能。2018 年，中国国际电视台在博鳌亚洲论坛期间推出的《CGTN 博鳌行 Vlog》是 Vlog 新闻的首次实践，特别是 2019 年央视新闻发布系列视频"康辉的第一支 Vlog"，通过主持人康辉的个人视角，向观众展示大国外交。"Vlog＋新

---

① 梁君健，杜珂.Vlog 新闻：社交媒体时代的新闻创新与观念挑战[J].中国出版，2022（4）：3-9.

② 张昕.Vlog 的特点与发展趋势：从视觉说服视角[J].青年记者，2018（17）：98-99.

③ 张陆园，陈雨桢.视频博客刍议：媒介属性、叙事形式、审美特征与文化趋向[J].现代传播：中国传媒大学学报，2023，45（5）：110-116.

闻"的创新表达在抗击新冠疫情期间也发挥了新闻速递和民心安抚的重要作用。

Vlog被称为"短视频的下半场",被营销和广告业界寄予厚望。Vlog博主的盈利方式包括平台激励、广告植入和IP电商三种途径,其中广告植入是最主要的[①]。Vlog广告即是以Vlog为植入媒介而进行营销的方式[②]。它的传播效果显著。调查显示,用户在看到Vlog中植入的广告后并不反感,反而选择支持并做出购买行为,这一转化比例高达43.7%[③]。这不仅是因为Vlog是普遍应用于社交媒体内容形式,尤其是Z时代[④]群体的主要娱乐和消费平台,而且它与短视频的确存在差异,具有自己鲜明的特色。

本节试图从Vlog广告所依托的Vlog情境入手,分析其传播特色,从而理解Vlog广告发挥作用的说服逻辑,这样才能指导Vlog广告的文案策略。概而言之,Vlog具备五个传播优势,这使得Vlog广告的效果可观。

(一)真实性:景观漂移

Vlog有两个定位,一是"视频日记",二是"记录生活的纪录片",前者表明Vlog的主角常常是博主个人,是日记书写从文字向视频的转向;后者说明Vlog的内容多是日常生活和平民生活。

当今存在着日常生活媒介化的态势,人们的生活与数字媒介密不可分。外卖点餐、直播购物、看剧休闲均需通过网络来完成,媒介时空正在塑造新的生活方式。而视频媒介的介入更是让人们进入"视频化生存"时代[⑤]。Vlog拍摄技术门槛低,普通人拿起手机、相机就能生成一段简短的影像,或者将镜头对准自己的一言一行,或者将镜头对准观众,好像面对面地交谈。这种真实的题材和主动分享的态度,正是Vlog吸引人的地方。比如流行的独居青年Vlog,博主大多采用固定镜头,直观地记录自己下班后或休息日在家的生活。内容流程大致为下班回家、清洗食材、制作美食、享受美食、清洁整理、个人护理、上床休息等。Vlog的作者主体仍是普通人,除了少量的明星,即使是头部专业博主,也大多来自民间。这使得Vlog反映的多是普通人的平民生活。

①　罗奕,王云霞.消费文化的空间生产:Vlog广告传播机制解读[J].传媒,2021(6):79-81.

②　王梅.Vlog广告创意传播的问题与对策[J].传媒,2022(15):77-78.

③　张海文.广告特点探析及发展建议:以B站为例[J].中国传媒科技,2021(8):129-132,135.

④　指1995—2009年出生的互联网原住民。

⑤　彭兰.视频化生存:移动时代日常生活的媒介化[J].中国编辑,2020(4):34-40,53.

在影像叙事方面，Vlog 的内容碎微化，结构非线性，各种场景随意穿插，也没有明显的情节发展，拍摄视角多是主观镜头，主要描述自己的感受，一般配上舒缓的音乐和感悟文字，整体的调性是轻松而柔美的。相比之下，短视频的主题和内容都更为宽泛，时长更短，节奏更紧凑，风格也更加多样。

有不少研究者都指出，现在的 Vlog 不再是生活的真实记录，而是融记录性与表演性于一体的"真人秀"①，因为个人私密的日记行为被放到了公开平台上，就免不了接受公共凝视，正如法国思想家米歇尔·福柯（Michel Foucault）所言，"在别人的目光中，大家都不愿意使自己显得充满贪欲"②。因此博主多少都会进行"印象管理"或"人设营造"。但是整体上 Vlog 追求真实的风格，与许多表演痕迹更加浓重、制造惊奇甚至耸人听闻效果的短视频仍然存在较大的差异。有学者认为与短视频的强表演属性不同，Vlog 重记录的特点让博主与其说是"表演"人设，不如说是"放大"自我③。

特别是最近盛行的两种 Vlog 类型，猫咪视角 Vlog 和骑行 Vlog，可以说是抵抗伪真实视频的一种自觉行动。猫咪视角 Vlog 把掌镜的权力由人交给猫，视频制作者在猫的脖颈下系一枚微型摄像设备，借助猫的行走来录制内容。这种拍摄方式基本摒除了人的干预，观众跟随猫的视野，看到了真实的场景，而且由于猫的活动轨迹和人不同，许多自然的、偏僻的地方，如树木、房檐、沟渠、乡野被捕捉到，观众还收获了大量隐蔽的真实④。骑行 Vlog 则是骑行者将前置镜头放在自行车上，分享骑行路线的见闻、推荐骑行装备和传播骑行文化，这种视频中拍摄者同样不出镜，实现了所见即所得的真实录制。

上述两种 Vlog 的流行，体现出人们进行"景观漂移"的自觉努力⑤。"景观"（spectacle），又称为"奇观"，由法国思想家居伊·德波（Guy Debord）提出，描述消费主义社会中媒介与资本合谋而共同塑造出的惊奇、光怪陆离的视觉文化。

---

① 李智，柏丽娟.记录与表演：Vlog 青年创作者的自我建构策略研究[J].山东青年政治学院学报，2020(6):18-25.

② 福柯.自我技术：福柯文选[M].汪民安，编.北京：北京大学出版社，2021:221.

③ 王长潇，孙玉珠，张丹琨.参与、本真与圈层：Vlog 影像的文化表征[J].教育传媒研究，2023(2):49-54.

④ 吴果中，董破冰.身体重构与景观漂移：猫咪视角 Vlog 的视觉反规训实践[J].传媒观察，2022(10):90-96.

⑤ 张启涵.抵抗与反规训：景观社会视域下骑行 Vlog 的突围路径研究[J].东南传播，2024(1):67-71.

而漂移恰好是对媒介操纵的虚假表象的反抗,它是"对物化城市生活特别是建筑空间布展的凝固型的否定"①,无论借猫咪身体的肆意打探,还是骑行者的快速穿过,都反映出人们试图在媒介所塑造的景观下脱离出来,去寻找真实而完整的社会面貌。

因此,当博主在生活记录中展示日常好物,或者是进行开箱测评时,Vlog 广告的真实定位赋予其可信度,这吸引着消费者持续信任博主,也是创作者应该始终维护的品质,商家在选择 Vlog 博主时,也应该以此作为标准。

(二)感性化:情感按摩

社交网络为情感沟通提供了更加便捷的路径,Vlog 从诞生之初就侧重生活情境的体验,创作者在记录的同时,阐发着心灵感悟,观看者也获得情感支持和共鸣。像独居生活的 Vlog,视频文案和用户评论里常有相似的句子:"一个人的生活也可以丰富多彩。""爱自己是终身浪漫的开始。""一个人也有满满的仪式感。"对于现实中社恐或有意减少社交的人群而言,观看 Vlog 能获得可贵的陪伴感,弥补情感联结的缺憾。比如,有受访者表示"每次看到 Vlogger 很晚下班回家,然后也是进行做饭、拆快递这些活动,我就觉得自己并不孤单,就感觉还有很多人也是这样生活着"②。

麦克卢汉曾提出论断"媒介即按摩"③,意思是媒介对我们进行了完全彻底且舒适的影响。Vlog 的"疗愈"作用一直是其称道之处,这不仅是因为它的情感偏向总体上是积极的"小确幸",还因为博主是以第一人称进行分享,而不是摆出劝服或说教的姿态,所以格外地让人认同。因此,Vlogger 与其观看者的关系,具有类似名人与粉丝的强烈情感联结,当 Vlog 推荐商品时,顾客因对博主的热爱而体现出极强的忠诚度。比如,博主"好梦一日游"将自己定位成"Vlog 许愿博主",每期视频主题是"100 块钱还是许个愿望",通过随机选择路人与其互动,"助力圆梦、为爱发电"。其中一条高赞视频是《陪女孩夜班回家》,许愿的是一名护士,她希望在走夜路的时候感到不孤单。博主想方设法为她点亮了回家必经

---

① 德波.景观社会[M].王昭凤,译.南京:南京大学出版社,2006:150-154.

② 孙宇心.媒介化情感的流动与延伸:以日常生活类 Vlog 为例[J].新闻与写作,2024(6):104-109.

③ 麦克卢汉.媒介即按摩:麦克卢汉媒介效应一览[M].菲奥里,阿吉尔,编.何道宽,译.北京:机械工业出版社,2016:24.

之路上的小夜灯，短短的一段路寄望于"愿晚灯不灭，永远有人陪你回家"。独辟蹊径而又暖心温情的视频让该博主在 90 天内圈粉 46 万。当发布了第三十个视频后，该账号首次尝试广告植入，在《高中毕业派对定制公交车》视频中，镜头前展示了护肤品牌科颜氏的产品礼盒，评论区则出现清一色的"爱看""让她恰""我去买"。

可见，Vlog 广告容易形成稳定的顾客群，有研究发现即使用户对 Vlog 中的植入式广告不感冒，甚至厌烦，但对广告的整体价值和博主的评价仍是正面的①。因此 Vlog 广告创作者应该精耕细作视频内容，能为粉丝提供情绪价值，注重日常沟通和及时回复，并实行奖励粉丝的措施。

(三)理想化：生活滤镜

"日常生活的审美化"是 Vlog 的主流风格，也是当今社会的流行时尚。这一方面是因为后现代艺术的崛起，击碎了架上绘画和博物馆艺术的神圣光环，逐渐消融了艺术与生活之间的界限，走向生活的艺术化；另一方面也是新锐艺术家、知识分子和中产阶级对新品味的共同追求，力图建构出区别于普罗大众的生活方式，从而实现艺术的生活化②。

大部分 Vlog 所描绘的日常生活都不同程度地加了一层滤镜，呈现出理想化的美好状态。这可以从其内容、拍摄手法和用户接受方面体现出来。Vlog 的内容素材较为丰富，包括生活、美食、美妆服饰、影视综艺、科技、家居、摄影摄像等③。许多细微的物象和场景，经过 Vlog 博主的特写和延时摄影，能在长时间的凝视中焕发新意，许多观众在视频观看中再次启用了"发现美的眼睛"，激活了对平凡生活的热情，让无聊的日常变得有趣。在拍摄方式上，生活类 Vlog 多用固定镜头，节奏缓慢，配以舒缓的音乐，旁白语调柔和，有的还会在后期调成温暖的色调，呈现一种"岁月静好""不紧不慢"的感觉。而观众也的确从 Vlog 中领略到"成人童话"的美好，有的评论道："我很喜欢看 Vlogger 拍摄的田园生活，那种简单的环境、钓鱼野炊、田间漫步，都让我非常向往。"

① 田红利，朱小栋，陈美芳.抖音 Vlog 中植入式广告对消费者购买意愿的影响研究[J].经营与管理，2024(3)：21-28.
② 费瑟斯通.消费文化与后现代主义[M].刘精明，译.南京：译林出版社，2000.
③ 王潇仪，范铮.浅析自媒体平台上 Vlog 形式的营销广告：以小红书 APP 为例[J].营销界，2023(2)：152-154.

因此,当博主在视频中植入商品或是诚恳地推荐商品时,观众就会自然地将产品和理想生活方式联系起来,广告效果不是靠推销和说理,而是象征意义上的认可。Vlog 的理想生活滤镜能引导消费者将美好符号意义赋予某件物品,激励用户像博主一样以积极的心态面对生活,有受访者说:"每次看到 Vlogger 用漂亮的餐具盛放自己精心制作的食物时,我都能感觉到一种用心生活的幸福感,于是我也跟着入手了一些漂亮餐具。"①这正是鲍德里亚所指出的,人们对物的消费不再是基于"使用价值",而是"符号价值"②。

还有一个吸引用户购买 Vlog 博主所带货的重要原因就是社交媒体上的名人,即网红或"数字名人"(web celebrity 或 digital celebrity),相较传统的、主流的名人,能唤起观众更强烈的嫉妒感,从而给予他们向上比较的动力③。这是因为 Vlog 博主的素人出身,相比遥不可及的明星,能让人觉得踮踮脚还能够得上,因此视频里所展现的美好生活方式也容易激发用户的消费冲动,广告转化率高。

Vlog 广告基于情感认同和生活方式认同的说服逻辑,有别于基于使用价值和理性说服的广告,因此广告主应选择 Vlog 广告所适用的产品品类,博主接洽广告时也应充分考虑产品的利益点。

(四)人格化:作者电影

Vlog 的个性化突出,有学者将其和作者电影类比。作者电影强调导演是电影的作者,将导演的作用从电影的集体工作中凸现出来,类似地,视频博客通常由个人创作,博主具有多元合一的作者身份,其主体地位更加凸显,作者的"能见度"更高④。尽管当前很多类型的 Vlog 也形成了一定的套路,比如旅行经历、美食探店、潮流打卡、自律日常等生活方式的 Vlog 大多是"高调""精致"的记录,精雕细琢的视觉效果和岁月静好的文案是标配。但能够出圈并保持持久粉丝效

① 孙宇心.媒介化情感的流动与延伸:以日常生活类 Vlog 为例[J].新闻与写作,2024(6):104-109.

② 鲍德里亚.消费社会[M].刘成富,全志钢,译.南京:南京大学出版社.2000:87.

③ Sokolova K, Kefi H.Instagram and YouTube Bloggers Promote it, Why Should I Buy? How Credibility and Parasocial Interaction Influence Purchase Intentions[J].Journal of Retailing and Consumer Services,2020(53):101742.

④ 张陆园、陈雨桢.视频博客刍议:媒介属性、叙事形式、审美特征与文化趋向[J].现代传播:中国传媒大学学报,2023,45(5):110-116.

应的 Vlog 仍然建立在博主的个人魅力基础上。

独特的人格化被认为是 Vlog 最大的特点，它既满足了创作者真实记录的需求，又符合受众获得情感联系与归属感的渴望。人格化既体现在视频的独特视觉形式风格上，也来自博主的个人形象。[①] 通过对 16 位 Vlog 创作者的访谈，大家达成的创作共识之一就是真诚和认真叙事。Vlog 一直强调的人格化和风格化是其真诚的体现，认真的叙事则需要突出人物，无论是身体外表上的特色，还是性格特点上的独特性，人物刻画是成功叙事的关键秘籍[②]。

由于 Vlog 强烈的人格化特征，Vlog 广告的名人效应是显著的。比如，2023年 1 月开始在小红书直播间带货的明星董洁，当年的两场直播都收获小红书销售额第一的佳绩。耀眼的数据让业界惊呼她是带货界的"黑马"，因为董洁并不属于流量明星，从未试水直播营销，而且直播间货品价格定位较高，服饰套装价格在五位数以上。事实上，董洁自从 2021 年初入驻小红书之后，持续发布视频笔记，其 Vlog 的主题并不是职业，而是美食、家居等生活化内容，典型的内容是素颜或淡妆出镜，穿着围裙，展示择菜、买菜、洗菜过程，烹饪美食，传授做菜技巧等，同时出镜的有孩子及董洁的父母。Vlog 的风格调性是不疾不徐，直播间的设计同样符合这一风格，不是常见的卖场式，而是轻柔灯光笼罩下的客厅一角，董洁以惯常的轻柔口吻分享产品知识。可见，董洁在 Vlog 里的形象管理，与在直播间里保持同一性，有评论认为这种一致的人格就是"大起大落仍能保持美好的治愈感"[③]。喜爱明星董洁的用户同样支持带货的名人董洁。

Vlog 人格化的特点对广告营销的启示是视频创作者需爱惜羽毛，也就是需塑造和维护好自己的宝贵品牌形象。"翻车"和"虚假人设"是两个"种草"营销的突出问题。有学者根据博弈理论去研究网红、直播平台和消费者的策略选择与演化，发现那些满足情感需求的货品，如果出现产品质量问题，消费者追责的动力不强，因为消费者是出于网红的个人魅力而购买，这就会促使网红在选品时更加宽松和随意，进一步加剧质量危机可能性。长此以往，网红的信用会被透支，原来出于虚拟亲密关系的情感收益占主导的粉丝会通过"用脚投票"，对网红和

① 　张昕.Vlog 的特点与发展趋势：从视觉说服视角[J].青年记者，2018(17)：98-99.

② 　王长潇，孙玉珠，张丹琨.参与、本真与圈层：Vlog 影像的文化表征[J]教育传媒研究，2023(2)：49-54.

③ 　李星文的影视独舌.董洁在小红书，起飞了[EB/OL].(2023-3-17)[2024-7-11].https://baijiahao.baidu.com/s？id=1760583128897751603&wfr=spider&for=pc.

平台"脱粉"来防止造成自身更大的损失,进而会转为积极追责和积极维权①。这种结局是 Vlog 运营者应该努力避免的。

(五)互动性:对镜言说

Vlog 博主的个人魅力除了来自视频本身的内容和手法之外,还有亲身出镜的形象感染。虽然消费主义批判理论抨击身体在商业资本和媒介操纵下变成了景观和商品,出镜的 Vlogger 往往将脸部和上半身作为拍摄主体,常为了满足粉丝而装扮自己,打造精致的外在形象。部分创作者如美妆、穿搭或健身类 Vlogger,还会面对镜头进行身体装扮和身材训练②。但不得不承认,博主的自我呈现和分享为人们的准社会互动提供了情感支持,是虚拟生活不可或缺的部分。

视频博客大都为第一人称视角,博主直面镜头,这种对话的言说方式能营造出流畅的互动感。Vlog 不同于电影电视剧的影像形态,主流商业影像构成的基本特征,是隐藏起摄像机。Vlog 暴露摄像机的存在更能强调其真实性,这一点类似纪录片,但 Vlog 博主直视镜头的一个重要原因是为了弥补因录播延时而导致的互动性降低,以便让观众产生即时互动的直播错觉,力图打破屏幕内外的区隔,这与纪录片又有所不同③。

Vlog 致力于"面对面"交流的特色,结合其真实性、感性化、理想化、人格化的特征,能让观众获得较强的沉浸感,从而为广告植入提供了柔性传播环境,这被认为是 Vlog 广告的最大优点④。因此口语传播的许多原理在 Vlog 里依然适用。

上述 Vlog 的五个传播特色揭示了 Vlog 广告发挥作用的背后机制,在具体的文案写作技巧方面,写作者可以分别参考短视频的口播广告文案、微信公众号的植入广告文案写作部分内容。如果清楚认识了 Vlog 广告和其他广告形态的异同,就能选取相通的文案写作方法来训练。

---

① 郭延禄,罗公利,侯贵生,等."种草"与"翻车":网红直播带货的产品质量问题与治理研究[J].中国管理科学,2023,31(10):162-174.

② 王宛清.消费社会视角下的 Vlog 传播研究[J].新媒体研究,2023,9(5):48-51.

③ 张陆园、陈雨桢.视频博客刍议:媒介属性、叙事形式、审美特征与文化趋向[J].现代传播:中国传媒大学学报,2023,45(5):110-116.

④ 王梅.Vlog 广告创意传播的问题与对策[J].传媒,2022(15):77-78.

【小　结】

移动媒体是增长极快的广告媒介，它为广告文案创作提供了重要的用武之地。依托社交媒介和内容营销而诞生的"种草"广告，成为移动广告的代表形态。无论是图文结合的微信公众号广告，还是短视频和Vlog广告，它们本质上都属于植入广告，但传统植入广告中影响传播效果的显著度和契合度，在移动媒体广告中都发生了变化。通过分析当前效果好的软文广告案例后发现，有六大因素是文案从业人员在创作时需要考虑的。短视频、直播、网络综艺中的广告在内容上应该采用双面信息说服，兼顾好玩与有料，在形式上应借鉴口语传播的原理。Vlog的真实性、感性化、理想化、人格化和互动性等五大传播特征，使得Vlog广告在精准聚焦目标用户、增强用户忠诚度、提高广告转化率方面具有优秀的表现。

【关键术语】

移动媒体、微信公众号、植入、软文、短视频、Vlog、口语传播

【思考题】

1.试分析开篇案例《五万首唐诗，最美的植物不过这四种》的创作技巧，分析它们是否符合前人总结的影响广告植入效果的因素？

2.假设你所服务的品牌希望在微信公众号投放软文广告，请根据本章所提供的策略和技巧，选择数个合适的微信公众号，阐述理由。

3.根据"大广赛"或学院奖的策略单要求，为你所服务的品牌创作一则小红书的"种草"广告。

4.根据"大广赛"或学院奖的策略单要求，为你所服务的品牌创作一则Vlog广告文案，并选择具体的投放平台。

【延伸阅读】

1.国家广播电视总局，文化和旅游部.网络主播行为规范［EB/OL］.（2022-06-22）［2022-08-05］.http://www.nrta.gov.cn/art/2022/6/22/art_113_60757.html.

2.普立兹.自营销互联网方法：内容营销之父手册［M］.张晓青，王冬梅，译.北京：机械工业出版社，2015.

Step 9
我到哪里去：
广告文案写作的
趋势展望

【开篇案例】

由你来写

在这一部分，我们没有分享任何案例，因为未来是不确定的，预测是不精准的。我们期待正在阅读的你，能贡献出属于自己的、具有前瞻性的精彩案例。

第一节　广告生态环境的变化及其对文案的影响

广告生态环境，是广告业赖以存在的条件以及在这一条件所形成的环境下的生存状态[①]。广告生态环境有宏观、中观和微观之分。在宏观层面，广告的发展离不开政治、经济、法制的大环境。例如，国家层面提出的"讲好中国故事""发展新质生产力"发展方针促成了国家品牌发展计划及公益广告、对外形象传播的

---

① 韩文根.关注广告生态环境[J].广告大观，2002（9）：1.

繁荣,2023 年施行的《互联网广告管理办法》规范了互联网广告活动,维护公平竞争的市场经济秩序。在微观层面,广告是由广告主、媒介和消费者三者共同打造的。本书所说的广告生态环境,主要指微观层面。其中,渠道是广告信息传播活动的中心环节,媒体环境的变迁对广告具有深远影响,将推动广告传播流程中各环节变化,由此催生出的新兴广告传播思想,对未来广告产业发展具有前瞻意义[①]。

整个媒体环境呈现以下发展态势:数字新媒体层出不穷,传统媒体积极转型,媒体融合进程加速。这对于广告的编码方、解码方都产生了深刻的影响。

对于广告主而言,品牌对传统广告媒介的依赖性减少。自媒体作为企业自主发声的平台,不仅可控,而且直接和受众互动,有利于维护客户关系。相应地,品牌对广告传播目标的要求,从覆盖的广度转向精准度和深度。因为媒体个人化,"人人皆媒体",广告主可以寻找那些对目标市场更有作用力的媒介。一个网红博主的软文推荐,就可以带来可观的直接销售量[②],自媒体比传统媒体更精准,信息的转化更快,这样的高性价比媒体,是未来广告主寻找的方向。

对于广告信息而言,广告变得内容化,意思是广告的可辨识度下降。传统媒体环境中,广告是媒介内容的伴生品,新闻和广告在形态和表现手法上都有明显的区别。但是自媒体的大量出现,让广告编码不断更新,大量的植入广告和软文广告找到了性价比高的发布平台。因此,"广告无处不在"正成为现实,"原生广告"成为业界推崇的类型,这一概念于 2012 年由美国业界人士提出,并迅速成为潮流。

与其相似的概念包括搜索广告、植入广告、软文广告、信息流(feeds)广告等。无论哪种形式,原生广告都在模糊广告和非广告信息之间的界限。这对于消费者而言,可能既是好事,也有流弊。

对于受众来说,消费者的自主性、创造力比以往任何时候都更被鼓励、被培育。大量的草根人士、民间高手直接参与广告信息的编码和传播。消费者对广告信息的选择能力得到加强,对于广告的回避能力不断提高。从某种程度而言,原生广告正是为了应对越来越"聪明"的消费者而设计的。消费者的主动搜索能

[①] 丁俊杰,王昕.媒体新生态环境中的广告传播思想展望[J].新闻前哨,2011(1):12-18.

[②] 搜狐科技."100 辆 MINI 限量版 4 分钟抢光! 时尚博主黎贝卡是如何做到的? 社交媒体营销的想象空间到底有多大?"[EB/OL].(2017-7-25)[2018-12-20].http://www.sohu.com/a/160116142_99967244.

力加强,也许比广告主更了解产品,他们不再依靠传统的广告、官网、人际等为数很少的途径来评估信息。此外,消费者还会积极分享自己的使用体验,口碑效应更起作用。

在这一环境中,广告的文案创作无疑会发生相应的变化,以下几种广告文案手法方兴未艾。

第二节　借势营销广告文案写作

借势营销是指通过"借势"或"造势",以求提高企业或产品的知名度、美誉度,树立良好品牌形象,并最终促成产品或服务的销售目的。所谓借势,是指企业及时地抓住广受关注的社会新闻、事件以及人物的明星效应等,结合企业或产品在传播上欲达到的目的而展开的一系列相关活动。所谓造势,是指企业通过策划、组织和制造具有新闻价值的事件,吸引媒体、社会团体和消费者的兴趣与关注。

借势营销是事件营销(event marketing)的通俗说法,它的核心是将新闻与营销相结合。新闻事件必须是媒介关注、消费者关心的,能成为公众话题;企业作为事件的主角,必须具备意见领袖的地位,在话题形成、传播、讨论、反馈的过程中,自然而然地被消费者注意和接受。

我国的消费者熟悉这一营销手法,要从 2003 年的伊拉克战争爆发说起。3月 21 号,距离伊拉克战争爆发不到 24 小时,一条标题为"多一些润滑,少一些摩擦"的品牌形象广告出现在中央电视台的直播节目中,广告主是统一润滑油。该品牌依托战争的热点事件,成功地借势推广,当年三月份的产品出货量就比往年增长了一倍,这成为公关策略直接促成销售效果的典型案例。自此以后,很多非快消品,如机电产品、建筑行业产品等也都开始使用全国性的大规模电视广告来做推广。

事件营销常用的新闻事件,也就是借用的"势",多为娱乐新闻、体育事件、社会民生新闻、专门活动、新概念等。严格说来,事件营销属于公关的职能,因为它是新闻与营销的结合体,但随着整合营销传播理念已经成为业界常识,公关和广告互相配合、功能互补。无论使用哪一种策略,文案都是必备的。公关的新闻稿,与广告的标题正文一起,都属于文案的广义范畴。

借势营销在新媒体时代，变得更为普及，可以预计，未来更是如此。这与新媒体环境的特性有关。一方面，手机成为伴随性媒介后，受众的自主时间被分割成碎片，消费者的注意力成为更加稀缺的资源；另一方面，信息量无限次地增大，受众的注意力越来越不能持久。有媒体人称："任何人都可以在网上流行 15 分钟"，这既说明新闻热点容易制造，也让人感叹信息的更迭之快。所以，企业若想吸引消费者，借助流行，"傍大款""蹭热点"，就是顺理成章的套路。

当前，有两种借势营销的策略较为流行，一种是比较广告，一种是所谓的"蹭热点"广告。

一、比较广告文案

比较广告（comparative advertising），也称对比广告、竞争广告，它指的是广告主在广告中将自己的产品服务与同类竞争者进行对比，以突出自身产品服务优于或异于竞争对手的特征。实施比较广告的企业针对的通常是市场领导者或行业标准制定者，并在广告中明确地指出竞争对手的品牌名、商标或其他识别要素。

比较广告的效果明显，它既可以提供扎实的证据，改变消费者的认知，还因为直指对手名字，传递出鲜明的态度，故能激发受众的强烈反应[①]，继而促成购买的可能性更大。在欧美国家，这是常见的手法，相关法律规定比较广告需建立在令人信服的证据上，否则就是对消费者的欺骗。

在我国，《广告法》明确地禁止发布竞争性广告。1994 年颁布的《广告法》第十二条规定，广告不得贬低其他生产经营者的商品或者服务。2015 年新版《广告法》增加了相关条目。第五条："广告主、广告经营者、广告发布者从事广告活动，应当遵守法律、法规，诚实信用，公平竞争。"第十三条："广告不得贬低其他生产经营者的商品或者服务。"以及第三十一条："广告主、广告经营者、广告发布者不得在广告活动中进行任何形式的不正当竞争。"

传统大众媒体上的比较广告少见，在自媒体、社交媒体上，比较广告的身影更多，而且一经使用，就能引发关注，登上热搜。几年前，各电商为"双十一"大促而展开的竞争、王老吉和加多宝的火药味十足的比较广告，都成为现象级的广告案例。近年来，比较广告的"互怼"方式日趋微妙且隐蔽，企业品牌更注意规避法律法规和广告伦理的风险，在此背景下，比较广告如何做出新意？

---

① 舒尔茨，等.广告运动策略新论[M].北京：中国友谊出版公司，1994.

做比较广告,首先要让受众能辨认出比较的双方,尤其是对竞争者的识别更为重要。一个品牌的典型识别要素是品牌名称和标志。我国的《广告法》明确规定不得贬低其他经营者,因此不能在广告中直接指明竞争者姓甚名谁。许多品牌从其他途径寻找品牌的识别要素,已经看到的做法包括:

(1)品牌的吉祥物及代称。在2014年"双十二"购物节电商大战中,淘宝网率先将移动端APP的按钮图标改成"真心便宜,不然是狗",京东商城立刻将其APP按钮图标改成"拒绝假货,不玩猫腻"文案,苏宁则推出"真比猫狗省",猫和狗的文字都用图像代替(图9-1)。这里,三个竞争者品牌均用吉祥物的图像指代比较对象。更进一步,吉祥物的称呼能指代品牌,如2015年"双十一"电商大战中,苏宁使用了"狗带""打狗""平京战役"三个词指代竞争者京东,其广告口号有"是时候狗带了""打狗五招""平京战役、一站到底"。

图9-1　京东和苏宁"双十二"购物节比较广告

(2)品牌的经典广告语。广告口号可以充当文字商标。农夫山泉的品牌形象广告语是"我们不生产水,我们只是大自然的搬运工"。恒大冰泉的广告文案是"不是所有大自然的水都是好水,恒大冰泉,世界三大好水,我们搬运的不是地表水,是3000万年长白山原始森林深层火山矿泉,恒大冰泉"。虽然后者全文没有提及"农夫山泉",但消费者能马上辨识出所比较的对象,因为借用了对手的知名表达式。

超人植翠低泡洗衣液的广告语是"超能女人用超能",其竞争品牌立白的天然皂液洗衣液广告文案则是"我只是女人,我不要做超人……"。同样地,这则比较广告嵌入了对手的经典口号。

（3）品牌名称的双关或拆词修辞。将比较者的品牌名称嵌入特定的句式中，让其生成双重含义。比如，2014年阿里巴巴旗下的"淘宝旅行"品牌变更为"去啊"，品牌口号是"去哪里不重要，重要的是……去啊"。旅游行业各品牌迅速借势发布自己的品牌主张，去哪儿旅行的广告文案是"人生的行动不只是鲁莽的'去啊'，沉着冷静地选择'去哪儿'，才是一种成熟态度"。两个企业均将对手的名称拆解，形成双关意，从而实现比较意图。

当然，也有像王老吉和加多宝两大凉茶品牌直接硬怼的比较方式。两者因商标使用权的归属引发诉讼，在加多宝被判败诉后，该企业马上刊登报纸广告，标题是"做凉茶世界第一，打官司倒数第一"。随后，王老吉回应以"装"："'装'矫情可以，请别装红罐；'装'可怜可以，请别装正宗；'装'任性可以，请别装凉茶。"加多宝再回应："打官司你行，做凉茶我行；抢孩子你行，养孩子我行；喊爹爹你行，靠朋友我行。"

上述比较方式现在已很少见到，品牌更倾向于悄悄地"暗怼""吐槽"，那么用户又如何从中看出品牌的比较意图呢？有两个技巧。

一是比较者限定在行业的领导者和领先者，领导者不仅有其识别要素，还有行为、做法等已形成规律的模式。比如，抖音电商在2023年"双十一"来临之际所发布的系列广告《抖音双11，一件立减不凑合》，精准地吐槽淘宝天猫等平台的凑单活动，从而为自己引流。

> 又不是月亮，非得满了才能减。
>
> 凑单囤的，跟着我搬了几个屯都没用完。
>
> 凑单买的收纳盒作用是……收纳另一个收纳盒。
>
> 双11凑单就像剥蒜，本想钱剥成几瓣花，却只搞得鸡毛蒜皮。

二是精心挑选比较广告发布的时机，让消费者从热点的鲜明记忆中识别出比较的对象。比如，库迪咖啡为其米乳拿铁系列所做的广告："深夜的酒伤您的肝，清晨的粥养您的胃。"相关话题讨论直接冲上知乎热搜第一名。这句看似普通的广告语发布在竞争者瑞幸咖啡刚刚与贵州茅台联名推出酱香拿铁之后，正是在这个时机下，受众迅速识别出广告语中的"酒"所指为谁，离开此语境和时段，则将失去比较意义。

发布在竞争对手营销活动进行期的比较广告，除了打击对手，更多的是借助竞争对手的名气来突显自己。有时比较的对象根本不是直接竞争对手，只是为了蹭热点。比如，下面这则受到好评的比较广告。

广告位是我们买的,但它才是我们真正的国货之光。

(注:此处的"它"指广告牌下的华为门店)

这是秋林格瓦斯饮料在2023年9月发布的户外广告,巧妙地运用了广告牌的空间位置进行文案设计,虽然有比较者,但实质是借势(图9-2)。

图9-2　秋林格瓦斯饮料户外广告

二、"蹭热点"广告文案

"蹭热点",就是借势营销,借助某个热点事件所引发的舆论关注,试图吸引受众关注自身品牌或产品的营销策略。和比较广告相比,蹭热点的品牌不只去蹭竞争对手的热度,也蹭一切可以为自身所用的热点事件。

凭借自媒体的自留地,可以想见使用借势营销策略的品牌会越来越多。目前,已经出现集体蹭热点的势头,即大量的蓝V用户,非个人的微博认证用户集体就某一热点事件发出声音,以提高这一事件的关注度,从而维持品牌蹭热点的时长。比如,2016年"双十一"购物节前,一位普通个人用户在微博上发布数款豆浆机照片,并评论"个个都入眼,不知选哪个?"数天内,该微博的转发数和评论数均大幅上涨,其中大量评论来自企业品牌,他们都试图将这条信息和自身品牌联系起来，使得一条本来算不上新闻的信息，由于集体的力量而成为热点。

常见的热点包括节日、节气（如二十四节气）、流行语、娱乐新闻、体育新闻等，而具有流行趋势的热点还包括如下数种，值得关注。

（一）品牌联名提供热点

品牌联名（brand alliance），又称品牌联盟，是指两个或两个以上品牌的营销合作，或者两个或两个以上的品牌联合称为一个统一名称的新品牌[①]。无论哪一种形式，品牌联名都可能提升顾客对品牌及产品的评价，获取更大的市场收益，并且促进品牌资产的累积，因而成为流行的营销方式。

联名对广告文案的作用就是，在两个品牌"1＋1＞2"的热度效应之上，生发出更多的创意可能。文案的创意可来自产品的特色、优势或利益点。比如马应龙与小龙坎联名后，广告文案是"祝大家'出入平安'"。这一双关手法巧妙联结两个品牌产品的特点，同时极具幽默感。

文案创意可来自两个品牌名称的修辞玩法。比如，瑞幸咖啡和贵州茅台联名推出的酱香拿铁，该文案将联名品牌的特点融入其中，还用双关方式嵌入联名品牌名称。

> 倒计时3天，这次联名热度有多高？53度。9月4日见。
> 倒计时2天，这次联名有多贵？贵州的贵。9月4日见。
> 倒计时1天，这款新品你准备喝多少？喝半斤！9月4日见。

文案创意还可来自品牌的经典IP资源共享。比如，奈雪的茶在品牌八周年之际，与《名侦探柯南》联名推出新品霸气真黑桑葚。广告文案是"好喝的真相只有一个"。这句广告语来源柯南IP的经典表达，联名品牌可以互为支持。

（二）新概念制造热点

流行语，尤其是网络流行语，是广告文案经常采用的热点，但如果简单直接地拿过来用，仅用流行词汇和句式说话，效果一般。如果品牌能深入地构建流行语和品牌的相关性，主动为流行语赋予更新颖、更丰富的内涵，就能摆脱"跟风"的身份，变为流行语的阐释者和发展者，品牌的热度就会大幅提升，而流行语的生命力也会持久一些。比如瑞幸咖啡在国庆期间就出行堵车的热点新闻，发布广告：

[①]　黄合水.品牌学概论：第二版［M］.北京：高等教育出版社，2022：276-277.

出游堵车又叫"卡路里"

喝杯青苹果丝绒拿铁

超级 0 卡糖,一路畅通又丝滑

通过双关修辞,"卡路里"这句流行语既蹭了热点,又突出了产品特色。文案看似不错,但深思之后,会发现此双关的相关性较为牵强,有"抖机灵"和"耍嘴皮子"之嫌。相比之下,社交软件 Soul 对"搭子"这一热词的解释和延伸创作,则更精准地洞察当代年轻人的社交需求,"搭子"的内涵被阐释得透彻,且和品牌的服务建立起强关联。其广告文案是:

搭子,一些垂直细分领域的朋友平替。找各种搭子,就上 Soul。

本地搭子:搭子可以升级成朋友,朋友降级,却只能是路人。找本地搭子,就上 Soul。

游戏搭子:尽管是临时队友,但替你扛的伤害和给你的治疗,都是真实的。找游戏搭子,就上 Soul。

夜跑搭子:我们也许不算朋友,但我们曾经相伴而行。找夜跑搭子,就上 Soul。

电影搭子:我也不想和不熟的人看电影,可她也是原著党耶。找电影搭子,就上 Soul。

遛狗搭子:主要是孩子们合得来,我们做家长的,都可以。找遛狗搭子,就上 Soul。

饭搭子:因为我们不太熟,所以可以放心说很多话,尤其是 A 钱这种话。找饭搭子,就上 Soul。

举铁搭子:精神鼓励,物理支持。找举铁搭子,就上 Soul。

Live 搭子:你也爱他的歌? 那我们今天,就是异父异母的姐妹。找 Live 搭子,就上 Soul。

除了创新流行语的内涵外,有的品牌直接生成新词汇,通过主动赋能,让新概念为其所独有,并将其变成流行语。这种"造势营销"类似于某品类的开创者品牌获得"优先占有权",制造新概念的品牌成为话语权赛道的领导者。比如,新能源汽车品牌比亚迪推出了"河蚌青年"的新说法。在《河蚌青年你很棒》视频中,比亚迪如是定义"河蚌青年":

这届年轻人,有点儿意思。上一秒,这个班就上到这;下一秒,好的老板,全力推进。上一秒,毁灭吧世界;下一秒,满血复活。上一秒,不会再爱了；下一秒，我又可以了。他们一会儿自闭了，一会儿又想开了，他们一开一合的样子，像极了一只成了精的河蚌，叫他们一声河蚌青年，OK了吧。试一下，用快到烫嘴的语速念一遍，河蚌，河蚌河蚌河蚌，很棒。怎么样，是不是很棒？是的，河蚌青年和你念的一样。开，就和世界积极互动，全力输出。合，就回归自我领域，深潜蓄力。不走好走的路，和磨砺自己的沙子死磕，把痛打磨出光芒，很棒。慢慢来，沉得下去，不随波逐流，很棒。他们做的每一件事，过的每一种人生，全力以赴的每一个梦想，都很棒。他们终将孕育出那一颗很棒的珍珠。他们就是你们，河蚌青年，It's time to build your dreams.河蚌青年，你很棒。

（三）小众事件丰富热点

蹭热点营销是流行手法，各个品牌都会使用。重大的节假日、节气以及影响力大的新闻事件，常常有众多品牌一哄而上，在这种情形下，想要脱颖而出越来越困难。因此，寻找不那么热门的事件，通过富有创意的表达，将其与品牌巧妙地关联起来，就能让自己的声量放大。在这方面，杜蕾斯品牌提供了一个好的示范。

杜蕾斯的"蹭热点"，优点之一是热点捕捉及时。例如，2011年6月23日，北京遭遇史无前例的暴雨袭击，当天下午约六点，有用户发了一条微博，将杜蕾斯的安全套套上运动鞋走入雨中并拍照上传。随后，杜蕾斯官博转发，立刻引发高度关注。这个举动，除了让行业意识到借势营销应该成为自媒体运营的常态之外，也开创了隐私用品借助新媒体进行公开营销的先河。

优点之二是热点捕捉全面。节假日、节气、娱乐新闻、体育新闻、政经新闻、跨行业新闻等，几乎都能被杜蕾斯借用发挥。有的热点容易生发创意，如中秋、情人节，可以迅速地和杜蕾斯一贯的品牌主张关联。而有的热点，看起来毫不相关，却经由新颖的创意而改头换面。比如，在贝多芬诞辰250周年之际，杜蕾斯发布的微博文案是"放上一首D（urex）小调'久'号交响曲"，使用双关，并将品牌名嵌入其中。

优点之三是创意精良。许多借势营销都是应声而起，为了抢占先机，广告创意和制作来不及推敲，甚至有生搬硬套之嫌。杜蕾斯的广告创意新颖、相关性强，保证质量，尤其文案擅长使用比喻、拟人、双关等修辞，既规避了避孕套和性话题容易引发的伦理争议，又为文字增加魅力。

不论哪种蹭热点，创意的相关性与新颖性依然是获取声量的法宝。在小众事件方面,天猫曾联合数个品牌,在 10 月 4 日世界动物日期间发起一项公益活动,将品牌名称中带有动物元素的字眼替换成濒危动物名称,旨在引发社会关注,其可谓富有创意。文案如下:

让帮助改变无助

百雀羚→百绿孔雀羚

金龙鱼→金龙胭脂鱼

七匹狼→七匹草原狼

袋鼠妈妈→袋伊犁鼠兔妈妈

我不是胖虎→我不是胖东北虎

值得注意的是,在蹭热点的过程中,有的品牌一味地追求时效,不考虑所蹭热点能否和自身品牌相关联,也忽略话题延伸应该和自身品牌或产品关联起来,被不利于自身品牌形象的舆论挟裹,实际效果得不偿失。

2016 年 10 月,一名网友将时任万达集团总裁的王健林讲话截图,发到微博上并艾特海尔集团的官方微博。王健林的讲话提及了 1985 年引起社会震动的海尔砸冰箱事件。彼时,海尔从德国引进世界一流的冰箱生产线。一年后,有用户反映海尔冰箱存在质量问题。海尔公司在给用户换货后对全厂冰箱进行检查,发现库存的 76 台冰箱虽然制冷功能没问题,但外观有划痕。时任厂长的张瑞敏决定将这些冰箱当众砸毁,并提出"有缺陷的产品就是不合格产品"的观点。提及此事,王健林提出砸冰箱并不算什么,万达曾花费 10 亿回购商铺以树立诚信形象的举动。

针对这一事件,海尔官博迅速回应道:"我还真没有好好算过在车间工人三年工资还买不来一台冰箱的 1985 年,张瑞敏砸的 76 台冰箱对当初几乎发不出工资的海尔意味着什么。但我知道现在身为官博君的我为什么买不起房了。"

可以看出,海尔作为事件的相关者,第一时间将此热点和自身的企业形象关联并传播出去,是一个品牌运营者合理的举动,但将万达树立诚信形象的举动却曲解为买不起房子的理由,这就不是负责任的品牌所做的事情。随后,近 200 个官方微博跟风评论,绝大部分的话题都落在"买不起房子"上。例如:

@晨光粉丝团:卧槽,我一个卖笔的全国那么多店,我也买不起房!

@好租官博:卧槽,我们为啥要做租赁,还不是因为买不起。

@世嘉珠宝:word 个天,我是卖珠宝的好几十家分店,我特么也买不起房!

@南充校园事儿：各位亲，可以给我们这吃土的黄 V 小编留个位置？每天抄你们的微博，但我还是上不了热门，买不了房。

@意尔康 Yearcon：卧槽！我一年卖那么多鞋，我买不起房。

@佐丹奴 Giordano：虽然我在全亚洲卖了这么多衣服，可我特么连房租都快交不上了，还买房……手动再见。

且不说频繁地爆粗口，暴露了品牌运营者的素质，影响品牌形象。更重要的是，这些评论无法建立起正面积极的品牌个性，反而传递了一个贫穷低俗的品牌形象。微博运营者所用的"我"，实际指的是编辑个人，但受众却会将其理解为品牌的声音。因此文案写作者应谨慎落笔，"我"代表的是品牌。

第三节　仿拟广告文案写作

为了滑稽嘲弄而故意模仿某种既成形式的修辞手法，叫做仿拟。仿拟有两种：第一是拟句，全拟既成的句法；第二是仿调，只拟既成的腔调。这两类仿拟，都是故意开玩笑，同寻常所谓模仿不同[1]。这个定义强调了仿拟这一修辞格的两个基本特征：第一，从内容上，仿拟是模仿，同被模仿者有相似相关性，但又有变化；第二，从效果上，仿拟追求幽默滑稽的效应。

仿拟是古已有之的修辞。古人记载轶事："贡父晚苦风疾，鬚眉皆落，鼻梁且断。一日与苏子瞻数人小酌，各引古人语相戏。子瞻戏贡父云：'大风起兮眉飞扬，安得猛士兮守鼻梁？'座中大噱，贡父恨怅不已。"（王辟之《渑水燕谈录·卷十》）说的是北宋知名史学家刘攽因眉毛脱落，鼻梁断坏，苏东坡以刘邦《大风歌》中"大风起兮云飞扬，威加海内兮归故乡，安得猛士兮守四方"的句子为仿拟对象，加以嘲弄。这里，仿拟模仿了经典语句，又达到了嘲笑幽默效果。

仿拟还是后现代文化的典型修辞格，因其引用经典，却加以嘲弄恶搞的目的，擅长者越是对经典熟悉，越能从中发现可以讽刺的地方，因此它具有批判传统、蔑视经典的破坏性力量。

随着时代发展，仿拟的讽刺嘲弄意图逐渐淡化。不少仿拟的作品只是借用

---

① 陈望道.修辞学发凡[M].上海：复旦大学出版社,2014:89.

经典的结构来填充新的内容，以制造新颖有趣的意味。

从"模仿进而创造新作"的定义来看仿拟，谐音、双关、引用、拆词等修辞手法均可以算作仿拟的类型。这些辞格在网络文化以及现代广告中的使用频率极高。网络流行语充斥着仿拟的段子和热词：钱途（前途）、爱资病（艾滋病）、杯具（悲剧）、神马（什么）、坐夜（作业）、童鞋（同学）。可以预见今后的时间里，仿拟文案依然盛行不衰。论及仿拟的流行原因，有如下几种解释。

有学者从汉语言的自身特点出发，认为汉语是意象性语言，文字符号具有象形、会意和形声的特点，具有直觉性和形象性。因此汉语的广告语较多使用双关和仿拟修辞[1]。

艺术美学的"陌生化"理论揭示出仿拟的仿体和原作的疏离，能带来清新和奇特的美感。"陌生化"是俄国形式主义阐释艺术的核心原则，提出者什克洛夫斯基认为，陌生化是对自动化、习惯化的感知、经验和无意识的反动，它产生于扭曲和变形，产生于差异和独特，"创造性地损坏习惯性和标准化的东西，以便把一种新的、童稚的、生气盎然的前景灌输给我们"[2]。

仿体改变了原作，打破了读者的接受定式，实质是针对读者的逆反心理而故意发出的一种刺激。而且它让读者理解不平常的变化，从而"增加了感受的难度和时延"[3]，类似于增强了广告受众的卷入度，陌生化所造成的理解困难能吸引受众的兴趣，注意力的延长加深了受众的记忆，这些都能带来显著的广告效果[4]。

研究文化传播规律的模因论（memetics）则指出了双关或仿拟的原作之所以被挑中用于模仿，是因其文化基因的优势。模因（meme）是指任何通过模仿进行自我复制的实体，是通过各种媒体形式传播的文化基本单位。英国学者理查德·道金斯（Richard Dawkins）在 1976 年所著《自私的基因》一书中，主张人类文化领域的进化论。模因是人类文化进化过程中的复制因子，通过模仿从一代传递到下一代纵向传播，或同代之间横向传播。

成功的模因有三个特点：保真度、多产性和长寿性。保真度指模因自形成之日开始，其结构意义没有发生变异，能保持原貌，如成语、谚语、俗语、名言、诗词、

---

① 刘婷，李炎.翻译伦理观照下英语广告语的汉译[J].外语学刊,2016(2):94-97.

② 郑爽.陌生化理论视野下的双关广告语探究[J].甘肃社会科学,2009(3):188-190.

③ 什克洛夫斯基等.俄国形式主义文论选[M].北京:三联书店,1989:6.

④ 程军，李莉.仿拟在当代广告中的应用及其审美效应研究[J].齐齐哈尔大学学报:哲学社会科学,2019(12):25-28.

固定词组等。多产性是指模因被广泛地复制与模仿，保真度高的模因同时具备长寿性。成功复制的模因常包含特定的情感元素，一种是与人们生存直接相关的元素如食物、恐惧和性，另一种则是归属感、认同感和关爱。语言模因在广告语中的传播方式常见的是直接套用（类似引用修辞）、同构异义（双关）、同音异义（谐音）和异构异义（仿拟）等[①]。

仿拟还具有先天的幽默效果。幽默诉求的优势很多，它能吸引注意力，不损害消费者对主题的理解，能显著地建立良好态度，而态度是影响购买行为的直接因素[②]。未来的年轻消费者，对传播信息的娱乐性需求很强，幽默的广告文案大有用武之地。仿拟的幽默感，来自仿体和本体的差异及冲突，而不协调正是喜剧的重要特征。英国学者吉拉德（Alexander Gerard）说过："可笑的对象一般是不协调的，或事物间关系和矛盾的出人意料、非同寻常的混合。"[③]

在 step 5 的第二节中，介绍了仿拟修辞，通过双关、谐音、引用、拆词的手法来模仿和替换现成的字词句，从而达成仿拟目的。除此之外，还应注意仿拟的几种新技法。

（一）仿拟体裁或体例

这种手法是模仿既定的句篇结构，利用人们熟悉的体裁来进行创新。曾经流行的"凡客体""舌尖体""梨花体""甄嬛体"，都是模仿固定结构和表述风格的再创作，本质上也属于体裁的仿拟。

本书的 step 7 中介绍了诗歌和书信这两种经常被仿拟的体裁。无论古体诗还是现代诗歌，都具有熟悉的结构，便于理解。古体诗结构对称严谨，韵律谐畅，现代诗结构灵活随性，抒情性强。书信同样具备固定的结构，而且它采用对话口吻，第一人称和第二人称的结合能充分表达书写者的浓烈情感，适合品牌与消费者进行人际沟通。其中情书是最富抒情性的体裁。

还有一些体裁和格式，少见于广告，一旦文案创作者模仿其形式，能显著地带来新鲜感。

---

① 王玲.语言模因在广告语中的传播研究[J].传媒,2014(18):73-74.

② Marc G W,Gulas C S.The Impact of Humor in Advertising：a Review[J].Journal of Advertising,1992,21(4):35-59.

③ Greig J Y T. The Psychology of Laughter and Comedy[M]. New York：Cooper Square Publisher,1969:242.

1.产品说明书

获得 2023 年学院奖秋季赛文案类银奖的作品是为云南白药金口健牙刷写的一篇使用说明书。

标题:牙刷使用说明书

正文:1.在刷牙时应当放慢动作,以防刷头伤害口腔组织造成出血(若您使用的是金口健牙刷,请忽略);2.在刷牙时应当时刻调整刷头方向和力度,以防口腔清洁不彻底(若您使用的是金口健牙刷,请忽略);3.在有口腔溃疡等口腔问题时,应当格外注意刷牙频率和方式,以防刺激患处(若您使用的是金口健牙刷,请忽略);4.请您使用金口健牙刷。

2.病历或诊断书

图 9-3 的广告文案模仿了诊断病例上典型的格式和用语,病人是典型消费者画像,病情描述对应消费者的痛点,而诊断建议就是广告的说服信息。虽然信息内容与传统平面广告并无二致,但将其置放于一个新的语境下,则会生发出新的趣味感。

门诊反馈单

姓名:张小妮	性别:女	年龄:25
科室:呼吸内科	报告日期:2020-12-25	
检查原因:寒冷		

患者描述

我好像得了"冬天病",一到冬天我就冷得浑身发抖,
手脚冰凉,做事情打不起精神,不想社交,不想聚会,
什么也不想干,我也不是感冒啊,搞得我一点儿都不自在。
你说正常的冬天应该是什么样的啊?

诊断建议

你问冬天是什么样子的?
我说冬天有好多"热"
一点在火锅
一点在毛毯
剩下的
穿聚会喧嚣
挤地铁人潮
吻肩上落雪
拍小猫屁股
再悄悄钻进那锅咕噜咕噜的热红酒里

报告医生:RIO疗愈官

图 9-3　RIO 微醺酒广告

电视剧《我在他乡挺好的》的宣发海报(图 9-4),将剧名做拆词处理,将其嵌入门诊诊疗单的典型样式中,生发新意。

图 9-4　电视剧《我在他乡挺好的》海报

3.黄历

黄历是在中国农历基础上产生出来的,标有每日吉凶的一种历法。相传是由轩辕黄帝创制,故称为黄历。黄历的主要内容为二十四节气的日期表,每天的吉凶宜忌、干支、星宿、月相等。它是人们熟知的生活用品,却很少用到广告里。下面这则学院奖的获奖作品就借鉴了黄历的体例。

　　早晨起,宜健康,宜豆奶;豆本豆,宜活力

　　晚归至,宜放松,宜牛奶;去烦恼,宜安睡(豆本豆豆奶)

4.试卷

支付宝旗下的金融产品余额宝于 2024 年 10 月工资日推出一系列《余额宝"非科学 & 不严谨"工资调查》(图 9-5),发布在上海、武汉等地的户外转角大屏幕。其文案是:

　　①为什么单身的人工资一发就转余额宝?
　　A.怕被小猫叼走　B.怕比不过隔壁的职场海妖　C.想要收获爱情
　　答案:C。因为"封薪锁爱"。工资攒的下,爱情锁得住。

②工资一发就转余额宝,因为再也不怕什么?

A.牛牛再也不怕困难　B.白天再也不怕夜的黑　C.上班再也不怕发脾气

答案:C。因为"薪贫气和"。每月月光,只能和气对人,手里有粮才能怼天怼地。

③为什么要在夏天把工资转进余额宝?

A.为了想去宁夏　B.为了留下小秘密　C.为了夏天的风

答案:C。因为"薪进自然凉"。薪水一进余额宝,夏天不开空调也凉爽。

④工资一发就转余额宝的好处?

A.提升我的精神面貌　B.想要去去班味　C.摆脱吗喽的身份

答案:A。因为"相由薪生"。攒够多少薪水,决定了我的脸色!

⑤以下哪个人工资一发就转余额宝?

A.刘好燃　B.刘好存　C.刘心忧　D.刘试试

答案:B。攒钱是美好的习惯,每个人都应该喜好存。

图9-5　余额宝工资调查广告

　　该广告采用双关的修辞,描摹都市打工人的生活方式,其模仿试卷选择题的格式,更结合了户外环境大转角的特色,将这一模仿落实得更加到位。

5.生活报

"抽象文学"惯用双关修辞和玩梗文化,消解特殊历史风物的意义,填充品牌自身的信息,既迎合当前年轻族群的审美趣味,又推广了产品和品牌。比如纸媒时代的都市生活报,常用耸人听闻的标题和独特的图文样式。RIO 鸡尾酒 2024 年在重庆本地的地铁站发布了 9 张"重庆本地抽象日报"(图 9-6),以"好喝有好报"为主题,从刊例、版式上原样模仿都市报的样式,又精心设计文案内容。这种"大字报"式广告容易引爆社交媒体,"始作俑者"是网易云音乐的乐评地铁。

图 9-6　RIO 鸡尾酒"好喝有好报"广告

(二)混用和活用符号

在仿拟时,文案可以不拘泥于汉字的搭配,创造性地将标点、数字及其他符号混用在一起,打破固定的搭配习惯,让人耳目一新。这种手法将标点和符码都视为具有意义的符号,从而生成语意的重组。在标点中,逗号和间隔号常用来拆解固定句式,丰富语意。比如:

实在,真便宜(台湾全联超市)

自然,保护你(安利营养素)

型·动由我(东风世嘉汽车)

赏新·悦目(一汽大众用户开放日)

魅·力·无限（英菲尼迪）

真·正·低（京东双十一促销）

上述文案通过标点来实现拆词和语法重构，将固定搭配的单一含义拆分成多层意义，形式上也因特异而引人注意。

数学中的乘号可表示"加倍"的意思。比如，索爱手机的广告语：低调×高雅；宝马的广告语：宝马 X5，快乐×5。

数字或符号，既能表意，也能发音，可以形成双关或谐音的文案创意。比如：

.com or not（台湾地区中华电信）

7 待全程，1 触即发（BMWMINI 全系试驾体验会）

UN1QUE。唯 1（宝马 1 系运动型两厢轿车）

宝马广告中的"7"和"1"不仅代表固定成语的发音，还代表了新品的型号。

英语词汇也是如此，表意之外，还有发音，这种发音可以融合进汉语拼音中，创作出音译与意译结合的仿拟句式。比如，阿瘦皮鞋的"You A.S.O Beautiful"。

从语言发展角度来说，仿拟改变了固定词汇语篇的结构，语言学家总体上支持语言的活用和变异，如陈原认为："变异是普遍存在的一种社会语言现象。凡是活的语言，应当说无时无刻不在变异之中……没有变异就没有语言的发展。"①李行健指出："我们应该认识到'活用'在语言表达中的积极作用，因而不应一概指责它不对，重要的是要认清'活用'的现象和它的本质。它们是语言固有形式在特定语境下的一种临时变体，不能把它们同原有的规范固定形式等量齐观。"②但也有人指出它对传统文化的消解，特别是对青少年认知的不良影响。个别地方还出台了规定，不得故意使用错别字或用谐音乱改成语③。在具体使用中，有的仿拟不合语用，甚至违反社会常理和公序良俗。比如，喜茶发布的文案"我佛持杯"，虽然一时风头很劲，却迅速下架。还有的学者指出仿拟的滥用，

---

① 陈原.语言和人［M］.上海：上海教育出版社，1994：3-4.

② 李行健.成语规范问题［J］.辞书研究，2001(2)：13-23.

③ 比如，2003 年 9 月 15 日，国家广播电影电视总局发布的《广播电视广告播放管理暂行办法》(2004 年 1 月 1 日起施行)第十三条："广播电视广告应当使用规范的语言文字，不得故意使用错别字或用谐音乱改成语。"第二十八条："违反本办法的，依据《中华人民共和国广告法》和《广播电视管理条例》予以处罚。"2007 年 3 月 14 日《北京晚报》报道："从 2007 年 4 月 1 日起，浙江、北京、上海、江苏相继出台并施行语言文字法规《〈中华人民共和国国家通用语言文字法〉办法》，禁止使用谐音成语广告。"

称之为"仿拟拜物教"，在商品制造，尤其是在语言创造中，由于过分依赖仿拟，把这一工具发挥到极致，以至于成为一种依赖，在命名中将其作为一种达到成功的捷径来崇拜并使用①。因此，广告人对仿拟的使用还需综合考虑各种因素的影响。

第四节　幽默广告文案写作

humor，林语堂将其音译为"幽默"，泛指让人发笑的事，当幽默指一种增强语言表述效果的技巧时，它是"用俏皮、含蓄机智的方法所达到的使人发笑、潜移默化的修辞效果"（《修辞学词典》）。广告中使用幽默，被证明是十分有效的方式。幽默能够显著地吸引注意力。在注意力的四个层面上，幽默广告都更能提升初始注意（initial attention）、持续注意（sustained attention）、投射注意（projected attention）和全面注意（overall attention）。

幽默不会损害受众的理解。广告业界笃信幽默的积极作用，即使用在教育领域，幽默的教学方式和内容也收到良好的效果。

幽默还能增强用户的好感，无论是针对广告，还是针对广告中的品牌或产品，幽默广告都能获得消费者的喜爱。

幽默唯一表现得不够优秀的方面是说服力。但和广告主题相关性强的幽默能在低卷入商品类别里获得较好的效果，这也印证了大量的日常快消品广告中经常看到幽默的手法②。

总之，幽默的积极效果是确定的，它能显著地提升人们的注意、理解和改善人们的态度，这就使得它成为当前广告青睐的手法。了解和自觉使用幽默原理来写作富有幽默效果的文案，则成为文案撰稿人的必备储能。

关于幽默的心理原因和机制，有三种公认的成熟理论：优越论（superiority theory）、释放论（relief/release theory）、乖讹论（incongruity theory）。

---

① 罗胜杰.仿拟拜物教论说：以广告为例[J].湖南工程学院学报：社会科学版，2012，22（3）：54-57.

② Weinberger，Marc G，Gulas，etc.The Impact of Humor in Advertising：a Review[J]. Journal of Advertising，1992，21（4）：35-59.

一、优越论

优越论将发笑的原因归结为他者的劣势以及发笑者的优越感。英国哲学家霍布斯提出"突然荣耀说",认为喜剧是人们突然发现旁人或者自己过去的弱点,想到自己的某种优越时所感到的那种荣耀感。这种观点揭示了嘲笑的机制,在修辞上体现为讽刺。

广告中的讽刺或嘲弄会指向数个对象,其一是竞争者,常常用于两个实力相当的竞争者之间的比较广告,如可口可乐与百事可乐、汉堡王与麦当劳、奔驰与宝马。

在宝马发布一百周年纪念海报之际,奔驰回应:"感谢 100 年来的竞争,没有你的那 30 年其实感觉很无聊。"暗示自己的品牌历史更悠久,同时彰显出作为对手的气度。

在奥迪汽车发布庆祝自己当选 2006 年南非年度车款的海报时,宝马发布广告:"祝贺奥迪当选南非年度车款,来自 2006 年世界年度车款的祝福。"用明褒暗贬的方式推广自己。

另一种讽刺的对象是目标受众,这种手法少见且容易引发争议。比如,本书 step 5 所提及的大众 POLO 车案例,嘲笑无车一族只能挤地铁,引起社会差评。也有巧妙的嘲弄案例。just gold 金饰批评自己的消费者"你好土!",因其只爱国外的时尚而忽视本土之美,这种指责看似毫不留情,但因为攻击的是"崇洋媚外"这一公认的负面行为,实际的杀伤力并不强。

无论指责竞争者还是消费者,讽刺型幽默的效果远远不如自嘲型幽默,后者批评的对象是品牌自身,通常坦诚地展示自身品牌或产品的弱点,并多用夸张的修辞来营造趣味感。有研究证明自嘲型幽默更受到中国文化语境中的消费者偏爱。因为自嘲是示弱的信号,反映一个人谦逊、豁达的品质,尤其对于高地位和高能力的人,自嘲会降低自身的威胁性,更能衬托幽默者的谦逊,在广告中,自嘲的幽默能化解用户对品牌的抱怨。研究者还发现消费者会认为自嘲型幽默更有趣,而攻击型幽默让受众感到自我威胁[①]。优秀的自嘲型幽默文案有:

> 盖 Kindle,面更香!(Kindle 电子书)
> 感觉自己这次会成功,这种感觉已经是第六次(钉钉)

---

① 陈莲芳,黄丹.消极幽默广告对品牌偏好的影响:品牌自信的中介作用[J].中国地质大学学报:社会科学版,2022,22(4):142-156.

对不起！是我们无能，卖凉茶可以，打官司不行（加多宝）

为发烧而生（小米手机）

有网友戏称"官方玩梗，更为致命"，品牌自嘲，或者抢先一步承认缺点，或者弱化缺点、衬托优势，不失为明智的方式。

二、释放论

释放论的幽默观认为人的发笑是内在紧张或压抑心理的纾解行为，紧张来自社会约束。心理学家弗洛伊德认为幽默的愉悦主要来源于人们急需发泄的强烈的性以及攻击冲动，由于社会规范不让人们直接宣泄这些冲动，因此需要一种为社会所接受的间接方式来发泄，幽默提供了对性冲动和敌对冲动的遮掩。他因此提出笑话分为"有意的"和"无意的"，有意的笑话包含攻击性的或关于性的内容，并能诱发大笑、狂笑，无意的笑话的情绪影响较弱，仅能诱发微笑或暗笑。

这一理论将讽刺、嘲弄的攻击型幽默归因到人本能的欲望，同时解释了广告中大量的性幽默。的确，性诉求的广告效果是较为明显的[1]，性幽默是主要的幽默形态之一，而且深受男性青睐。

除了与性相关的主题，还有些与性别相关的私密产品同样因为社会规范的规制，不能直接被宣之于口，也会通过巧妙的修辞手法来做广告。有研究分析了女性用品、计生用品及情趣用品、保健品与性保健品这三大类别的私密产品广告文案，发现普遍使用的修辞手法是双关、比喻、比拟、引用、借代、夸张等，而中国传统处理不便言说之事的两种修辞，婉曲与避讳的应用，也十分常见[2]。

双关由于一语多义，能委婉表述隐私和性话题，应用广泛。

月来月美（月而美卫生巾）

女人月当月快乐（护舒宝卫生巾）

月舒爽，月自在（护舒宝卫生巾）

芯有方向，体验自在（安尔乐卫生巾）

不同的"芯"，不一样的心情（安尔乐卫生巾）

---

① 周象贤.性诉求广告及其传播效果探微[J].中国广告,2008(5):107-110.

② 周雨,柳荷.如何言说"不可说"：私密产品广告语的修辞分析[M]//周雨.广告中的两性研究.厦门：厦门大学出版社,2016.

在卫生巾广告中,月经被隐喻为"大姨妈":"跟大姨妈一样令人烦躁"(七度空间卫生巾);卫生巾则像"男朋友""守护者""好朋友"。

> 据说世界上只有两样东西能给女生带来安全感:一是男朋友,二是卫生巾。蜜丝们更依赖哪一样呢?(安尔乐卫生巾)
>
> 做女性私密健康的呵护者(超感觉卫生巾)
>
> 女性的好朋友(乐而雅卫生巾)
>
> 你的好朋友来啦(屈臣氏卫生巾)

婉曲,又称婉转,指说话时不直白表露本意,只用委婉含蓄的话来烘托暗示。陈望道认为该辞格有两种表现手法:第一种为不说本事,单将余事来烘托本事;第二种为说道本事的时候,只用隐约闪烁的话来示意①。避讳是指说话时遇到有犯忌触讳的事物时,不便直说该事该物,却用旁的话回避掩盖或者装饰美化的辞格。避讳格有共有的,也有独有的。避讳有五种形式,分别为避同、避凶、避俗、避实、避冒犯。避讳语有许多种用法,如比喻表义、借代表义、双关表义、借代表义等②。

婉曲和避讳可用比喻、双关修辞来达成,但又不局限于这两种手法。比如用替代语指称经期——"那几天""特别的日子""女人的内在""量多量少的日子""有情况"等。

> 那几天,绵柔也能不黏腻(护舒宝卫生巾)
>
> 闷闷闷,特别的日子特别闷(洁婷卫生巾)
>
> 高洁丝,呵护女性的内在(高洁丝卫生巾)
>
> 量少的日子,I don't worry(七度空间卫生巾)
>
> 你有情况啦(ABC 卫生巾)

而借代修辞也可用来形容卫生巾,如"蝴蝶""蘑菇""阳光""保护"。

> 七度空间蘑菇贴,哪里漏贴哪里(七度空间卫生巾)
>
> 洁婷阳光,呵护健康(洁婷卫生巾)
>
> 给女人最好的保护(第六感卫生巾)

---

① 陈望道.修辞学发凡[M].上海:上海教育出版社,1979.

② 章新传.避讳对汉语词汇的影响[J].上饶师专学报,1993(1):68-74.

三、乖讹论

乖讹论，又称不和谐论，指幽默的达成来自预期与预期落空的突然转变。乖讹是事物或现象的各组成部分的不一致、不合逻辑或不合常规的性质。如果两个或更多的不协调、不一致的部分，能在一个复杂的系统里统合起来，实现一致，或者以显著的方式让人们注意到并赋予其相关性，这时幽默就应运而生。哲学家康德被认为是第一个从乖讹的角度解释幽默的人，他提出了"预期失望说"，事物突然朝着与人们起初想法完全不同的方向发展，出乎意料，期待变成失望，会引起发笑。流行的脱口秀和脑筋急转弯大都应用了乖讹。

许多学者都同意乖讹或不和谐本身并不好笑，好笑的是将表面的不和谐以巧妙的方式予以解决。因此解决乖讹的铺垫变得很重要，乖讹的三阶段模式（setup-incongruity-resolution model，SIR model）为铺垫—乖讹—消解。以一则宜家钟表的幽默广告为例：

> 根据报道，不吃不喝 6 年
>
> 才能买到一间客厅
>
> 买不起客厅没关系，我们可以先从买一个 IKEA STOMMA 时钟开始
>
> 不吃不喝？
>
> 不吃不喝能买 IKEA STOMMA 时钟
>
> 大吃大喝当然也能拥有
>
> STOMMA 时钟 $45

从广告的开头，受众自然推理到不吃不喝买宜家时钟，这就是铺垫，然而买时钟不需要不吃不喝，两者的矛盾是乖讹的不和谐。最后不吃不喝与大吃大喝都能买宜家时钟，这就将两个不和谐巧妙地通过宜家的产品实现一致，观众的买不起预期落空，紧张感消除。

乖讹的原理并不鲜见，它是我国文学和语言艺术的悠久传统。有三种古典修辞格专门涉及乖讹：衬跌、歧疑、曲解。

衬跌，顾名思义，先衬后跌，衬即铺垫，先用话语造成语义惯性，然后将语意出其不意地转到其他毫不相关的方面去，导致语意急转跌宕。比如，台湾全联超市为洁牙口腔保健所做的粉丝互动广告（图 9-7），旨在传达"好口气"的重要性，即使我们将骂人的话换成敬称，也不能改变詈语的本质。

图 9-7　台湾全联福利中心《好口气翻译机》广告

歧疑指说话时故意将话语的关键部分留着不说,造成对方误解和疑问,然后再揭示所保留的部分。比如:

> 乱花钱是不好的,如果真的忍不住,虾皮可以下单。
>
> 贵不是它的问题,是你的。
>
> 忍无可忍就无需再忍,买吧!
>
> 你终究要买的,为什么不一开始就买?
>
> 晕船比死还难过,但花钱不会死人。所以花钱有益身心健康。(虾皮购物)

曲解是故意不顾词、语、句的固定语境意义,而从字面意义中寻找表意方向的改变。曲解分为语音曲解和语义曲解。比如,麦当劳将《论语》里的经典语录,通过语音相似替换为其他语义,从而与自己的产品关联起来,看起来似有"硬扯"之嫌,却能生发出笑料与新意。

> 朝闻到,Cheese 可矣。
>
> Share 食惜之,不亦说乎?
>
> 子曰:"予欲无盐!"

堡食终日，无所用心，难矣哉！

而在相声这门古老曲艺里，常用的"抖包袱"是乖讹论的典型手法。相声《诗、歌与爱情》中，姜昆说道："汉代乐府民歌《上邪》，为了表达生死不渝的爱，诗中呼天为誓：除非山可成平地，江水可枯竭，冬天雷打震耳，夏天大雪纷飞，天地合在一起，才能把我和我的那个她分开。"作为捧哏的李文华接道："嘿！人这爱得多瓷实啊！"

此处的"包袱"落在"瓷实"一词。铺垫的语言工整典雅而情绪热烈，当方言俗语"瓷实"出现时，观众瞬间感受到不协调，可回味该词的语意并体会说话人的形象后，观众又会觉得"瓷实"一词出乎意料的妥帖适合，此时乖讹消解。

优越论、释放论和乖讹论强调了幽默的认知心理机制，在语用学领域，即专门研究语言运用的学科领域，"合作原则"及其违背原理总结了幽默的语言策略和规律。美国语言学家格莱斯（H. P. Grice）提出"合作原则"（cooperative principle），认为人在言语交际中都会遵循一定的原则，以确保对话可以进行下去。然而，合作原则并非总是被遵守，相反人们总是有意无意地违反它们，无意的违反会产生误解，有意的违反则会带来特定的效果，幽默就是其中一种。

违反合作原则主要包括四种情况：数量准则的违反、质量准则的违反、关联准则的违反及方式准则的违反。

数量准则要求说话人提供的信息适量、恰如其分。而幽默广告或者提供冗余信息，用排比或反复来引发，如溜溜梅的知名广告语"你没事吧！你没事吧？你没事吧……没事就吃溜溜梅"；或者限制信息，让受众体会未尽之意，如"我们不需要广告，这座冰川就是最好的广告"（网易严选天然冰川水）。

质量准则要求说话人不说明知为虚假或不可能的话，不说缺乏足够证据的话。而夸张、反语、拟人等手法的运用都违反了质量准则，能指物借意、言此意彼，增强语言的感染力和劝说效果。比如，《吐槽大会》中嘉宾王建国的一则口播广告："女粉丝都很激动啊，说我们以后也要当演员，也要跟艺兴一起拍戏。还有的粉丝啊，压制住这种激动，还试图理智地分析，说：'哎呀当演员呐，太不切实际了，咱们直接跟他结婚吧。'旁边有人附和说：'对，要嫁给张艺兴，要跟他拍婚纱照。'而有些人，在丧失理性的同时，又不失智慧地说：'我们要用铂爵旅拍跟张艺兴拍婚纱照。'铂爵旅拍，想去哪拍就去哪拍，我要去张艺兴身边拍。"说话人故意用夸张的口吻描述粉丝的不理智想法，在最后将品牌适时地植入，加剧了会话内容的不真实感。

关系准则要求说话人说与主题相关的话，不可跑题，而幽默广告不走寻常路,改变说话的逻辑,造成语意落差。比如网综《吐槽大会》中,主持人张绍刚所做的一则口播广告:"我告诉大家一个信息,宋方金为了不在他的一个作品上署名,他直接退尾款退了220万,真的真的,居然敢退这么多钱,他为什么会这么硬气?是因为他身家万贯吗?是因为他要维护编剧的尊严吗?都不是,是因为他用了淘车APP,买新车,首付一万,月供666,就是这么硬气啊。""敢退钱"的原因经过主持人的铺垫,用户已经生成了对原因揭晓的期待,但广告产品的植入却指向另一条方向。

有许多双关广告语正是基于表面语意和双关语意的偏离及其底层逻辑的相关性,既传达了品牌或产品的特色,又制造了趣味感。

再卷也还是菜!(蔡澜港式点心)

今天,绿了没?(华为钱包)

我们都是有问题的人(知乎)

方式准则强调会话需注意表达方式,避免晦涩难懂、歧义,需简练和有条理,避免啰唆。而幽默广告故意违背上述准则,从复杂、重叠、错位的歧义和隐晦语中,让听话人越过表层意义去推导特定的意涵。

别说你爬过的山,只有早高峰(宝马 Mini 汽车)

当下稳坐,科科稳过(肛泰痔疮贴)

富不过三代,但来全联可以一袋一袋省下去(台湾地区全联超市)

真的会卸(至本卸妆膏)

第五节　传统纸媒广告文案推陈出新

在各大媒介广告形态中,近年来,平面媒体尤其是报纸杂志户外广告的市场份额逐年下滑,不少报刊停办,现存的报刊订阅户减少,发行量锐减,其广告价值也随之减弱。相比于网络媒体、移动媒体、社交媒体等广告创意层出不穷的发展态势,单纯依靠视觉感官来向受众进行传播的纸媒广告,似乎已然落伍。

诚然,平面广告表现的技巧有限,其图像质量精度不可能很高,无法像精美的杂志和生动的视频一样体现出产品质感,而语言文字的诉求,希望碎片化生活中的消费者能完整仔细地读完全部文案,都是一种奢侈。但也正因为如此,文案承担的责任和功效就更大，因为只有文字不受表现技巧的限制，而主要依靠其内容来影响人们。通过梳理近年来的成功广告案例，我们发现广告创意人和文案撰稿人，正在努力推陈出新，以期焕发纸媒的生机。

一、广告文案的体验性

大润发烟火文学用拟人的修辞和朗朗上口的表述，将超市卖场里的食材变成都市人的"嘴替"（图9-8），引发共鸣和好评。但试想一下，假如这些印有广告语的海报、摆台和标签，不是放置在超市的食材处，当你伸手拿起一颗卷心菜时正好看到，而仅仅是让你在微博或社交网站上读到，它能否激发出同样的共情？

图 9-8　大润发烟火文学广告

没错，语言所置身的空间位置，会影响文案的效果；受众接触文案的方式，从文案所获得的体验感，都会影响到人们对语言的理解。当创意人不仅将文案视作一种观念的传递，还充分考虑承载它的形式，那么文案的意义经由内容与形式的统合才能完整地生发出来。而在文案体验形式上做出创新的案例,往往都能引发更多的关注。

营销领域的体验,指的是消费者在与消费对象交互的过程中获得的高质量、高强度、有意义和有价值的、相互融合的心理和情感反应①。1998 年,美国营销学者约瑟夫·派恩(B. Joseph Pine II)和詹姆斯·吉尔摩(James H. Gilmore)提出"体验经济"的概念,认为全球经济正在从服务经济引导的信息经济向以体验性活动为基础的经济转化,顾客将为可回忆和个性化的体验而买单②。常见的四种体验类型是娱乐体验、教育体验、避世体验和审美体验。这些体验都注重人的亲身经历和情感反应,强调参与和投入。致力于提供体验享受的营销活动则是体验营销。还有学者将体验所特有的享乐感、愉悦感引入营销学,提出"营销美学"概念,"我们所创造的'营销美学'这一用语,是指对公司或品牌的感官体验的营销,它能为组织或品牌的识别做出贡献"③。

广告是体验营销的重要手段。广告可以提供仿真体验,提供替代体验,引导真实体验,还可以强化真实体验。④ 作为广告要素的文案,如果单纯从其语言文字形态来看,它只是头脑中的加工对象,但是文案又必须投放在具体的媒介上,这就使它具备了实体的存在。注重文案的体验性,就是在文案的实体性上做文章,充分考虑文案的实体存在对文案的内容含义所发挥的功能。它的作用可能包括:吸引用户注意、引发用户的参与、促成用户理解说服信息以及增强情感沟通。以下试举近一两年来的优秀案例作为示范。

2023 年五一期间杭州萧山机场发布了天猫的品牌广告《好运提取处》(图 9-9),文案的创新之处是将其发布在机场行李传送带,文案为:

> 好运正在转向你,行李在转运,生活也在转运。
>
> 喜提,不着急、不水逆、少操心、没烦恼。

① Li H R,Daugherty T,Biocca F.Characteristics of Virtual Experience in Electronic Commerce:a Protocol Analysis[J].Journal of Interactive Marketing,2001,15(3):13-30.

② Pine B J,Gilmore J.Welcome to the Experience Economy[J].Harvard Business Review,1998,76(4):97-105.

③ 施密特.视觉与感受:营销美学[M].曾嵘,赵楠,沈浩云,等译.上海:上海交通大学出版社,1999.

④ 初广志.体验营销理论与广告创新[J].中国广播电视学刊,2006(1):56-57.

图 9-9　天猫《好运提取处》广告

Boss 直聘于 2024 年在青岛高铁站投放了一则户外广告（图 9-10），文案是"局面打开，直接行"，广告出现在高铁站的自动闸机上。

图 9-10　Boss 直聘 APP 广告

下列这则文案是日本求职招聘平台 OfferBox 在 2023 年所发布的广告（图 9-11），文案是"把目光抬高到这个位置，能让你看上去更自信"（このくらいの目線が、自信に效く），海报发布在地铁站里，文字位置比一般的文案更高，读者需抬头才能看完信息。

图 9-11   日本求职招聘平台 OfferBox 广告

上述两个案例都将文案发布的空间位置和文案的语意结合，由空间位置来生成完整的文案意思。受众需代入对空间甚至身体的感受，来理解文案的主题。

家居品牌顾家在上海公交站和地铁站投放户外广告，将床品搬进站内，广告位变成软包，人们可以亲身体验在地铁站和公交站靠一会儿的快乐。其文案是"别总撑着了，也试试躺着靠着趴着"（图 9-12）。正是因为有了发布媒介的创新、受众体验感的加持，该广告活动在微博上的阅读量、讨论量和互动量都得到大幅提升。

即使是文案内容与发布环境没有直接关系，仅仅凭借小众少见的但用户可以亲身接触的媒介，也能做出创新之处，如持续多年广受好评的中国银联诗歌 POS 机活动（图 9-13），选择在自动取款机的收银条背面印制大山留守儿童们所创作的诗歌，这一创意不仅独辟蹊径，还将广告接触与捐赠无缝衔接。

在传统纸媒的自身空间里，通过一定的创意，可将版面组合做出新意。比如，"开天窗"技巧，指版面故意留白，VIVO 手机曾在《人民日报》刊登四个版面

图 9-12　顾家家居广告

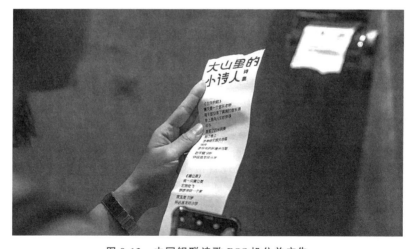

图 9-13　中国银联诗歌 POS 机公益广告

的广告,前三个版面的文案只是一句标题"再美的文字赞美这部手机都是苍白的",第四个版面只有一个这二维码供扫描。有的广告在报纸的头版开天窗,就会让读者眼前一亮,因为这与传统的报纸版面设计有区别。比如,宜信集团刊登在《人民日报》头版的广告(图9-14),只有简短的标题式文案,大幅留白。

图9-14 宜信集团的报纸广告

还有的品牌将报纸版面组合进行重新设计。金立手机发布在《人民日报》上的四个版面广告(图9-15),单独来看不成整体,但四幅广告的字体、图像的色彩和人物的造型互为呼应,能让读者立刻将分散的要素看作一个整体,四个版面拼接起来就形成完整的新品发布会广告。

这些针对发布媒介的创新做法还有一个重要的目的,就是通过创新创意来吸引关注,甚至引发争议,从而将文案策划为一个事件营销的引发点,从传播策略来说,这是把广告和公关结合起来。品牌将各种传播媒介、各阶段传播目标统筹起来,在不同的节点推出不同的营销活动,因此纸媒广告成为必不可少的一环。一般而言,报纸广告适合做较有深度的理性说服,但这一方法是针对传统的以报纸为主要信息获取渠道的受众。而现在,报纸广告文案成为吸引注意力的工具,随后的网络、手机、企业自媒体、社交媒体等媒介形式,才承担了全面介绍

图 9-15　金立手机的报纸广告

信息和说服的职能，因为后者是现阶段时期消费者的重度使用媒介。虽然是消费者的重度使用媒介，但有的企业并不选择在其上面发布第一时间的消息，这可能与新媒体的信息量过大、任何话题的新闻热度消退太快有关。相比之下，冷门的纸媒反而可能独辟蹊径。此外，纸媒上的事件，容易引起同行关注，因此新闻主流媒体的报道，能快速地将广告文案推成热点。

二、广告文案的视觉化

体验营销的实施，主要从人的五感去设计，即视听味嗅触的感受与体验。其中，视觉仍然是人们最为依赖的感官通道，对于文案而言，其视觉化是不言而喻的，因为文字本身具有视觉形式，也可以进行图像设计。但这里所讲的视觉化，指的是从文案的语意角度来进行视觉处理,将文案的内容与文案的形象统合起来。试举一例进行说明。

《设计诗》这本书是设计工作者朱赢椿的个人诗集,收录了数十首诗歌。与传统装帧设计不同的是,作者用画面来形容诗歌内容。如图 9-16 所示,诗句"列车飞驰,窗外,青山绿水老牛农夫"中,"青山绿水老牛农夫"的字形变形了,向后拖曳成模糊的线条。当读者看到几个字时,立刻能明白这些线条的意思,是试图表达高速下的物象模糊感。类似地,"一阵风来花满地"这句中,"吹散满地"的语意,直观地通过"花"这个字的笔画拆分体现出来。该书的设计者将文字的语意与字形视为一个整体,并用文字的形象来传达语意。

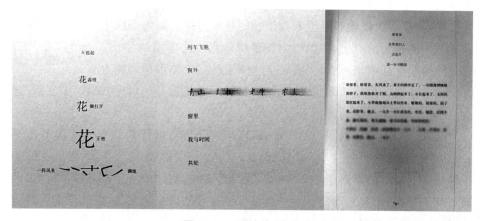

图 9-16 《设计诗》诗集

之所以文字能做此视觉化处理,与汉字的独特构字法密不可分。有学者认为,汉字是目前世界上唯一没有拼音化的文字,是更为纯粹的视觉语言。自辛亥革命后,关于汉字是不是应该拼音化的问题,中国曾发生过三次大的论辩。新中国成立后也曾探索过用拼音文字取代汉字,实施了推广普通话、简化汉字、采用汉语拼音方案的三大语文改革。然而近年来,不断有研究指出汉字本质上是拼义文字,与拼音文字存在极大的差异①。

拼义文字指汉字的单词是靠字形的意义来组合成概念。与所有的古典文字一样,汉字最初也用象形、会意等方式构造出视觉符号来代表事物。这些符号与

----

① 张学新.汉字拼义理论:心理学对汉字本质的新定性[J].华南师范大学学报:社会科学版,2011(4):5-13,160.

语音无关,是表达意义的符号。形声字的出现则将表意的形符和表音的声符组合起来,提供了一个简单、高效的造字方法。甲骨文中的形声字大约占 26%,到东汉年代已迅速增加到 80%。在一个字表达一个意义的单字基础上,汉字发明了将单个意义概念组合后生成新字形的方法,如"马"和"车"两个单字拼合成"马车"的新概念。"马车"的含义,并不是"马"和"车"的单个形象拼接,而是两个意义的组合,这就是拼义方式,它契合了语义网络这个心理学和脑科学中的基本规律。按照该原理,人脑中的概念不是孤立的,而是跟其他的概念相互关联,构成一个复杂的网络。由此汉字中两个单字组合形成的新概念,可以同其他概念进一步复合,构建更复杂的概念,发展到三字、四字等多字词汇,具备几近无限的表达能力。

因此,汉字天然地就是形象和语意的整体思维。而由于汉字不重表音,就可以充分发挥视觉的能力,在二维空间里构造出结构丰富的字形。人类视觉的信息处理功能远远超出听觉,主要在于它强大的二维图形识别能力。

如果从这个角度来理解汉字的文案,就可以从视觉化角度做出诸多创新,这也正是当前文案创意的新颖手法。

例如,上海"美好的书 THEBOOKAND"公共艺术计划所策划的线下艺术展(图 9-17),海报上的文字采用类似《设计诗》一书的做法,将其语意与字形变化呼应。"微小"的字形缩小,"绵长"的字形间距拉长,"俯身"的字形倾斜,"撒得到处都是"的字形分布不匀。种种设计都将文案的内容视觉化,这既丰富了画面美感,又强调了关键的语意。

图 9-17　"美好的书 THEBOOKAND"线下艺术展海报

既然汉字的意义与形象是整体性的,那么文案的语意可以视觉化呈现,也可以用视觉化符号传达语意,省却言语表述。比如下面这则麦当劳发布的儿童套餐广告(图 9-18)。

妈妈的爱,
其实,没有条件。

图 9-18　麦当劳儿童套餐广告

因为

你考了~~100 分~~,

你拿到~~第一名~~,

你的~~生日到了~~,

你喜欢,
<u>所以</u>

妈妈带你

去吃麦当劳。

妈妈的爱,其实,没有条件。

　　设想一下,如果不是用删除符来表达"删除"的含义,用下划线来表达"强调"的含义,而全部采用文字表述,是否既冗长啰唆,又不够醒目简练?

汉字的结构也可以做语意与形式的拆分或组合,由此生发出新的语意,这种手法较为常见,但效果有"四两拨千斤"之力。如小红书账号"隔花人"的广告语:

嗨

海的旁边是出口

许多话都应该说出口

茉莉奶白品牌推出了以"妇""婷""娘"三个字为核心的周边产品,通过对字形的拆分,传达出女性主义主张。

妇

女有推倒大山之力

婷

会主动争取的女性很有才能

娘

"女性化"没有罪

人人都可温柔细腻

【小　结】

广告生态环境中的三方,广告主、媒介和受众都在发生深刻的变化。广告主灵活选择发布渠道,传统四大媒体持续衰退,新媒体成为主流。受众的定位已完全颠覆,他们既是信息的接受者,也是信息的发布者、媒体的运营者、广告主的合作者。广告文案的创作必须应对这一处于变化中的生态环境,文案的策略、表现和发布需根据新受众、新媒体予以调整,文案撰稿人需密切关注社会热点,借鉴民间智慧。借势营销、比较广告、仿拟广告、幽默广告是当前也是未来广告形式方面的趋势。传统的纸媒广告,通过提高文案的体验性,优化视觉化设计,统合整合营销传播策略,焕发出文案的生机。

【关键术语】

借势营销、"蹭热点"、比较、仿拟、幽默、体验营销、视觉化

【思考题】

1.假如你想成为一名文案撰稿人,你认为最应该具备的三项能力是什么?

2.你认为未来十年,人们的媒介使用习惯会发生什么变化?为什么?

3.从目前流行的广告文案写作模式中挑选一则你最不喜欢的案例,说明为什么?思考它给文案写作的启示。

后　记

　　本着"泥上偶然留指爪"的态度，希望能将广告文案写作的教学与科研心得记录下来，既供参考，也待指正，这才促成了本教材的诞生。然而搁笔之后，我深感不少地方的持论仍需谨慎。比如，书中基于中华传统文化的基本价值观对语言表述所产生的深远影响，提出本土广告文案写作的五个特色，它们与西方文案表达存在明显的差异。但是，随着国际传播的日益深化，"讲好中国故事"不能只盯住文化间的差异，还要寻求文化共识，文案写作也需注重与目标受众的"同情"与"同理"。2023 年，我有幸参译了国际知名的广告学教材《当代广告学与整合营销传播（第 16 版）》，在翻译广告文案相关章节时，我注意到该教材在文案的标题创意、结构布局、叙事方式等方面的内容，与国内现阶段文案写作的基本原理保持同频，这提醒我一方面继续钻研中国语言文化的特色，探索传统优秀文化的创新性发展和创造性转化路径，另一方面加强对外传播的文案写作策略研究，为品牌出海贡献一份力量。

　　本教材的出版，首先要感谢十余年来与我教学相长的学生们，他们是新媒体的原生用户，是未来一线的从业者，也将是中华文化的发扬者。了解和珍惜他们，广告教育才能发展。我的研究生滕玉瑶、徐一诺、徐欣芃、谢安琪、吕倩、罗林伶、金佳红、徐嘉怡、汤又谞、张文琪、薛达、邹晴鑫帮我收集案例、整理文献、审校书稿，她们也是本书的第一批读者，特此致谢！

　　本教材还吸收了学界前辈、专家大量的教学科研成果，引用了业界丰富的典型案例，还参考了从业者的实践心得，我尽量以注释、延伸阅读的方式在书中标明，在此一并致谢。

2025 年 2 月